지금, 우리가
준비해야 할 미래

*본 책자에 실린 내용은 집필자 개인의 견해를 바탕으로 작성된 것으로 특정 기관이나 단체의 공식 입장과는 무관합니다.

지금, 우리가 준비해야 할 미래

FUTURE

한 번도 경험해보지 못한
축소경제 사회로의 전환

한국경제연구원 외 지음

RHK
RH Korea

추천사

인구문제는 지금 대한민국의 가장 큰 숙제입니다. 우리는 '한강의 기적'에 이어 반도체, 자동차, 철강, 조선 산업을 세계 최고로 키워냈고, 세계가 인정하는 문화강국으로 떠올랐습니다. 하지만 인구절벽의 위기를 헤쳐나가지 못하면 나라의 기반 자체가 흔들립니다. 인구문제의 해결 없이는 미래도 없습니다.

"저출생·고령화 시대, 어떻게 해야 할까?" 젊은 직원들에게 물었습니다. 가정을 이룰 수 있는 여유, 마음 편한 출산과 육아 환경, 실질적인 일-가정 양립 정책 등 다양한 이야기가 나왔습니다. 풀어가야 할 숙제가 정말 많았습니다. '저출생·고령사회'의 해결책에는 두 가지가 있습니다. 출산율을 높여서 진행 속도를 늦추는 것, 그리고 피할 수 없는 새로운 흐름, '축소경제'의 시대에 대비하는 것입니다.

후자에 초점을 둔 것이 이 책의 특징이자 미덕입니다. 축소경제로 바뀌어가는 한국 사회가 선택해야 할 해법과 전략을 소개합니다. 특히 "줄어드는 세상에서도 성장할 수 있다"는 새로운 성공신화의 밑그림이 눈길을 끕니다. 지금이 골든타임입니다. '축소경제의 시대'를 어떻게 대비하고 극복해나갈지 개인과 가정, 기업과 정부가 함께 고민할 때입니다. 이 책이 격변의 미래에 우리나라가 나아갈 방향을 밝혀주는 길잡이가 돼주길 바랍니다.

― 류진, 한국경제인협회 회장/풍산그룹 회장

우리나라의 합계출산율 0.7명이라는 숫자가 발표되자, 해외 유수 대학의 교수는 한국이 망했다고 말하고, 누구나 알 만한 세계적 대기업 CEO는 한국에서 인구의 3분의 1이 사라질 거라고 우려를 표했습니다. 지금 우리나라에서도 분주하게 저출산·고령화에 관한 대책을 마련하고 있지만, 아직 가시적인 결과가 나오지는 않고 있습니다. 이 책은 최고의 한국경제 전문가들이 모여 저출산·고령화에 관한 해법을 제시하였습니다. 여성의 출산율을 높이고, 경력단절을 줄이고, 유연한 직장 문화 마련을 통해 성장을 이끌어나가고자 하는 이들에게 꼭 필요한 책입니다.

— 이인실, 한반도미래인구연구원 원장

국가비상사태를 선언해야 할 정도로 우리의 인구문제가 심각합니다. 세계 유례가 없는 초저출산, 초고령화로 우리나라의 미래에 그늘이 지고 있습니다. 긴급하고 급박한 이 상황에서 우리는 무엇을 해야 하는가? 이 책은 이 질문에 관한 답을 제시합니다. 인구절벽이라는 임박한 현실과 암울한 미래를 어떻게 바꿔나가야 할지 그 대응 전략을 이 책에서 찾을 수 있습니다. 더 건강하고 안전한 사회, 그리고 발전하고 성장하는 경제를 위해 개인, 기업, 정부가 꼭 읽어야 할 책입니다.

— 허재준, 한국노동연구원 원장

| 프롤로그 |

"지금이 축소경제를 대비할 수 있는 골든타임!"

우리는 한 시대의 문을 닫고 새로운 시대로 넘어가는 경계에 서 있습니다. 변화의 속도는 빠르고, 그 여파는 우리의 일상 속으로 확산되고 있습니다. 하지만 이 전환을 온전히 체감하기란 쉽지 않습니다. 바쁜 일상 속에서 세상은 크게 변하고 있고, 그 중심에는 '인구구조'의 변화가 있습니다.

세상이 조용히, 그러나 확실히 변하고 있다

길거리에서 아이들의 웃음소리가 점차 사라지고, 유모차 대신 반려동물을 태운 '견모차'가 늘어가고 있습니다. 폐교되는 초등학교, 정원 미달로 고전하는 대학들, 그리고 대형마트는 건강 보조식품과 실버 전용 식단으로 가득 차 있습니다. 이러한 변화는 우리에게 점차 다가오고 있는데, 그 변화의 뿌리는 바로 '인구'입니다.

이제는 '몇 남매냐'는 질문이 과거의 유물이 되어버렸습니다. 대신 '애는 안 낳을 거냐'는 질문이 민감한 주제가 되었습니다. 대한민국은 빠르게 인구가 줄어들고 있으며, 이로 인해 우리의 삶의 방식이 근본적으로 흔들리고 있습니다. 이 책은 그 거대한 변화의 흐름을 추적하며 '축소경제 시대'의 도래를 이야기하려 합니다.

축소경제 시대: 이미 시작된 현실, 준비가 필요하다

대한민국은 이제 '세계에서 가장 빠르게 늙고, 가장 적게 아이를 낳는 나라'가 되었습니다. 2023년, 우리나라의 합계출산율은 0.72명. 현재의 출산율 추세라면 10년 안에 많은 초등학교가 사라지고, 대학들이 문을 닫을 위험에 처할 것으로 통계청은 예측합니다. 이미 65세 이상의 인구는 전체 인구의 20%를 넘었고, 20년 뒤에는 국민 3명 중 1명이 노인이 될 것입니다. 전통적인 '피라미드형' 인구구조는 사라지고, 고령층이 가장 많은 '역삼각형' 구조로 바뀌고 있습니다.

이러한 인구구조 변화는 단순히 '출산율이 낮아서 걱정'이라는 수준을 넘어 우리의 경제, 사회, 가족, 교육, 정치, 심지어 세금에까지 전방위적인 영향을 미칩니다. 변화의 속도는 점점 더 빨라지고, 그 충격은 더 커질 것입니다. 그 충격을 준비할 수 있는 마지막 골든타임이 바로 지금입니다.

왜 지금이 골든타임인가?

우리는 지금, '축소경제'라는 새로운 시대의 한복판에 서 있습니다. 인구가 줄어든다는 것은 단순히 사람이 줄어드는 것에 그치지 않습니다. 수요가 줄어들고, 경제활동이 위축됩니다. 이는 '감소'가 아니라 '방식의 전환'을 의미합니다. 과거의 고성장 시대 공식을 따를 수 없게 되었습니다. 이제는 효율성과 지속가능성을 중심으로 새로운 경제 모델을 준비해야 합니다.

'많이 만들어 팔면 된다'는 대량 생산과 소비 논리는 지나간 얘기입니다. 우리는 '양적 성장'이 아니라 '질적 성장'을 추구해야 합니다. 이 책은 그 준비의 시작점이자, 우리가 반드시 답을 찾아야 할 질문을 던지고자 합니다. "우리는 이 축소의 시대를 어떻게 살아갈 것인가?"

축소경제, 그리고 그 속에서 기회를 찾다

축소경제는 단순히 부정적인 현상만을 의미하는 것이 아닙니다. 기회도 존재합니다. 인구감소라는 위기를 절망으로만 보지 말고, 오히려 새로운 기회로 바라보는 시각이 필요합니다. 실제로 일부 기업들은 인구감소 속에서도 혁신적인 아이디어와 전략을 통해 성장하고 있습니다. 이 책은 그들의 사례를 통해 위기 속에서도 기회를 찾을 수 있음을 보여줍니다.

생산성의 재설계가 핵심이다

이제는 '양적 성장'보다 '질적 성장'이 중요한 시대입니다. 한국 경제의 위기는 단순히 출산율 문제만이 아닙니다. 중요한 것은 바로 '생산성'입니다. 인구감소는 피할 수 없는 현실이지만, 한 사람의 경제적 가치를 극대화하는 전략은 지금 당장 실행할 수 있습니다. 디지털 전환과 인공지능(AI)을 통한 스마트 노동, 여성과 고령자의 경제 참여 확대, 유연한 노동시장 구축, 평생학습 체계 강화 등은 모두 생산성을 끌어올리기 위한 핵심 전략입니다. 우리는 '더 적은 노동으로 더 잘 살 수 있는 방법'을 찾아야 합니다. 그 방법이 바로 '생산성의 재설계'입니다.

이 책은 무엇을 다루는가?

이 책은 단순히 출산율 그래프나 통계 자료를 나열하며 위기감을 조성하려는 목적이 아닙니다. 대신, 인구 변화가 우리 삶에 미치는 영향을 실감 나게 보여주고, 그 변화 속에서 어떻게 대응할 것인지에 대한 구체적인 답을 찾고자 합니다. 각 장에서는 저출산과 고령화가 불러올 사회적, 경제적 변화를 진단하고, 그 속에서 어떻게 새로운 기회를 창출할 것인지에 대해 고민합니다.

이 책의 1장은 대한민국이 마주할 '인구 대전환'을 전면적으로 조망하면서 저출산과 고령화가 불러올 사회구조와 경제 시스템의 대전환을 진단합니다. 생산가능인구가 급감하고, 고령인구 부양비는 폭증하며, 지역과 도시는 인구소멸의 그림자에 휩싸입니다. 지금까지와는 전혀 다른 경제 지형이 펼쳐질 미래를 마주하게 될 것입니다.

2장에서는 이 변화가 개인과 가족의 삶에 미치는 영향을 살펴보고, 우리가 준비해야 할 생존 전략을 모색합니다. 가족 형태가 변화하고, 결혼과 출산은 사치가 되고, 평생 직장은 환상이 됩니다. 노년에도 일해야 하고, 부동산 투자도 재설계해야 하며, '평생 직업' 시대를 준비해야 하죠. 이 장은 우리의 현재를 돌아보고 미래를 설계할 수 있는 현실적인 단서들로 채워져 있습니다.

3장은 위기의 틈새에서 기회를 발견한 기업들의 이야기입니다. 인구감소라는 흐름 속에서도 새로운 고객층을 발견하고, 제품을 혁신하며, 전략을 조정해 살아남은 사례들을 통해 "줄어드는 세상에서도 성장할 수 있다"는 실마리를 찾고 인구감소가 절망만은 아니라는 점을 이야기합니다. 단, 그것은 과거와는 전혀 다른 방식의 생존법입니다.

4장은 인구문제 앞에서 정부와 시민, 기업이 함께 어떤 역할을 해야 하는지를 제시합니다. 정부의 대응 전략, 기업의 가족친화정책, 그리고 다문화사회와 이민정책의 확대 가능성까지, 앞으로의 사회가 다양성을 어떻게 품고, 새로운 질서를 어떻게 구축할 것인지를 생각하게 합니다.

한국경제, 진짜 위기의 본질은 '사람'이다

한국경제의 진짜 위기는 '사람'의 문제입니다. 인구가 줄고 고령화가 빠르게 진행되면서, 과거의 방식대로 사람을 찾고 자원을 분배하는 방법으로는 더 이상 해결할 수 없습니다. 이 책은 이 문제를 단지 해결해야 할 '위기'로 보지 않습니다. 오히려 '위기 속에서 어떻게 기회를 만들 것인가?'라는 질문을 던지고, 그 해법을 '생산성'에서 찾고자 합니다.

지금이 바로 그 골든타임

이 책은 단순히 인구 통계를 나열하고 위기를 경고하는 책이 아닙니다. 우리는 변화의 시작점에 서 있으며, 이 축소경제 시대를 어떻게 준비하고 살아갈지를 선택하는 것이 중요합니다. 우리가 이 흐름을 준비하고, 어떻게 살아갈지를 선택하는 것에 따라 한국경제의 미래가 달라질 수 있습니다. 진짜 충격은 아직 오지도 않았습니다. 우리의 운명을 주도적으로 개척할 수 있는 마지막 골든타임이 바로 지금입니다.

2025년 7월

정철(한국경제연구원 원장)

차례

추천사   4
프롤로그 "지금이 축소경제를 대비할 수 있는 골든타임!"   6

1장
저출산·고령화가 우리 삶을 바꾸고 있다

01	사라지는 아이들, 늙어가는 대한민국	19
02	전 세계 저출산 열차, 한국은 어디쯤?	30
03	2060년, 우리나라의 경제시계는 거꾸로 간다	48
04	인구가 줄어도 성장을 멈추지 않는 방법은?	63
05	인구위기가 가져올 청구서에 대비하라	72

2장
축소경제에서 우리는 어떻게 살아갈까?

01	전통 가족의 붕괴, 새로운 가족의 출현	81
02	고비용이라서 결혼은 사양합니다	89
03	육아도 커리어다. 여성이 일할 수 있는 사회	99
04	고령화의 그늘, 고령 근로로 더 길어질 일자리	115
05	평생 직장에서 평생 직업으로, 이제는 유연직장	127
06	사람이 줄면, 집도 달라진다. 인구충격과 주거 변화	139
07	국민연금만 믿을 수는 없다. 미리 대비하는 7가지 자산관리법	151

3장
경제적 기회는 어디서 찾을 수 있을까?

01	고성장이 외면했던 실속 있는 틈새시장을 찾아라	163
02	실버가 파워다. 고령층의 소비를 겨냥하라	181
03	아이 수가 줄어도 교육시장은 팽창한다	193
04	소수의 고객을 영원한 고객으로 만들어라	207
05	저출산·고령화 시대, 기업들은 가족친화경영 삼매경	217
06	인구감소, 해외 기업들은 어떻게 대응하고 있을까?	234

4장
정부와 기업이 함께 설계하는 미래

01	인구비상사태, 저출산·고령화의 파고를 넘어	255
02	수축사회일수록 도시로 몰려든다	267
03	인구위기 극복, 기업의 역할과 정부의 지원이 중요하다	282
04	다양성의 사회는 이제 대세다!	295
05	'누구도 낙오되지 않는(NOW)' 사회를 향해	308

참고문헌　　　　　　　　　　　　　　　　　　　　325

1장

저출산·고령화가 우리 삶을 바꾸고 있다

사라지는 아이들, 늙어가는 대한민국

    지금은 인구수가 부족하다고 걱정하지만, 1950년대만 해도 우리나라는 광복 이후 최빈국이자 폭발적인 인구 성장세로 인구 과밀 국가에 속했다. 급기야 1960년대에는 폭발적인 인구증가를 막기 위해서 처음으로 가족계획사업이 추진되었고, 정부에서는 인구증가로 인한 식량 부족 문제 등 국민들에게 가족계획의 필요성을 알리기 시작했다. 1970년대 들어서는 '아들딸 구별 말고 둘만 낳아 잘 기르자'라는 슬로건을 내걸어 인구 억제의 기조를 유지하였고, 1980년대에는 '잘 키운 딸 하나 열 아들 안 부럽다'라는 슬로건으로 둘도 많고 하나만 낳아 잘 기르자는 분위기가 조성되었다.[1]

---

1   인구보건복지협회 60년사(인구보건복지협회, 2021)

줄어드는 출생아 수

　　　　　　　　이러한 정책의 효과로 인구성장률은 1960년대 초부터 점차 감소하였고, 1970년대에는 2% 미만으로 하락했다. 그런데 2000년대 들어서는 출생아 수가 급격하게 줄어들면서 오히려 인구 감소로 인한 지속적인 경제성장에 대한 우려가 커졌다. 정부는 출산을 장려하는 정책으로 전환하기 시작하였고, 저출산에 대응하기 위하여 「저출산·고령사회기본법」을 제정하고, 출산을 장려하기 위한 정책을 쏟아냈다. 하지만 아직까지 눈에 띄는 뚜렷한 출산율 반등이 있지는 않다.

　1970년대 초반에는 출생아 수가 약 100만 명대였다. 합계출산율은 약 4.5였고, 매년 자연증가 인구수도 약 70만 명 이상을 기록하였다. 그러나 시간이 지나면서 출생아 수는 지속적으로 감소하였고 합계출산율[2]도 같이 하락했다. 1983년에는 처음으로 합계출산율이 대체출산율 2.1[3] 미만으로 떨어지더니, 2023년에는 합계출산율이 0.72까지 추락하고 말았다. 출생아 수도 2023년에는 23만 명대로 하락하였다. 출생아 수가 100만 명대였던 1970년대와 2023년을 비교하면 출생아의 약 4분의 3이 사라진 것이다.

　출생아 수가 줄어들면서 말 그대로 아이들이 사라지고 있다. 만 0~14세 아이들의 수는 1970년에는 약 1,371만 명이었으나 2024

2　한 여성이 가임기간(15~49세)에 낳을 것으로 기대되는 평균 출생아 수
3　대체출산율 2.1이란 현재의 인구가 다음 세대에도 유지되는 데 필요한 최소한의 합계출산율을 의미

합계출산율(명) 및 출생아 수(천 명) 변화 추이

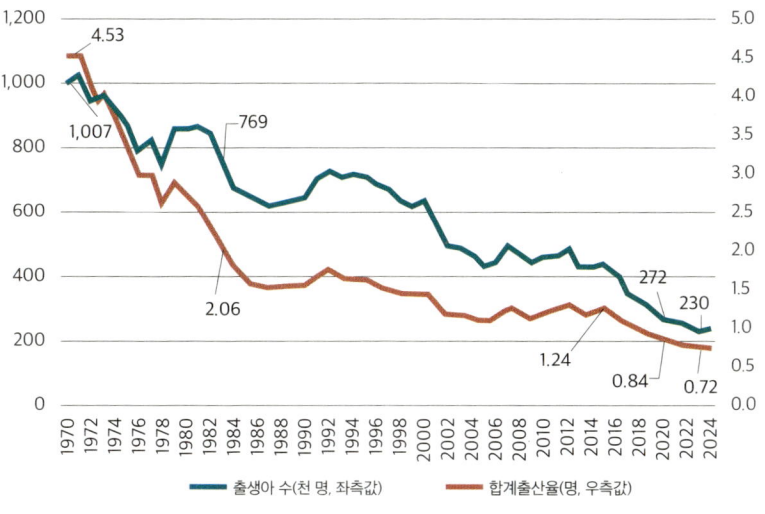

자료: 국가통계포털(KOSIS)

년에는 549만 명을 기록하였다. 저출산으로 인해 아이들 수가 1970년 대비 약 60% 사라진 것이다. 아이들의 수가 감소하면서 전체 인구에서 아이들이 차지하는 비중도 큰 폭으로 감소하였다. 1970년에는 아이들 비중이 42.5%에 달하였으나, 2024년에는 10.6%로 약 4분의 1 수준으로 감소하였다. 미래 경제발전의 원동력이자 경제의 주춧돌로 성장할 아이들 수의 감소는 경제 규모를 축소시키고 경제성장률을 저하시키는 등 우리나라의 지속가능한 성장 및 발전에 큰 먹구름을 드리울 전망이다.

그런데 가장 최근인 2024년에는 합계출산율이 미미한 수치이지

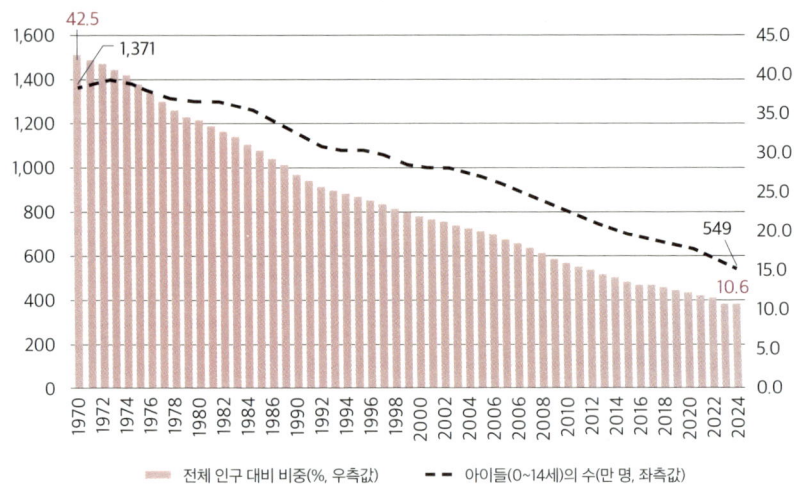

아이들의 수(만 명) 및 전체 인구 대비 비중(%) 변화

자료: KOSIS

만 반등에 성공했다. 우리나라 합계출산율은 2015년 1.24명을 기록한 이후 반등 없이 지속적으로 감소하다가 2023년 0.72명까지 떨어졌는데, 2024년에 0.75명으로 상승한 것이다. 반등의 수치가 크지는 않지만 9년 만의 상승이라는 점에서 의미가 있으며 주목할 만하다. 하지만 이러한 반등이 코로나19 등으로 인한 결혼 및 출산 지연으로 생긴 일시적 현상인지, 가치관의 변화와 정책효과 등으로 인한 장기적이고 구조적인 변화의 신호탄인지는, 시간을 두고 좀 더 지켜볼 필요가 있다. 출산율의 반등이라고 하더라도 아직까지는 세계 최저 수준의 출산율을 기록하고 있는데다가 대체출산율 2.1명과는 큰 격차가 있어서 인구감소의 추세는 당분간 지속될 것으로 보인다.

결혼과 출산의
상관관계

한편, 최근의 반등에는 여러 요인이 있을 수 있지만 가장 눈에 띄는 것은 결혼건수의 증가이다. 결혼건수도 그동안 지속적으로 감소하였으나 2023년 결혼건수가 2021년 결혼건수를 넘어섰으며, 2024년 결혼건수는 22만 건이 넘을 것으로 추정되고 있다. 결혼건수의 증가는 출산율의 반등을 가져오는 전조 현상으로 출산율의 증가와 밀접한 관련이 있다. 한국을 비롯한 동아시아 국가의 경우, 혼인 외의 출산 비중이 매우 낮고 결혼을 통해서만 출산의 정당성을 인정받는 사회적 분위기가 형성되어 있기 때문에 결혼의 증가가 출산의 증가로 이어질 가능성이 높다.

이러한 상관관계에 대한 긍정적인 신호는 일반대중의 인식조사 결과에서도 나타났다. 일반대중을 미혼자와 기혼자로 구분해서 살펴보면, 미혼자들의 결혼 및 출산에 대한 인식과 기혼자들의 결혼 및 출산에 대한 인식에 확연히 차이가 난다.

예를 들면 미혼자의 결혼 및 출산에 대한 긍정적인 인식보다 기혼자의 결혼 및 출산에 대한 긍정적인 인식이 더 높게 나타났다. 미혼자는 결혼에 대해 부정적으로 응답한 비중이 전체의 37.3%로, 긍정적으로 응답한 비중인 26.9%보다 더 높은 것으로 조사되었다. 반

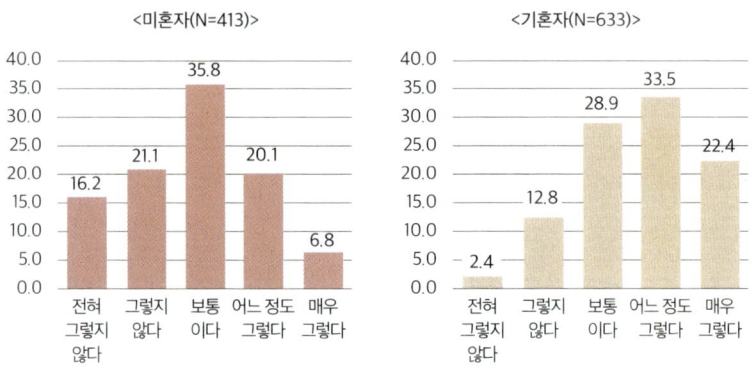

자료: 한국경제연구원(2025), 「저출산·고령화에 대한 두 개의 렌즈, 전문가와 대중의 인식조사」

면 기혼자는 결혼에 대해 부정적으로 응답한 비중이 15.2%에 불과했고, 긍정적으로 응답한 비중이 55.9%에 달해 부정적으로 응답한 비중보다 훨씬 높았다.

이러한 성향은 출산에 대한 인식조사 결과에서도 드러난다. 미혼자는 출산에 대해 부정적으로 응답한 비중이 전체의 34.4%로, 긍정적으로 응답한 비중인 29.3%보다 더 높게 조사되었다. 반면 기혼자는 출산에 대해 부정적으로 응답한 비중이 13.6%에 불과했고, 긍정적으로 응답한 비중은 62.2%에 달해 부정적으로 응답한 비중보다 훨씬 높았다.

결과적으로 우리나라에서 결혼은 출산의 전제조건이자 결혼을

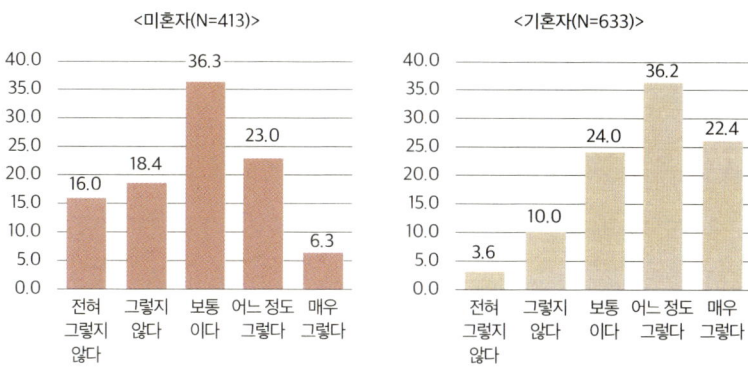

자료: 한국경제연구원(2025), 「저출산·고령화에 대한 두 개의 렌즈, 전문가와 대중의 인식조사」

하면 (기혼자가 되면) 출산에 대한 인식도 제고될 가능성이 높기 때문에 출산율을 높이기 위해서는 결혼장려 정책을 함께 강화할 필요가 있다. 예컨대 공공임대주택 공급 시 신혼부부에게 우선 공급한다든가, 신혼부부 특별공급 분양 물량을 확대하는 방안 등을 모색할 필요가 있다.

고령화 속도, 세계 1위

_____ 고령화 속도도 매우 빠르게 진행되고 있다. 의료기술

발전과 생활수준 향상으로 인해 평균 수명이 지속적으로 증가하면서 기대수명은 2000년 76.0세에서 2023년 83.5세로 크게 증가하였다. 이와 함께 전체 인구에서 65세 이상 노인이 차지하는 비중도 급격히 증가하고 있다.

2024년 7월에 발표된 행정안전부 자료에 따르면, 우리나라 만 65세 이상 주민등록인구가 처음으로 1,000만 명을 넘어섰으며, 전체 인구 대비 19.51%를 기록하였다. 2024년 12월에는 전체 인구에서 65세 이상 고령인구가 차지하는 비중이 20%를 넘어선 것으로 보고되었다.

고령화 수준은 크게 3가지 단계로 구분한다. 전체 인구에서 65세 이상 인구가 차지하는 비중이 7% 이상인 경우에는 고령화사회, 14% 이상일 때는 고령사회, 20% 이상일 때는 초고령사회라고 한다.

우리나라는 지난 2000년 고령화사회로 진입한 데 이어 17년 만인 2017년에 고령사회로 들어섰다(주민등록인구 기준). 이는 25년이 걸린 일본과 비교해도 매우 빠른 속도이다. 더구나 우리나라는 2024년 12월에는 초고령사회에 진입하여 고령사회(2017년)에서 초고령사회(2024년)로 진입하는 데 걸린 시간이 단 7년으로, 조사대상국 가운데 가장 빠른 고령화 속도를 나타내고 있다. 참고로 프랑스는 고령사회에서 초고령사회로 진입하는 데 39년이 걸렸고, 미국은 약 15년이 걸릴 것으로 예상되고 있으며, 일본은 10년이 걸렸다.

한편 통계청 자료에 따르면, 우리나라의 고령인구 비율은 지속적으로 증가하면서 2040년에는 34.3%, 2050년에는 40.1%를 기록할

주요국의 고령화 속도 비교(년)

국가	고령화사회	고령사회	초고령사회	고령화사회→고령사회	고령사회→초고령사회
한국	2000	2017	2024	18	7
프랑스	1864	1979	2018	115	39
독일	1932	1972	2008	40	36
일본	1969	1994	2004	25	10
영국	1929	1975	2025	46	50
미국	1942	2014	2029	72	15

주: 한국은 주민등록인구 기준
자료: 통계청, 행정안전부, 세계은행

것으로 전망되며 2072년에는 고령인구 비율이 47.7%에 달할 것으로 예측되고 있다.

저출산 현상으로 아이들은 사라지고 고령화는 심화되면서, 우리나라는 점점 늙어갈 것으로 전망된다. 1970년대만 하더라도 우리나라 인구의 평균 연령이 18.5세에 불과했지만 2024년 기준으로 46.1세까지 증가하였다. 현재의 저출산·고령화가 지속될 경우 2072년 우리나라의 평균 연령은 63.4세까지 증가할 것으로 전망된다. 한 나라의 인구연령을 대표하는 또 다른 지표인 중위연령 기준으로도 이러한 추세는 크게 다르지 않다. 1970년 우리나라 인구의 중위연령은 23.6세였으나 2024년에는 44.9세로 크게 증가하였으며, 2072년에는 58.6세까지 증가할 것으로 예측된다. 지금 대한민국은 젊음을 잃어가고 점점 늙어가고 있다.

고령화가
걱정되는 이유

실제로 고령화로 인하여 경제성장 둔화에 대한 우려가 늘고 있다. 그중 고령화가 우리 사회에 미칠 가장 큰 영향으로 재정 부담 증가가 가장 큰 것으로 나타났다. 일반대중을 대상으로 한 설문조사 결과, 응답자의 49.9%가 재정 부담 증가(연금, 의료비 등)를 꼽았으며, 그다음으로 29.4%가 노인 빈곤 증가를 꼽았다. 노동력 부족을 지적한 응답자는 전체의 11.5%였으며, 세대 간 갈등 심화라고 응답한 비율은 9.1%로 나타났다.

이번에는 전문가(학계, 연구소, 정부부처 관계자 등)를 대상으로 동일한 질문을 해봤다. 전문가 응답에서도 1순위는 재정 부담 증가였다. 응답자 가운데 무려 65.1%가 재정 부담 증가를 지목하였다. 그다음으로는 노동력 부족이 18.9%, 노인 빈곤 증가가 8.5%, 세대 간 갈등 심화가 4.7%로 나타났다. 고령화로 인한 재정 부담 문제는 일반대중과 전문가 사이에서도 이견이 없이 가장 큰 문제로 지목된 만큼 향후 이에 대한 대응 방안을 모색할 필요가 있다.

고령화가 우리 사회에 미치는 영향 인식조사(%)

| 설문 문항 | 고령화가 우리 사회에 미치는 가장 큰 영향은 무엇이라고 생각하십니까?

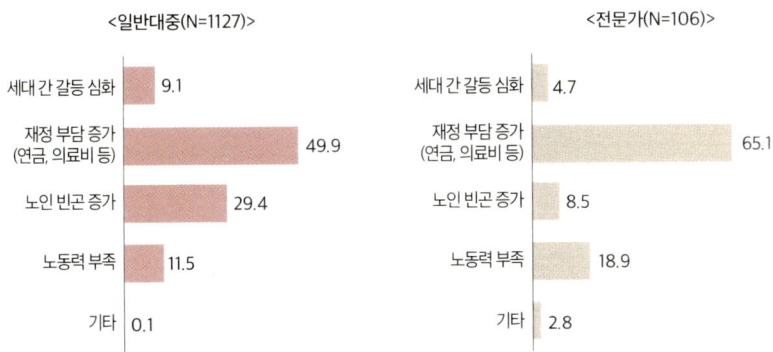

<일반대중(N=1127)>
- 세대 간 갈등 심화: 9.1
- 재정 부담 증가 (연금, 의료비 등): 49.9
- 노인 빈곤 증가: 29.4
- 노동력 부족: 11.5
- 기타: 0.1

<전문가(N=106)>
- 세대 간 갈등 심화: 4.7
- 재정 부담 증가 (연금, 의료비 등): 65.1
- 노인 빈곤 증가: 8.5
- 노동력 부족: 18.9
- 기타: 2.8

자료: 한국경제연구원(2025), 「저출산·고령화에 대한 두 개의 렌즈, 전문가와 대중의 인식조사」

전 세계 저출산 열차, 한국은 어디쯤?

세계 최저 수준의 출산율, 빠른 속도로 진입한 초고령사회, 이것이 우리나라가 직면한 현실이다. 그런데 이런 현상은 우리나라에서만 나타나는 것일까? 아니면 다른 나라들도 이러한 현상을 겪고 있을까? OECD(경제협력개발기구) 회원국들의 저출산·고령화와 관련된 주요 지표들을 통해 살펴보자.

합계출산율, OECD 꼴찌

2000년 OECD 합계출산율 평균은 1.70명이었다.

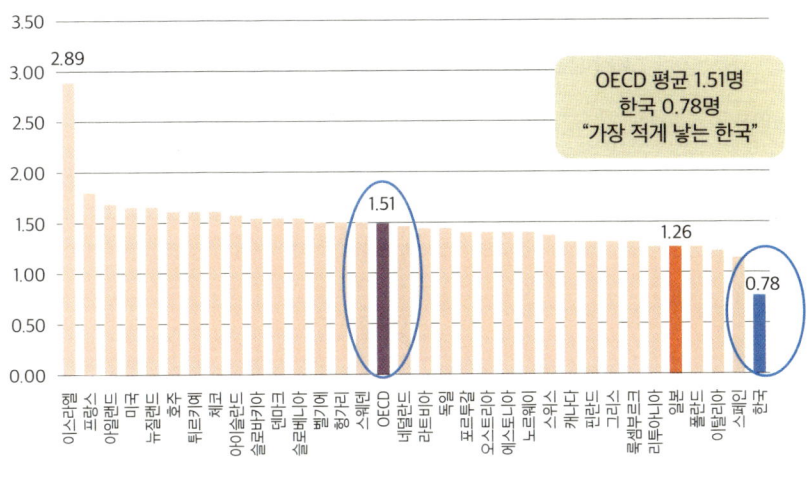

우리나라 합계출산율은 이보다 낮은 1.48명이었다. 순위로는 조사대상 38개국 가운데 24위로 최하위 수준은 아니었다. 일본의 합계출산율은 1.36명으로 우리나라보다도 낮았으며 OECD 국가 가운데 30위를 기록했다. 2000년에 가장 낮은 합계출산율을 기록한 국가는 체코로 합계출산율 1.14명이었다.

그런데 소폭의 등락을 반복하다가 2015년부터 지속적으로 감소한 우리나라의 합계출산율은 국제비교가 가능한 2022년 기준 OECD 국가들 가운데 가장 낮은 합계출산율(0.78명)을 보였다. 조사대상 33개국 중 33위였다. 2022년 OECD 합계출산율 평균은 1.51명으로 이와 비교하면 우리나라 합계출산율 0.78명은 OECD 평균의 약 절반 수준에 불과하다(2021년 합계출산율에서도 우리나라는 0.81명을 기록하며 조사대상 38개국 가운데 가장 낮은 수준을 기록하였다).

2022년 우리나라 합계출산율은 우리보다 한 단계 위에 있는 스페인(1.16)보다도 무려 0.38이나 낮다. 저출산 문제의 심각성이 여실히 드러나고 있음을 알 수 있다. 저출산·고령화로 비슷한 위기를 겪고 있는 이웃 나라 일본의 경우에도 합계출산율이 1.26명을 기록하여 우리나라보다 크게 높은 것으로 나타났다. 일본은 2000년에는 우리나라보다 오히려 합계출산율이 낮았는데, 현재는 우리나라보다 높은 합계출산율을 기록하고 있다. 다만 일본도 2015년 합계출산율이 1.45로 반짝 증가했지만, 2022년에는 사상 최저치인 1.26까지 떨어져 우리나라와 같이 저출산 위기가 심화되고 있다.

높아진 출산연령

우리나라는 다른 나라에 비해 출산연령도 가파르게 증가하고 있다. 이러한 출산연령의 상승이 저출산을 초래하는 요인 중 하나로 지적되기도 한다. 우리나라 여성의 평균 출산연령은 2000년에는 29.0세로 조사대상 42개국 중 15번째였으며, 일본의 29.6세보다도 낮았다. 그런데 국제비교가 가능한 가장 최신 연도인 2021년에는 33.4세로 증가하면서 OECD 국가 조사대상 43개국 중 출산연령이 가장 높다. 2021년 OECD 29개국의 여성 평균 출산연령은 30.9세, EU 17개국의 여성 평균 출산연령은 31.1세, 일본의 경

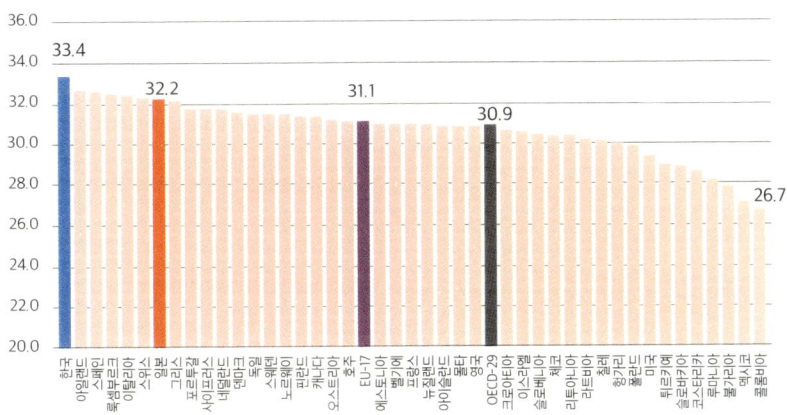

자료: OECD

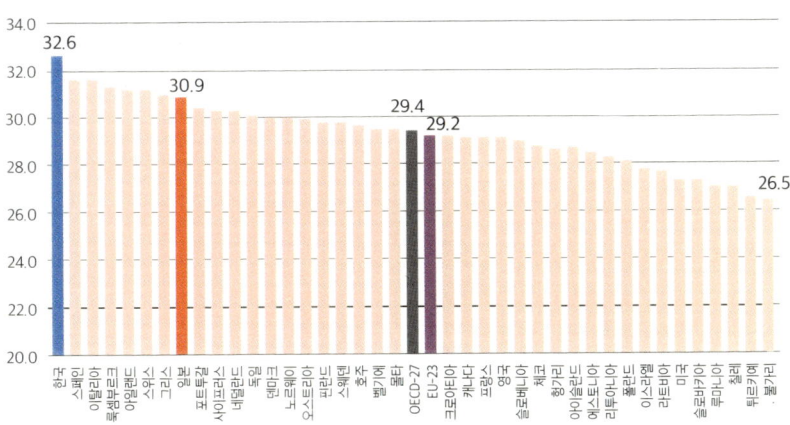

자료: OECD

우는 32.2세를 기록하여 우리나라 여성의 평균 출산연령이 빠르게 상승한 것을 알 수 있다. 우리나라 여성의 평균 출산연령은 2000년 29.0세에서 2021년 33.4세로 약 4.4세가 증가하여 조사대상국 가운데 증가폭이 가장 큰 것으로 나타났다.

우리나라 여성의 첫 출산연령도 평균 출산연령과 비슷한 양상을 보이는 것으로 분석되었다. 2000년에 우리나라 여성의 첫 출산연령은 27.7세로 OECD 27개국 평균 26.4세보다는 높았지만 조사대상 30개국 가운데 8번째로 높은 것으로 조사되었다. 그러나 2021년에는 우리나라 여성의 첫 출산연령이 32.6세로 크게 증가하며 OECD 27개국 평균 29.4세보다도 3.2세 높은 것으로 나타났다. 이는 조사대상 39개국 가운데 가장 높은 것으로 첫 출산연령도 급속히 높아진 것으로 분석되었다.

결혼연령, 만혼화 현상

우리나라 여성의 출산연령이 OECD 대상국 가운데 가장 높은 것으로 나타났지만, 결혼연령은 그렇지 않은 것으로 분석되었다. 결혼연령도 전 세계적으로 만혼화 현상이 나타나고 있지만 우리나라의 결혼연령은 출산연령만큼 세계에서 가장 높은 수준은 아닌 것으로 조사되었다.

만혼화 현상은 우리나라에서만 나타나는 것은 아니며 OECD 국가 전반에 걸쳐 나타나는 현상이라고 할 수 있다. 우리나라 여성의 초혼 연령은 2000년 26.5세에서 2020년 30.8세로 약 4.3세 증가하였다. OECD 국가의 평균 여성 초혼연령도 2000년 27.3세에서 2020년 31.4세로 약 4.1세 증가하여 만혼화 현상이 우리나라에서만 나타나는 현상은 아니라는 것을 알 수 있다. 2000년 기준 한국의 초혼연령은 OECD 평균보다 낮았으며, 2020년에도 OECD 평균보다 낮아 결혼연령이 다른 나라에 비해 급격히 높아지지는 않았다.

한국의 출산연령은 다른 나라에 비해 월등히 높지만 결혼연령은 그에 비해 높지 않은 이유가 무엇일까? 상식적으로 결혼연령이 높으면 출산연령도 높을 것으로 예상되기 때문에, 국제적으로 출산연령이 높은 결과는 만혼화(늦은 결혼, 결혼연령이 높음)와 관련이 있다고 생각할 수 있다. 이는 우리나라에서는 지극히 사실이다. 우리나라의 경우 결혼연령이 증가하거나, 결혼을 아예 하지 않으면, 출산연령이 높아지고, 자녀를 출산하지 않기 때문에 출산율이 저조할 수밖에 없다. 따라서 우리나라의 경우 만혼화 현상이 저출산의 주요 요인으로 지목되기도 한다.

만혼화 현상이 유독 우리나라에서 중요한 이유는 결혼이 출산을 위해서 사회 통념상 받아들여지는 유일한 제도이기 때문이다. OECD 국가의 경우 혼외 출산의 경우도 일반적인데, OECD 평균 혼외 출산의 비중은 41.9%에 이르고 칠레의 경우 75.1%에 달한다. 따라서 외국의 경우 출산연령은 낮지만 오히려 결혼연령은 높은 현상이 나타날 수 있다.

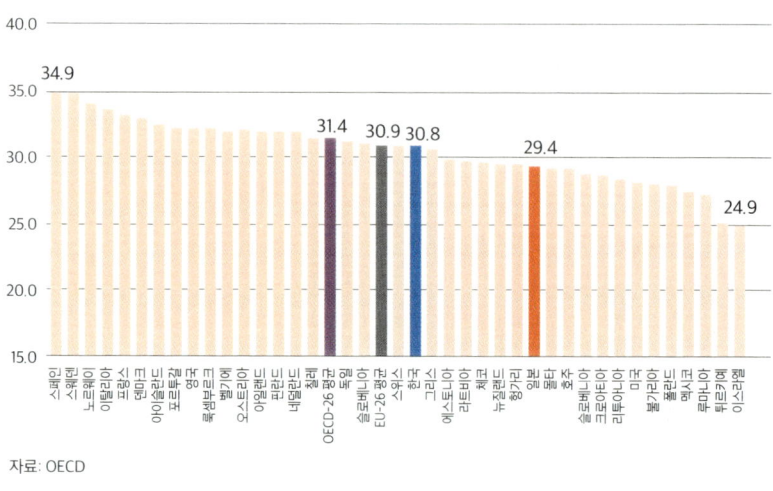

자료: OECD

　다른 나라의 경우 결혼 외에도 출산을 인정받을 수 있기 때문에 출산을 먼저 하고 나중에 배우자 간 성혼이 이루어지면 오히려 출산보다는 결혼연령이 더 높아질 수 있다. 반면 한국이나 일본의 혼외 출산율은 각각 2.5%, 2.4%에 불과해 결혼제도가 출산을 사회적으로 인정받을 수 있는 유일한 제도라고 할 수 있다. 결과적으로 한국의 경우 결혼율의 하락이나 만혼화의 심화는 출산연령의 고령화, 출산율의 하락을 가져오기 때문에 결혼이 출산율에 미치는 영향이 크게 나타나게 된다.

　지난 25년 동안 OECD 국가의 출산율 변화를 살펴보면, 대체로 출산연령이 높아지고 있지만, 높아진 출산연령에서 기존보다 많은

OECD 주요 국가의 연령별 출산율(여성 천 명당 출생아 수)

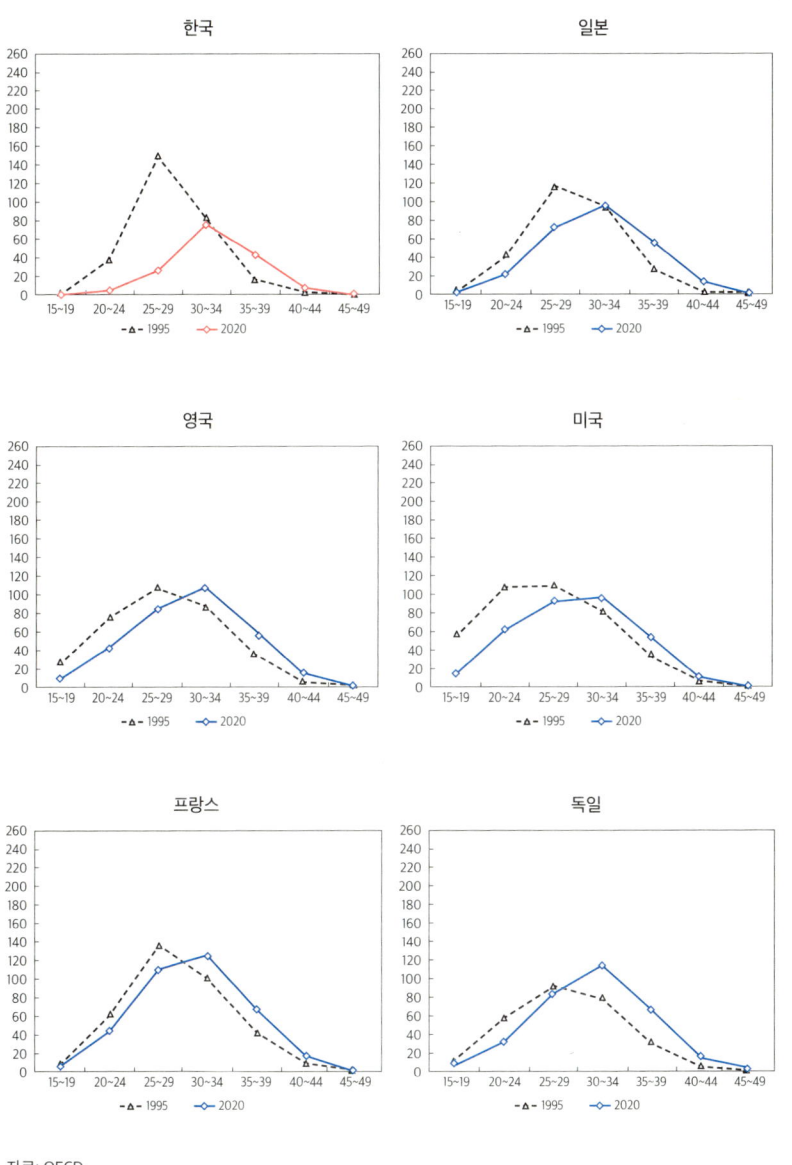

자료: OECD

아이를 출생하면서 젊은 연령에서의 낮은 출산율을 보완하는 양상이다. 일본, 영국, 미국의 그래프를 보면(37쪽 참고), 25년 동안 우측으로 이동하는 모습을 보이지만 높이의 변화는 그리 크지 않다. 반면 한국은 우측으로 이동한 모습은 동일하지만 높이가 낮아지면서 출산율 하락폭이 크게 증가하고 있다. 즉 30세 미만의 출산율은 큰 폭으로 감소하였으나 30세 이상에서의 출산율(출생아 수)이 이를 상쇄할 만큼 증가하지 않아 전체 출산율(출생아 수)이 대폭 감소한 것으로 나타나고 있다. 결과적으로 우리나라는 만혼화, 일과 가정의 양립 어려움 등 여러 요인으로 젊은층의 출산율이 크게 감소하였으나 30세 이후에서 출산율이 증가하지 않으면서 전반적인 저출산 현상이 나타난 것으로 볼 수 있다.

육아휴직 제도는 OECD 최상위, 사용률은 저조

_____ 일과 가정의 양립을 위한 기본적인 제도인 육아휴직의 경우, 우리나라는 OECD 주요국에 비해 제도적으로 뒤처지지는 않지만 실제로 사용률에 있어서는 저조한 것으로 나타났다. 제도적으로 우리나라 여성의 총 유급 육아휴직 기간(유급 출산휴가도 포함)은 64.9주로 OECD 평균보다 높은 수준이며, 국가별 순위에서도 상위권에 위치하고 있다. 하지만 출생아 100명당 실제 사용자 수로 측정한 육아휴직 사용률은 약 48.0명으로 OECD 국가 가운데 최하위

여성의 유급 육아휴직 기간 비교(주/Weeks, 2022년)

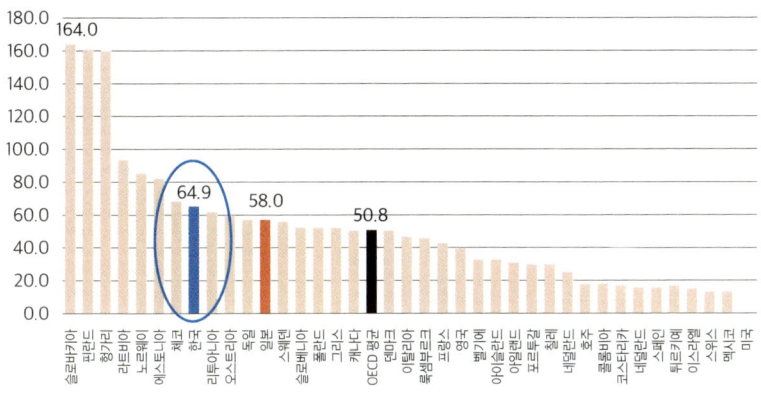

자료: OECD

여성의 육아휴직 사용률(출생아 100명당 사용자 수, 2021년)

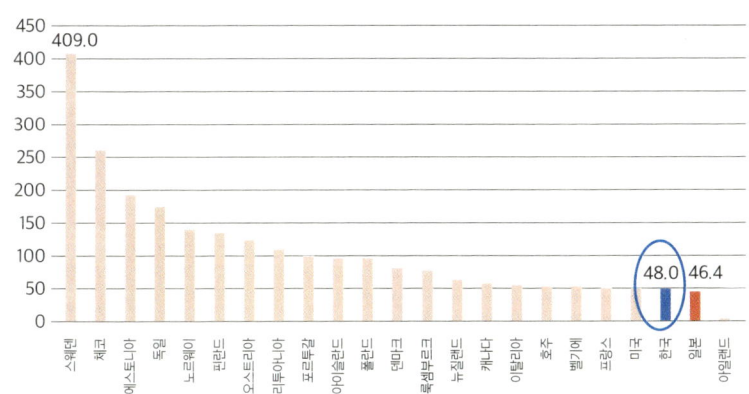

자료: OECD

남성의 유급 육아휴직 기간 비교(주/Weeks, 2022년)

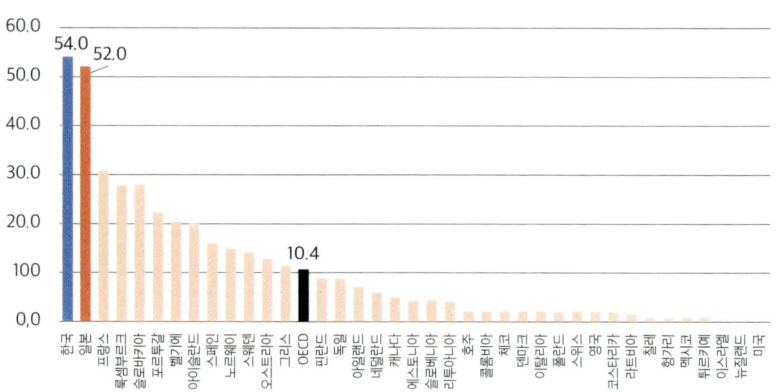

자료: OECD

남성의 육아휴직 사용률(출생아 100명당 사용자 수, 2021년)

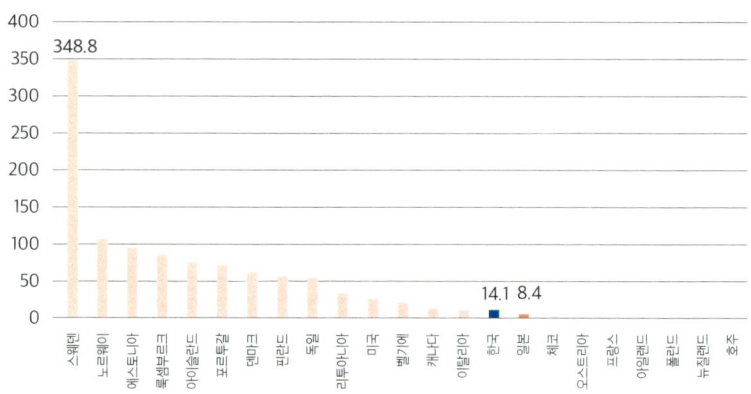

자료: OECD

수준이다. 남성의 육아휴직 제도도 마찬가지다. 우리나라 남성의 경우 총 유급 육아휴직 기간(유급 출산휴가도 포함)은 2022년 기준 54.0주로 조사대상 OECD 국가 중 가장 긴 것으로 나타났다. 하지만 출생아 100명당 실제 사용자 수로 측정한 육아휴직 사용률에서는 약 14.1명을 기록하여 조사대상 OECD 국가 가운데 중간 미만으로 하위권이다.

빠르게 늙어가는
한국의 고령화 수준

한편, 고령화 현상도 국제적으로 비교해보면 우리나라만의 특징적인 모습이 있다. 먼저 우리나라의 현 고령화 수준은 OECD 평균 수준을 기록하고 있지만 진행 속도가 엄청 빠르다. 2000년에는 우리나라 전체 인구에서 고령인구(65세 이상 인구)가 차지하는 비중이 7.2%에 불과했다. 2000년 OECD 평균 고령화 수준은 12.8%로 OECD 평균보다 우리나라가 약 5.6%p 낮았다. OECD 국가별 고령화 수준에서도 우리나라는 조사대상국 38개국 가운데 최하위권으로 34위를 기록했다.

이후 우리나라의 인구 고령화는 빠른 속도로 진행되면서 2022년 기준 전체 인구에서 고령인구(65세 이상 인구)가 17.5%를 차지하며 크게 증가하였다. 2022년 기준으로 고령화 수준은 아직까지 OECD 평균(18.0%)보다는 낮지만 OECD 평균과 불과 0.5%p 낮아 우리나

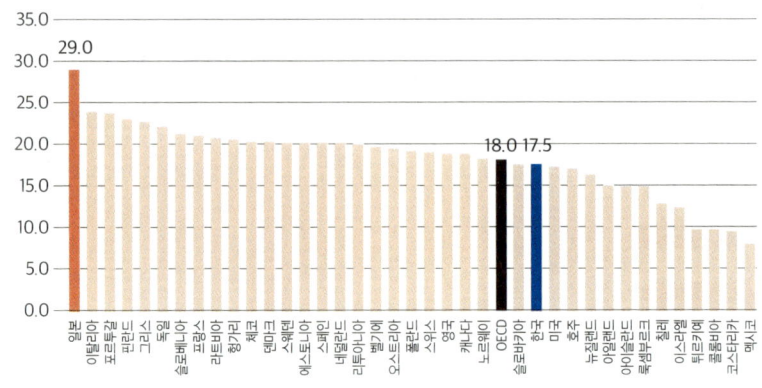

자료: OECD

라의 고령화 수준이 상대적으로 빠르게 진행된 것으로 나타났다. 순위에서도 2022년 OECD 국가별 고령화 수준의 조사대상 38개국 가운데 26위로 2000년과 비교해 순위가 상승했다. 앞에서도 이야기했지만, 우리나라는 세계적으로도 가장 빠르게 고령사회에서 초고령사회로 진입하였다. 향후 우리나라의 고령화 수준은 더욱 상승할 것으로 전망되며 2050년에는 40.1%를 기록할 것으로 예측된다.

크게 증가할 노년부양비

향후 고령화 속도가 더욱 빠르게 진행되면서 노년부양비(15~64세 인구 100명당 65세 이상 인구수)도 크게 증가할 것으로 전망된다. 현재 수준과 미래 전망을 비교한 OECD 자료를 살펴보면, 현재의 노년부

노년부양비 증가 속도와 평균 연령

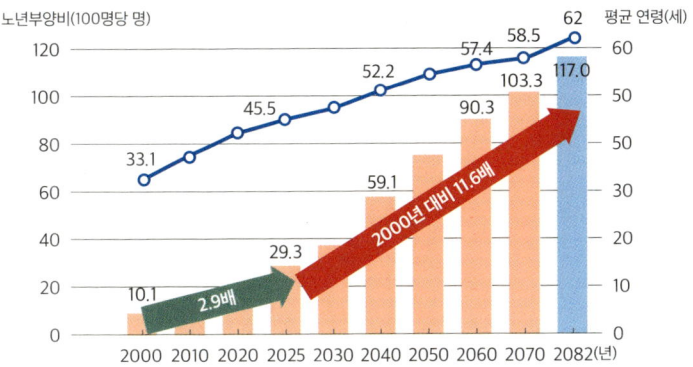

주: 노년부양비 = 생산가능인구(15~64세) 100명당 65세 이상 고령층 비율
자료: 통계청

양비는 낮은 수준이지만 저출산 심화와 빠른 고령화 속도로 인하여 미래에는 큰 폭으로 증가할 것으로 예측된다.

OECD 자료에 따르면, 2022년 기준 우리나라의 노년부양비는 26.3에 불과한 것으로 나타났다. 아직까지는 OECD 평균인 31.3보다는 낮은 수준이며, 전체 조사대상 38개국 가운데 29위를 기록하여 노년부양비의 부담이 크게 높지는 않은 상태이다. 그러나 문제는 미래다. 향후 고령화 속도가 빨라지고 저출산 기조가 지속되면서 노년부양비는 큰 폭으로 증가할 것으로 전망된다.

OECD에 따르면, 2082년 우리나라의 노년부양비는 117.0을 기록하면서 OECD 국가 가운데 가장 높을 것으로 전망된다. 2082년 전망치에서 OECD 평균 66.1보다 약 50.9 포인트가 높으며, 2위인

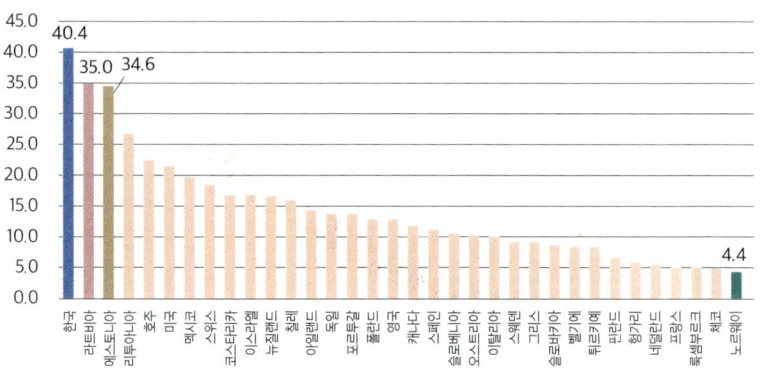

일본보다도 31.3 포인트가 높아 저출산·고령화로 인한 경제·사회적 문제가 더욱 심각해질 것으로 예측된다.

OECD 1위, 높은 노인빈곤율

고령화 현상의 또 다른 문제는 고령층의 높은 빈곤율이다. 우리나라 고령층의 빈곤율은 다른 국가와 비교해보면 상대적으로 높게 나타난다. 고령화가 급속히 진행되면 고령층의 높은 빈곤율로 인하여 빈곤문제도 확대될 가능성이 있기 때문에 고령화로 인한 빈곤율 문제 해결에도 관심을 가져야 한다.

예컨대 국제비교가 가능한 2020년 기준 OECD 국가별 고령층(66세 이상 인구) 빈곤율을 살펴보면, 우리나라 고령층의 빈곤율은

40.4%로 조사대상 34개국 가운데 가장 높은 것으로 나타났다. 그다음으로는 라트비아와 에스토니아가 각각 35.0%, 34.6%를 기록하였으며 노르웨이는 가장 낮은 4.4%를 기록하고 있다.

OECD 1위, 65세 이상 고용률

우리나라 고령층의 또 다른 특징은 은퇴 후 고령층의 경제활동 참여가 다른 국가에 비해 월등히 높다는 것이다. 2023년 기준 65세 이상 고용률은 우리나라가 37.3%로 OECD 국가 가운데 가장 높은 수준이다. OECD 국가의 고령인구(65세 이상)의 평균 고용률은 13.6%에 불과하여 우리나라는 OECD 평균의 약 3배에 육박하는 것으로 나타났다. 일본은 65세 이상 고용률이 OECD 평균보다 높

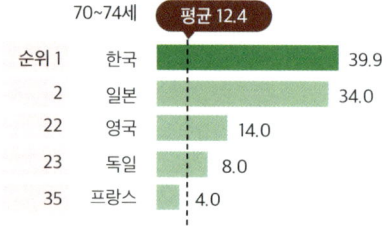

자료: OECD 참고

은 25.3%를 기록하고 있지만 우리나라에 비해서는 약 12%p나 낮은 상황이다.

우리나라 고령인구의 고용률은 연령이 높아질수록 OECD 국가에 비해 상대적으로 더 높다는 특징을 보이고 있다. 2023년 기준 65~69세의 우리나라 고용률은 51.1%로 OECD 평균(25.2%)의 2배 수준이지만 일본(52.1%)보다는 낮은 수준이다.

하지만 70~74세의 우리나라 고용률은 39.9%로 OECD 조사대상국 가운데 가장 높으며, OECD 평균(12.4%)의 3배가 넘는 수준이다. 이처럼 우리나라는 고령자의 나이가 많아질수록 다른 나라보다 고용률이 상대적으로 더 높아지는 특징을 보이고 있다.

  국제비교를 통해 우리나라의 고령화 진행 상황을 살펴본 결과, 우리나라의 고령화 수준은 매우 빠르게 진행되고 있으며 향후 재정 부담 증가의 주요 요인으로 작용할 가능성이 높다. 또한 고령층의 빈곤율도 다른 나라에 비해 상대적으로 높고 고령일수록 노동시장에 참여하는 비중도 다른 나라에 비해 상대적으로 높아, 향후 고령화 심화에 따른 대응 방안 마련에 있어서 이러한 이슈들을 함께 고려할 필요가 있다.

2060년, 우리나라의 경제시계는 거꾸로 간다

    2061년 이후 우리나라의 경제성장률은 −0.1%를 기록하며 마이너스 성장 시대로 진입할 것으로 전망된다. 즉 2060년대부터 우리나라의 경제시계는 거꾸로 돌기 시작하는 것이다. 그렇다면 거꾸로 가는 우리나라 경제시계를 되돌릴 수 있는 방법은 없을까? 이를 위해서는 인구감소로 인한 노동력의 감소를 만회하고 노동공급을 증대시킬 수 있는 방안을 찾아야 한다. 이를 위해 출산율 제고, 여성의 경제활동 참여 확대, 고령층의 인력 활용, 그리고 외국인력 도입 확대의 4가지 방법을 제안한다.

생산가능인구 감소와
우울한 미래

우리나라는 저출산·고령화가 심화되면서 생산활동의 중심이 되는 생산가능인구가 감소하고 총인구의 감소도 현실화될 것으로 전망된다. 생산가능인구란 만 15~64세의 인구로 인구학적인 관점에서 경제활동이 가능한 인구를 의미한다. 즉 사회에서 일할 수 있는 나이의 사람들을 통칭하는데, 생산가능인구는 경제활동에 참여하는 경제활동인구과 그 외의 비경제활동인구로 나뉜다.

통계청의 장래인구추계 자료에 따르면, 우리나라의 생산가능인구는 1960년 통계 작성 이래로 2017년(전년 대비) 처음 감소했다. 일년 후인 2018년에 반등했으나 2020년 다시 하락세로 돌아섰으며 이후 감소세가 더욱 심화될 전망이다. 생산가능인구는 2024년 약 3,633만 명을 기록하고 있는데, 2072년에는 1,658만 명으로 2024년 대비 약 54%가 감소할 것으로 전망된다.

생산인구감소와 함께 총인구수도 감소하는 추세로 전환되었다. 우리나라 총인구수는 2021년 대한민국 정부 수립 이후 처음으로 감소한 것으로 나타났다. 2023년과 2024년 반짝 증가하는 모습을 보이기도 했지만 2025년부터는 지속적으로 감소할 것으로 예측된다. 2024년 우리나라 총인구수는 5,175만 명이었으나 향후 감소세로 돌아서면서 2072년에는 3,622만 명으로 떨어질 것으로 전망된다(2024년 대비 약 30% 감소).

생산가능인구의 감소, 고령인구의 증가 등 인구구조 변화는 사회

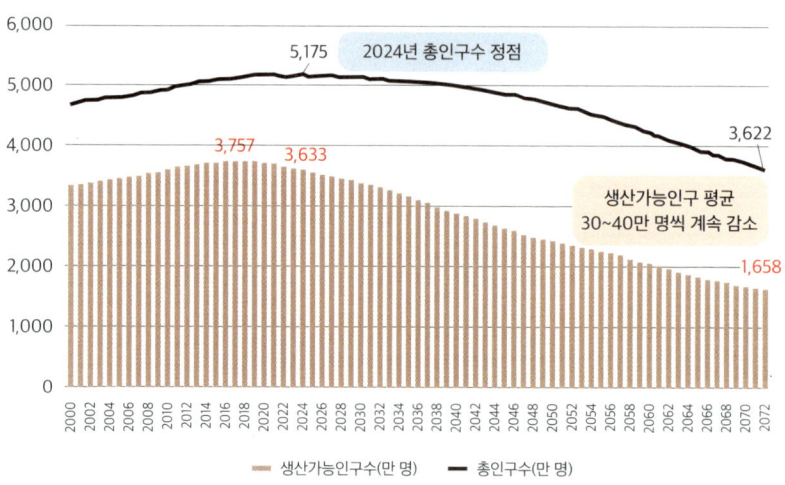

자료: KOSIS

적 비용을 증가시키고 경제성장 구조에도 부정적 영향을 미친다. 생산가능인구가 감소하는 가운데 고령층(65세 이상)이 증가하면서 전체 인구에서 피부양인구의 비중이 크게 상승하게 되고, 국가적으로도 경제적 부담이 증가한다. 무엇보다도 생산가능인구의 감소는 노동공급의 감소와 직결되기 때문에 국가의 생산능력을 감소시켜, 결과적으로 국가의 경제(GDP)를 축소시킨다.

연령별 취업자 전망

_____ 인구변화로 인한 각 산업의 장래취업인구 추이를 분석한 결과(이철희, 2024), 전반적으로 대부분의 산업에서 향후 20년 동안(2022~2042년) 취업인구가 감소할 것으로 전망된다. 그러나 그 감소 정도는 산업별로 매우 큰 편차를 보일 것으로 예상되며, 오히려 취업인구가 증가하는 산업도 나타날 것으로 전망된다.

각 산업의 연령별 취업자 수를 결정하는 노동시장의 변수들이 고정되어 있다고 가정할 시, 향후 20년 동안 취업자 수가 가장 많이 줄어들 것으로 예상되는 10개 산업은 음식점 및 주점업(66만 9,426명 감소), 소매업; 자동차 제외(61만 6명 감소), 도매 및 상품 중개업(23만 7,255명 감소), 사업지원 서비스업(22만 5,072명 감소), 기타 서비스업(20만 9,982명 감소), 교육 서비스업(18만 8,499명 감소), 농림업(18만 1,480명 감소), 종합 건설업(18만 116명 감소), 육상운송 및 파이프라인 운송업(17만 6,159명 감소), 자동차 및 트레일러 제조업(16만 6,446명 감소) 등으로 분석되었다.

반면 사회복지 서비스업(29만 1,823명 증가), 건축기술 · 엔지니어링 및 기타 과학기술 서비스업(9만 5,148명 증가), 창고 및 운송관련 서비스업(4만 73명 증가), 기록물 출판 · 제작 · 배급업(3만 9,867명 증가), 협회 및 단체(3만 7,996명 증가), 창작, 예술 및 여가관련 서비스업(3만 2,133명 증가) 등의 산업에서는 인구변화로 인해 노동공급이 3만 명 이상 증가할 것으로 추정되었다.

20~34세 취업인력 전망

연령별로 나누어서 향후 노동공급의 변화를 전망해볼 수 있다. 인구변화로 인한 각 산업에서의 20~34세 취업인력 변화 전망을 분석한 결과, 대부분의 산업에서 청년 인력의 공급이 감소할 것으로 나타났다. 이 결과는 이미 오래전부터 진행되고 있는 연간 출생아 수의 감소에 따라 젊은 인구가 빠른 속도로 줄어드는 현상을 반영한 것으로 해석할 수 있다.

특히 소매업; 자동차 제외(22만 3,841명 감소), 교육 서비스업(21만 3,946명 감소), 음식점 및 주점업(20만 9,635명 감소), 보건업(16만 8,380명 감소), 도매 및 상품 중개업(10만 3,744명 감소) 등의 산업에서는 2042년까지 10만 명 이상의 20~34세 취업자가 감소할 것으로 전망된다.

35~54세 취업인력 전망

35~54세에서도 전체 연령층과 마찬가지로 인구변화의 영향으로 인해 거의 대부분의 산업에서 취업인력이 감소할 것으로 전망된다. 35~54세의 취업인구가 가장 많이 감소할 것으로 추정되는 10개 산업은 소매업; 자동차 제외(29만 416명 감소), 음식점 및 주점업(23만 3,924명 감소), 교육 서비스업(17만 3,860명 감소), 도매 및 상품 중개업(15만 3,988명 감소), 전문직별 공사업(12만 4,339명 감소), 종합 건설업(10만 814명 감소), 자동차 및 트레일러 제조업(9만 401명 감소), 육상운송 및 파이프라인 운송업(8만 9,533명 감소), 공공행정·국방·사회보장·국제기관·외국기관(7만 8,598명 감소), 사업지원 서비스업(7만

7,458명 감소) 등으로 나타났다.

반면 기록물 출판·제작·배급업(3만 3,797명 증가), 창고 및 운송관련 서비스업(1만 7,537명 증가), 창작, 예술 및 여가관련 서비스업(1만 5,582명 증가), 연구개발업(1만 5,302명 증가) 등의 산업에서는 인구변화로 인해 취업인력이 만 명 이상 늘어날 것으로 전망된다.

55~74세 취업인력 전망

55~74세 취업인력의 변화는 어떨까? 해당 연령대는 이전 연령대와는 다른 특이점이 있었다. 이 연령대는 노동인력 고령화의 효과가 반영되어 약 3분의 2의 산업에서 취업인력 규모가 증가할 것으로 예상된다.

우선 55~74세의 취업인구가 만 명 이상 감소할 것으로 예상되는 산업은 음식점 및 주점업(22만 5,867명 감소), 농림업(13만 2,942명 감소), 육상운송 및 파이프라인 운송업(10만 783명 감소), 기타 서비스업(9만 6,731명 감소), 소매업; 자동차 제외(9만 5,749명 감소), 사업지원 서비스업(8만 1,024명 감소), 종합 건설업(5만 2,212명 감소), 의복·의복액세서리·모피제품·가죽·가방·신발 제조업(4만 3,455명 감소), 자동차 및 트레일러 제조업(2만 2,793명 감소), 식료품 제조업(1만 8,534명 감소), 섬유제품 제조업; 의복제외(1만 5,330명 감소), 금속가공제품 제조업; 기계 및 가구 제외(1만 86명 감소) 등으로 분석되었다.

반면, 사회복지 서비스업(38만 1,884명 증가), 교육 서비스업(19만 9,307명 증가), 건축기술, 엔지니어링 및 기타 과학기술 서비스업(11

만 8,688명 증가), 보건업(11만 8,193명 증가), 전문 서비스업(7만 2,496명 증가), 협회 및 단체(6만 8,431명 증가), 부동산업(5만 5,838명 증가) 등의 산업에서는 55~74세 취업인력이 5만 명 이상 증가할 것으로 추정되었다.

이처럼 전체 연령(20~74세)에서는 생산인구감소로 인한 인구구조 변화로 많은 산업에서 노동공급(취업인력)이 감소할 것으로 전망되지만, 연령대별로 구분해서 살펴보면 각 연령대별로 노동공급의 변화 양상이 다른 것으로 나타나고 있다.

연령과 교육수준으로 보는 노동공급의 변화

_____ 연령대와 학력별 조합으로 향후 노동공급의 변화도 전망해볼 수 있다. 전체, 연령별, 교육수준별로 2042년까지 취업인력의 변화를 살펴보면 다음 표와 같다(56쪽 참고). 이 표는 취업인력의 감소가 가장 클 것으로 추정되는 10개 산업들을 순서대로 나열하고 있다. 이 가운데 취업자 수가 10만 명 이상 감소할 것으로 추정되는 산업은 붉은색 글씨체로 표시되어 있다.

교육수준에 따른 노동인구의 변화를 살펴보면, 먼저 총규모 면에서 장래 산업별 취업인력 변화는 주로 노동인구의 고학력화로 인하여 저학력의 중년 및 고령 인력이 감소하는 현상을 반영한다고 할 수 있다. 이러한 변화가 발생하는 산업들은 소매업; 자동차 제외, 음식점 및 주점업, 농림업, 육상운송 및 파이프라인 운송업, 전문직별 공사업, 사업지원 서비스업, 기타 서비스업, 종합건설업 등이며, 현재 시점에서는 저학력의 중년·고령 인력 비중이 높은 산업들이 포함된다. 이러한 특성을 가진 인력이 노동시장에서 퇴장하기 시작하고 청년인력 감소 및 고학력화의 영향으로 저학력의 신규 인력 진입이 줄어드는 변화가 겹치면서 이 산업들에서 대규모의 저학력 및 전체 취업자 감소가 발생할 것으로 예상된다.

산업별 고학력 노동인력의 변화에는 인구변화와 교육수준 개선의 영향이 복합적으로 결합되어 있는 것으로 보인다. 35세 미만 청년인력의 경우에는 이미 대졸자 비율이 높아서 고학력화의 영향이 크지 않은 반면, 최근 출생아 수 감소로 인해 앞으로 이 연령층의 노동인구감소가 발생할 것으로 전망된다. 반면, 55세 이상 연령층의 경우에는 인구 고령화와 고학력화의 효과가 겹치면서 거의 대부분의 산업에서 고학력 취업인력이 증가할 것으로 전망된다.

이러한 변화의 결과로, 여러 산업에서 청년층 고학력 취업자가 상당한 규모로 발생하지만, 다른 연령층의 고학력 취업인구 증가로 인해 전반적으로 어떤 산업에서도 고학력 취업자의 대규모 감소가 나타나지는 않을 것으로 전망된다.

이처럼 고학력 인구의 경우 전체적으로는 대규모 취업인력 감소가 발생하는 산업이 많지 않지만, 상이한 연령층의 취업인력 사이에서 불균형 문제가 발생할 가능성이 높은 것으로 판단된다. 예컨대 보건업은 전반적으로 인구변화로 인한 고학력 취업인력의 변화

2042년까지 취업인력 감소 규모가 가장 클 것으로 추정되는 10개 산업

	전체	고학력	저학력
전체	음식점 및 주점업 소매업; 자동차 제외 도매 및 상품 중개업 사업지원 서비스업 기타 서비스업 교육 서비스업 농림업 종합 건설업 육상운송 및 파이프라인 운송업 자동차 및 트레일러 제조업	소매업; 자동차 제외 교육 서비스업 금융업 전자부품, 컴퓨터, 영상, 음향 및 통신장비 제조업 자동차 및 트레일러 제조업 기타 전문, 과학 및 기술 서비스업 도매 및 상품 중개업 자동차 및 부품 판매업 기타 운송장비 제조업 방송통신업	음식점 및 주점업 소매업; 자동차 제외 농림업 전문직별 공사업 육상운송 및 파이프라인 운송업 사업지원 서비스업 종합 건설업 도매 및 상품 중개업 기타 서비스업 교육 서비스업
20~34세	소매업; 자동차 제외 교육 서비스업 음식점 및 주점업 보건업 도매 및 상품 중개업 전자부품, 컴퓨터, 영상, 음향 및 통신장비 제조업 사업지원 서비스업 전문 서비스업 공공행정·국방·사회보장·국제기관·외국기관 기타 기계 및 장비 제조업	교육 서비스업 보건업 소매업; 자동차 제외 도매 및 상품 중개업 음식점 및 주점업 공공행정·국방·사회보장·국제기관·외국기관 전문 서비스업 전자부품, 컴퓨터, 영상, 음향 및 통신장비 제조업 사회복지 서비스업 사업지원 서비스업	음식점 및 주점업 소매업; 자동차 제외 교육 서비스업 전자부품, 컴퓨터, 영상, 음향 및 통신장비 제조업 도매 및 상품 중개업 자동차 및 트레일러 제조업 사업지원 서비스업 전문직별 공사업 기타 서비스업 보건업
35~54세	소매업; 자동차 제외 음식점 및 주점업 교육 서비스업 도매 및 상품 중개업 전문직별 공사업 종합 건설업 자동차 및 트레일러 제조업 육상운송 및 파이프라인 운송업 공공행정·국방·사회보장·국제기관·외국기관 사업지원 서비스업	교육 서비스업 소매업; 자동차 제외 공공행정·국방·사회보장·국제기관·외국기관 도매 및 상품 중개업 금융업 자동차 및 트레일러 제조업 부동산업 전자부품, 컴퓨터, 영상, 음향 및 통신장비 제조업 자동차 및 부품 판매업 보험 및 연금업	소매업; 자동차 제외 음식점 및 주점업 전문직별 공사업 도매 및 상품 중개업 육상운송 및 파이프라인 운송업 종합 건설업 사업지원 서비스업 사회복지 서비스업 기타 서비스업 자동차 및 트레일러 제조업
55~74세	음식점 및 주점업 농림업 육상운송 및 파이프라인 운송업 기타 서비스업 소매업; 자동차 제외 사업지원 서비스업 종합 건설업 의복·의복액세서리·모피제품·가죽·가방·신발 제조업 자동차 및 트레일러 제조업 식료품 제조업		농림업 음식점 및 주점업 육상운송 및 파이프라인 운송업 소매업; 자동차 제외 사업지원 서비스업 전문직별 공사업 종합 건설업 기타 서비스업 도매 및 상품 중개업 부동산업

자료: 이철희(2024), 한국경제연구원

가 크지 않을 것으로 추정되지만 20~34세 고학력 취업인력은 15만 명 이상 감소하는 반면, 55~74세 이상 고학력 취업인력은 15만 명 이상 증가하여, 취업인력의 연령 구성은 크게 바뀔 것으로 전망된다. 만약, 이 산업에서 젊은 취업인구와 나이 든 취업자 사이에 대체성이 높지 않다면, 청년인력의 급격한 감소로 인한 노동수급 불균형 문제가 발생할 우려가 있다.

생산가능인구 감소의 경제학

생산가능인구의 감소는 직접적으로는 노동공급이 감소할 것으로 예상되는 가운데 경제의 중추적인 역할을 하는 역동적인 인구가 감소함으로써 경제적 혁신 활동이 감소하고, 고령인구에 대한 부양 부담이 늘어나면서 미래에 대한 투자도 감소할 전망이다.

한국의 인구구조 변화는, 결과적으로 경제에 부정적인 영향을 미칠 가능성이 높아 우울한 미래가 예상된다. 한국경제연구원에서 진행한(2023년) 연구결과에 따르면, 모든 조건이 일정하다고 가정할 때 생산가능인구가 1% 감소하면 GDP가 약 0.59% 감소하는 것으로 나타났으며, 피부양인구(0~14세 인구 + 65세 이상 인구)가 1% 증가하면 GDP가 약 0.17% 감소하는 것으로 나타났다(유진성, 2023).

유엔(UN)의 인구자료에 따르면, 2040년 우리나라의 생산가능인구수는 2023년 대비 약 21.85% 감소할 전망이며, 피부양인구수는

2023년 대비 약 35.87% 증가할 것으로 예상된다. 따라서 이를 바탕으로 추정하면 2040년 GDP는 2022년 대비 약 19.20% 감소할 것으로 추정되며, 이를 가정할 경우 GDP는 연평균(2023~2040년) 약 1.18% 감소할 것으로 예상된다.

또한 2050년에는 우리나라의 생산가능인구가 2023년 대비 약 34.20% 감소할 전망이며, 피부양인구는 2023년 대비 약 42.07% 증가할 것으로 예상되어, 2050년 GDP는 2023년 대비 약 27.60% 감소할 것으로 추정된다. 이를 가정할 경우 GDP는 연평균(2023~2050년) 약 1.15% 감소할 것으로 전망된다.

급격한 인구구조로 인한 우리나라의 미래는 현재의 상황이 달라지지 않는 한 장밋빛 미래보다는 암울하고 우울한 미래에 가까울 것이다.

노동공급을 증대시킬 수 있는 5가지 방법

출산율 제고

출산율은 단기적으로 큰 향상을 기대하기 어렵고 장기적인 시각으로 접근할 필요가 있다. 그리고 출산율이 바로 증가한다고 하여도 노동시장에 참여하는 생산가능인구에 편입되기 위해서는 적어도 15년 이상의 시간이 소요되기 때문에 당장의 노동력 증가를 기대하

OECD 주요 국가 청년(15~29세) 니트(NEET) 비중(%)

(단위: %)

연도	호주	캐나다	독일	덴마크	스페인	프랑스	핀란드	이탈리아	영국	멕시코	스웨덴	미국	한국
2008	10.4	11.9	11.6	7.6	16.7	14.0	9.9	19.2	14.8	23.4	8.7	12.8	18.5
2009	12.3	13.4	11.6	8.8	22.6	15.6	12.0	21.2	15.7	24.4	11.0	14.5	19.1
2010	11.8	13.7	12.0	11.9	23.6	16.6	12.6	23.0	15.9	23.7	10.3	15.6	19.1
2011	11.5	13.4	11.0	12.8	24.3	16.4	11.8	23.2	15.5	24.0	9.1	14.8	18.6
2012	11.7	13.4	9.9	13.3	25.6	16.6	11.9	24.6	16.3	22.9	9.7	14.0	18.0
2013	13.0	12.5	9.7	12.6	27.2	16.3	12.3	26.1	15.6	22.3	9.4	17.0	17.7
2014	12.6	13.4	9.2	13.1	24.3	16.3	13.0	27.7	14.4	22.4	9.4	16.4	17.5
2015	11.8	13.3	8.6	11.4	22.8	17.2	14.3	27.4	13.7	21.9	9.1	15.6	18.9
2016	11.4	13.1	9.6	9.7	21.7	17.2	13.2	26.0	13.2	21.8	8.2	14.7	18.8
2017	10.9	12.2	9.3	12.7	19.9	16.5	12.6	25.1	12.2	21.2	8.0	13.7	19.1
2018	10.8	11.9	9.2	12.0	19.1	16.1	11.9	23.8	12.6	20.9	8.9	13.5	19.1
2019	10.4	11.3	8.2	11.6	18.3	15.4	11.0	23.7	12.3	20.7	7.0	13.4	19.6
2020	14.2	13.6	-	11.7	18.5	15.0	10.8	23.5	12.4	22.1	7.6	13.4	20.9

주: 한국은 OECD 국가 중에서 니트 비중이 높은 국가
자료: 한국고용정보원(2021)

기는 어렵다. 하지만 장기적으로 절대 노동력 공급의 증대를 위해서는 출산율을 제고하는 것이 중요한 요인이 된다.

청년층의 경제활동 참여 확대

청년층에서의 노동공급을 확대하는 방안도 고려해볼 수 있다. 우리나라 청년층의 니트(15~29세 기준, Not in Education, Employment or Training, 직업도 없으며 훈련과 교육도 받지 않는 젊은이) 비중은 OECD 기

준으로 2020년 약 20.9%를 기록했는데, OECD 비교대상 13개국 가운데 3번째로 높은 것으로 나타났다. 향후 청년층 니트의 경제활동 참여를 유도하기 위해서 멘토링 프로그램, 기술교육 및 훈련 프로그램 강화 등을 추진할 필요가 있다.

여성의 경제활동 참여 확대

한국의 여성 고용률(15~64세)은 2023년 기준 61.4%로 OECD 평균 63.2%보다 낮은 수준이며, OECD 38개국 가운데 31위로 하위권에 머무르고 있다. 같은 아시아 국가인 일본의 여성 고용률은 73.3%에 이르는 것으로 나타나, 우리나라도 여성의 고용률 증대를 통한 노동공급 확대 방안을 모색할 필요가 있다.

고령층의 인력 활용

향후 고령화 심화로 인해 고령층의 인구가 크게 늘어날 것으로 전망되기 때문에 고령층의 인력을 효과적으로 활용하는 것도 중요하다. 통계청에 따르면, 고령층(55~74세)에서 장래 근로를 희망하는 비율이 2014년 62.2%에서 2024년에는 69.4%로 증가했다. 따라서 늘어나는 고령층의 효율적 활용을 통해 노동공급을 증대시킬 수 있는 방안을 강구할 필요가 있다.

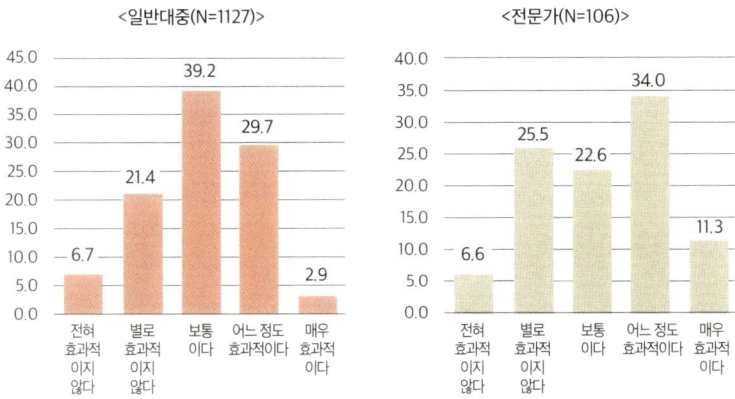

자료: 한국경제연구원(2025),「저출산·고령화에 대한 두 개의 렌즈, 전문가와 대중의 인식조사」

외국인력 도입 확대

산업인력 부족이 심화될 것으로 전망되지만 한국의 노동시장 대외개방성은 낮은 수준을 기록하고 있다. 2020년 기준 한국의 외국출생 인구비율은 2.4%로(OECD 평균은 14.1%) OECD 37개국 가운데 34위를 기록하고 있다. 따라서 부족한 노동력 문제를 해결하기 위해서 향후 외국인력의 활용을 적극적으로 모색할 필요가 있다.

외국인 인력이 저출산·고령화로 인한 노동력 문제 해결에 효과가 있을 것인가에 대한 설문조사에서, 효과가 있을 것이라는 응답이 효과적이지 않을 것이라는 응답보다 더 많았다. 일반대중의 설문조사에서는 효과적이라는 응답이(31.6%) 효과적이지 않다는 응답(28.1%)보다 많았지만 두 응답 간 큰 차이가 나지 않았다. 하지만 전문가 대상의 설문에서는, 효과적이라는 응답이(45.3%) 효과적이지 않다는 응답(32.1%)보다 약 13%p나 높은 것으로 조사되었다.

인구가 줄어도 성장을 멈추지 않는 방법은?

앞서 이야기했듯이, 현재의 저출산·고령화가 지속될 경우 우리나라는 2060년대 마이너스 경제성장률을 맞이할 것이다. 그렇다면 인구구조 변화와 노동력 감소로 인해 성장이 멈추고 경제가 축소하는 것을 피할 수 없는 걸까? 인구감소로 인한 경제성장 하락을 완화하기 위한 인구요소 외적인 대응 방안은 무엇이고, 이를 극복할 수 있는 전략은 무엇일까?

인구감소에 대한 가장 일차적인 방법은 출산율을 늘리는 것이다. 하지만 출산율 제고는 장기적인 정책과제이다. 우리나라는 2023년 합계출산율이 0.72명으로 대체출산율 2.1명과의 격차가 크기 때문에, 현 상황에서 출산율을 통한 경제성장률 제고 효과는 한계가 있다. 또한 현재 태어난 아이가 경제활동인구로 편입되기까지는 15년이 걸리기 때문에 출산율 향상이 경제성장에 실제로 영향이 미치려면 상당한 시간이 필요하다. 다른 방식으로 노동공급을 확대시키는 방안도 앞에서 논의했지만, 이러한 인구요인 이외에 축소경제 하에서 성장동력을 확충시킬 수 있는 방법은 무엇일까?

해답은 있다. 바로 노동생산성을 증대시키는 것이다. 사람의 수는 줄어들지만 1인당 생산성을 높임으로써 기존의 생산량을 유지 혹은 능가하여 오히려 삶의 질을 향상시켜 경제위기에 대응하는 한편, 아이 낳기 좋은 환경을 조성하여 출산율 제고도 자연스럽게 유도할 수 있다.

삶의 중요한 지표, 노동생산성

생산성은 생산에 사용된 자원의 효율성을 측정한 것으로서, 노동생산성은 투입된 노동의 효율성을 나타낸다. 노동은 인간이 제공하는 생산요소의 하나이고 그것의 대가로 임금을 지급받기 때문에, 노동생산성은 삶의 지표를 나타내는 중요한 기준이기도 하다. 노동생산성은 주로 시간당 노동생산성으로 측정한다.

노동생산성을 측정하는 또 다른 기준으로는 취업자 1인당 노동생산성을 사용하기도 한다. 취업자 1인당 노동생산성은 실질 GDP를 총취업자 수로 나눈 값으로 측정한다.

우리나라의 노동생산성은 OECD 국가들 사이의 국제비교에서 하위권을 기록하고 있다. 2023년 기준 한국의 시간당 노동생산성은 약 44.4달러로 2022년 약 43.1달러보다 소폭 증가하였지만 조사대상 35개국[4] 가운데 23위로 여전히 하위권을 기록하고 있다. 한국의 노동생산성은 OECD 평균(약 56.1달러)[5]의 약 79.1%를 기록하였으며, 1위인 아일랜드(약 123.5달러)에 비해서는 약 35.9%에 불과한 실정이다. G7 국가들과 비교해 봐도, 우리나라의 단위시간당 노동생산성은 미국(약 77.9달러) 대비 약 57.0%에 불과하며 일본보다도 아직 낮아 일본(약 49.1달러) 대비 약 90.4%에 해당하는 것으로 나타났다.

취업자 1인당 노동생산성 측면에서도 한국은 OECD 국제비교에서 중간 수준보다 낮은 수준을 기록하고 있다. 가장 최근의 2023년 기준 한국의 취업자 1인당 노동생산성은 약 8만 4,134.8달러로 이전 연도와 비교해 증가했으나, 여전히 조사대상 36개국[6] 가운데 21위로 중간 이하의 수준을 기록하였다. 예컨대 2023년 한국의 취업자 1인당 노동생산성은 OECD 평균(약 9만 540.4달러)[7] 대비 약 92.9%를 기록하였으며, OECD 1위인 아일랜드(약 20만 1,722.9달러)

---

[4] 전체 38개국 가운데 콜롬비아, 스위스, 튀르키예의 값이 존재하지 않아 제외되었다.
[5] 본 연구에서 추출한 OECD 자료의 경우 OECD에서 OECD 평균값을 따로 제공하지 않는 관계로 OECD 평균은 조사 대상국(35개국)의 시간당 노동생산성을 단순 평균하여 계산한 수치이다.
[6] 전체 38개국 가운데 콜롬비아와 이스라엘의 경우 값이 존재하지 않아 제외되었다.
[7] 본 연구에서 추출한 OECD 자료의 경우 OECD에서 OECD 평균값을 따로 제공하지 않는 관계로 OECD 평균은 조사 대상국(36개국)의 취업자 1인당 노동생산성을 단순 평균하여 계산한 수치이다.

의 약 41.7%에 불과한 것으로 분석되었다. G7 국가들과 비교해 봐도, 우리나라의 취업자 1인당 노동생산성은 일본을 제외한 주요국과 비교하면 열악한 것으로 분석되었다. 미국과 비교할 경우 우리나라의 취업자 1인당 노동생산성은 미국(약 13만 2,747.9달러) 대비 약 63.4%로 비율 측면에서 전년보다 상승하였으나 70% 수준을 넘지 못하는 것으로 나타났다. 다만 일본(약 7만 8,869.9달러)보다는 높은 수준을 계속 유지하면서 일본 대비 약 106.7%로 나타났는데 이는 전년(105.4%)보다 상대적 비율이 높아졌다.

우리나라의 노동생산성은 국가 간 비교에서 하위권을 나타내고 있다. 그중 시간당 노동생산성보다 취업자 1인당 노동생산성 기준에서 그래도 더 나은 순위를 나타내는 것은 우리나라 근로자의 노동시간이 OECD 주요국보다 많기 때문인 것으로 추정된다. 노동시간을 고려하지 않고 취업자 1인당 기준으로 생산량을 비교하면 (우리나라 근로시간이 상대적으로 길어서) 상대적으로 다른 국가들에 비해 상승하기 때문에 취업자 1인당 노동생산성은 시간당 노동생산성보다 순위가 올라가는 경향이 있다.

저출산·고령화 현상이 심화됨에 따라 단기적으로 성장친화적인 인구구조로의 전환을 달성하기 어려운 상황임을 고려할 때, 우리 경제의 재도약을 위한 최선의 길은 노동생산성을 향상시키는 것이다. 인구가 줄어도 성장이 멈추지 않는 이유이다.

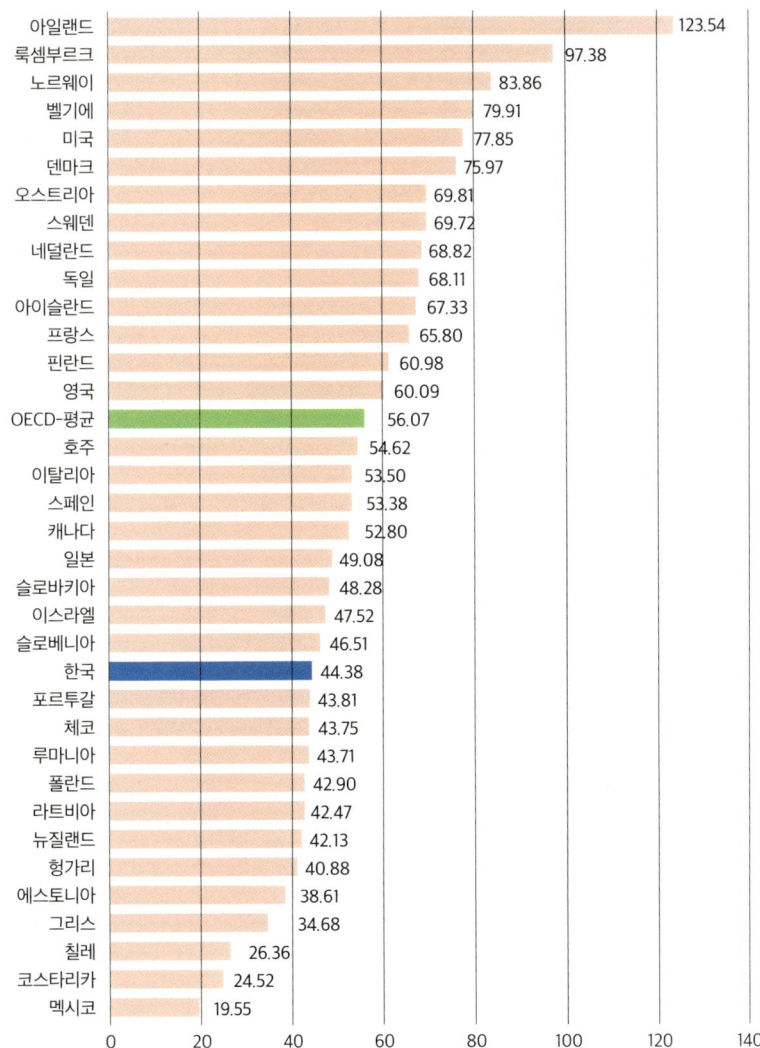

2023년 기준 OECD 국가별 시간당 노동생산성 비교

단위: 달러(PPP)

아일랜드	123.54
룩셈부르크	97.38
노르웨이	83.86
벨기에	79.91
미국	77.85
덴마크	75.97
오스트리아	69.81
스웨덴	69.72
네덜란드	68.82
독일	68.11
아이슬란드	67.33
프랑스	65.80
핀란드	60.98
영국	60.09
OECD-평균	56.07
호주	54.62
이탈리아	53.50
스페인	53.38
캐나다	52.80
일본	49.08
슬로바키아	48.28
이스라엘	47.52
슬로베니아	46.51
한국	44.38
포르투갈	43.81
체코	43.75
루마니아	43.71
폴란드	42.90
라트비아	42.47
뉴질랜드	42.13
헝가리	40.88
에스토니아	38.61
그리스	34.68
칠레	26.36
코스타리카	24.52
멕시코	19.55

자료: OECD

2023년 기준 OECD 취업자 1인당 노동생산성 비교

단위: 달러(PPP)

아일랜드	201,722.90
룩셈부르크	141,380.69
미국	132,747.87
노르웨이	118,948.05
스위스	116,926.58
벨기에	114,827.55
덴마크	104,831.81
오스트리아	100,181.92
스웨덴	100,181.30
네덜란드	99,736.44
프랑스	97,854.09
아이슬란드	97,203.50
호주	92,957.80
이탈리아	92,791.69
튀르키예	92,370.28
영국	91,576.17
독일	91,452.52
핀란드	91,413.46
OECD-평균	90,540.35
캐나다	88,975.29
스페인	87,124.66
한국	84,134.80
일본	78,869.91
슬로바키아	78,560.78
체코	77,615.59
폴란드	77,346.05
슬로베니아	75,168.17
뉴질랜드	73,782.74
리투아니아	71,735.12
포르투갈	71,450.21
헝가리	68,646.84
에스토니아	67,254.77
그리스	65,794.76
라트비아	65,745.77
코스타리카	53,287.93
칠레	51,714.40
멕시코	43,140.21

자료: OECD

미래지향적인
노동생산성의 필요

─────────── 결국 인구가 줄더라도 이에 대응하기 위해서는 노동생산성을 증대시키는 방안을 적극적으로 모색할 필요가 있다. 노동생산성 향상은 노동의 질적 향상은 물론 ICT(정보통신기술, Information and Communications Technology)와 지식 기반 무형자산 확대 등 자본의 양적·질적 향상, 기술혁신, 그리고 자본과 노동이 보다 효율적으로 생산에 기여할 때 달성될 수 있다. 우리나라도 노동생산성이 2000년대 연평균 4.7%를 기록하였으나 2010년대에 2.7%로 하락하였으며 2022년에는 0.1%를 기록해 간신히 마이너스를 면한 상황이다.

ICT 혁신이 급속히 진행되는 시대에 노동생산성이 하락하는 이유는 산업구조 개편의 실패, 혁신산업으로의 더딘 전환, 고령화에 따른 소비패턴의 변화 등 다양한 원인이 복합적으로 작용한 결과로 분석된다. 디지털화와 탈탄소화로 인해 산업구조 변화가 빠르게 진행됨에 따라 산업전반에 걸친 생산요소의 재배치가 노동생산성 증가에 상당한 영향을 미치지만 세계에서 가장 높은 노동의 경직성 등으로 더 생산적인 기업이나 산업으로 재배치가 더디게 일어난 것도 노동생산성 하락의 원인으로 꼽히고 있다. 또한 갈라파고스적인 높은 규제로 기업가정신은 갈수록 약화되어 미래 혁신을 주도할 기업이 출현하지 못하고 있는 것도 노동생산성의 하락을 촉진하고 있다고 할 것이다.

단기적으로 성장친화적인 인구구조로의 전환을 달성하기 어려운 상황임을 고려할 때, 우리 경제의 재도약을 위한 최선의 길은 노동생산성을 향상시키는 것임을 주지할 필요가 있다. 이는 저성장에서 탈피하고 재도약을 위해서는 단순히 노동의 공급 확대와 질적 개선을 넘어 사회 경제 전반의 낡은 시스템을 혁신해야 하는 매우 어려운 과제에 직면해 있음을 시사하고 있다고 할 수 있다.

따라서 노동생산성 향상을 위해서는 다면적인 제도개선이 요구된다. 정부는 고용유지에 중점을 둔 현재의 고용정책을 탈피해서 미래지향적인 인적 자원을 육성하는 정책을 추구할 필요가 있다. 미래 혁신산업에 대한 학비 및 연구비 지원 확대, 실무형 커리큘럼, 연차별 직업교육 등 교육과정 체계화를 위한 지원정책을 강화해야 한다. 산업에서 필요한 인재를 양성하기 위해서 학계-민간-정부 간 긴밀한 협력체계 구축도 필수적이다. 급변하는 기술혁신을 반영하여 AI(인공지능), 로봇 등을 활용한 최신 기술과 장비를 도입하여 근로자들의 작업 효율성을 제고함으로써 노동의 질 향상을 도모하고, 경력개발 프로그램이나 직업교육(훈련) 프로그램을 제공하여 노동의 질을 지속적으로 개선 및 유지시켜 나갈 필요가 있다.

노동생산성 향상을 위해서는 자본의 양적 확대뿐만 아니라 자본의 질적 개선을 도모할 수 있는 정책도 요구된다. 정부는 법인세 인하, 규제완화, 노동개혁 등을 통해 기업하기 좋은 환경을 조성하는 한편 시설투자, 임대료 감면 등 기업의 다양한 니즈를 충족하는 지원정책을 강화할 필요가 있다. 우리나라의 주력 제조업은 글로벌 수요 감소와 경쟁 심화로 생산성과 수익성이 갈수록 하락하고 있어 산업구조와 비즈니스 모델을 과감히 개편해야 한다. 비슷한 맥락에서 AI 개발 및 융합 R&D에 대한 국가 차원의 투자 확대, AI 융합 확산을 위한 새로운 법·제도 및 정책 발굴, 장기적 AI 국가 전략 수립이 요구된다. 또한 글로벌 혁신 시대를 선도할 산업과 기업이 출현하기 위해 기업가정신 재점화와 규제완화 등 기업의 경쟁력 제고를 위한 제도개혁도 시급히 추진해야 할 것이다.

인구위기가 가져올 청구서에 대비하라

인구 오너스 시대로의 준비

_____ 우리나라의 베이비붐과 같은 인구증가는 경제성장의 기반이 되었으며, 풍부한 인적 자본은 천연자원의 부족에도 불구하고 우리나라를 세계 경제대국으로 성장할 수 있도록 하는 발판이 되었다. 이와 같이 우리나라는 과거에는 인구 보너스(bonus)로 경제적 혜택을 입었지만, 최근에는 저출산·고령화로 인구감소가 예상되면서 인구 오너스(demographic onus)로 인한 경제·사회적 침체 우려가 심화되고 있다.

인구 오너스는 인구 보너스(demographic bonus)에 대칭되는 개념

인구 오너스에 따른 경제·사회적 현상

구분	인구 오너스 현상
경제	성장 잠재력 하락, 노동력 부족, 내수 침체, 생산성 하락
사회	고령층 의료비 및 복지 지출 증가, 연금 재정 악화, 세대 간 갈등 심화
산업	제조업·서비스업 인력난, 소비시장 고령화, 신성장 산업 인력 수급 불균형
지역	농어촌 고령화·소멸 위기, 수도권과 지방의 인구 양극화

이다. 오너스(onus)는 '짐, 부담'이라는 뜻으로 인구 오너스는 '경제에 짐이 되는 구조적 인구변화'라는 의미를 담고 있다. 인구 보너스는 전체 인구에서 생산연령인구(15~64세)의 비중이 증가하여 노동력과 소비가 늘면서 경제성장을 이끌어가는 현상을 말한다. 반면 인구 오너스는 저출산·고령화로 생산가능인구가 줄고 부양해야 하는 인구가 늘면서 경제성장이 둔화되는 현상을 일컫는다.

인구 오너스 시대에는 노동력 부족으로 인해 경제성장이 둔화되고 소비가 감소하여 경기침체가 발생할 수 있으며, 국가의 사회보장비 지출이 증가하여 재정 부담을 늘리는 원인이 된다. 생산가능인구 감소는 세입 기반 약화로 인한 재정수지 악화, 노인부양 부담 증가에 따른 세대 간 갈등 첨예화 등 정치·경제·사회·문화 전반에 걸쳐 심각한 문제를 파생시켜 사회의 지속발전 가능성에 대한 우려를 확산시킬 것으로 전망된다.

인구 오너스 시대의
중점 대안

─────── 인구 오너스 시대를 극복하기 위한 직접적인 대안은 출산율 제고라고 할 수 있다. 떨어지는 출산율을 막고 절대적인 인구감소를 회복시켜 인구 오너스 현상을 완화할 수 있다. 실제로 전문가들은 저출산·고령화 시대 주요 정책의 중점 분야 가운데 출산율 제고를 첫 번째 우선순위에 두었으며, 일반대중의 경우에는 경제활력 유지(경제성장 제고)를 제1순위로 뽑았으나 출산율 제고도 세 번째로 많은 응답을 받았다.

출산율 제고를 위해 일자리에서 일과 가정의 양립이 중요해지면서 유연근무제 등의 제도 정착과 기업의 역할이 중요해지고 있다. 하지만 기업의 역할 제고를 위해서는 제도 개선 및 정부의 지원정책이 수반되어야 한다. 향후 일·가정 양립 정책은 저출산 문제를 완화할 뿐만 아니라 기업의 생산성 제고에 도움을 주고 기업의 참여 유인을 높일 수 있는 방향으로 추진될 필요가 있다.

물론 출산율이 당장 회복한다고 해도 생산가능인구에 편입되기까지는 15년이 소요된다. 그리고 2024년 합계출산율이 0.75명인 것을 감안하면 현재의 경제·사회적 여건상 대체출산율 2.1을 달성하기까지는 상당한 어려움이 있을 것으로 예상할 수 있다. 그렇다고 근본적인 출산율 제고 방안을 소홀히 할 수는 없다. 특히 아시아 국가들의 경우 전통적으로 결혼을 통해서 출산을 인정받기 때문에 결혼율이 낮아지면 출산율도 떨어지게 된다. 가치관의 변화와 시대의

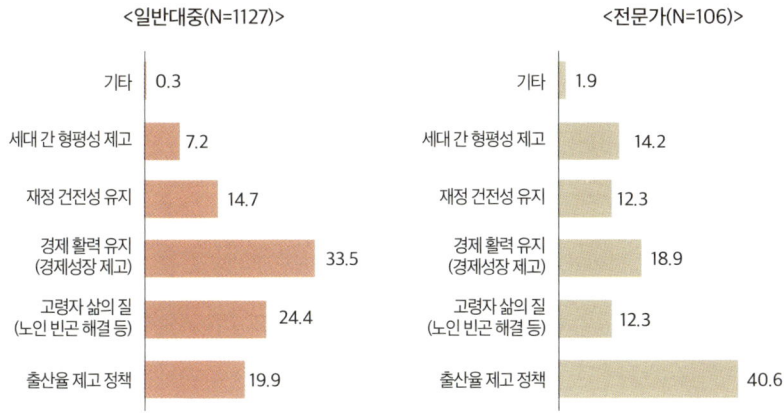

자료: 한국경제연구원(2025), 「저출산·고령화에 대한 두 개의 렌즈, 전문가와 대중의 인식조사」

변화에 부응해 가족제도의 개선 방향도 함께 모색할 필요가 있다.

한편, 출산율 제고 정책을 장기적이고 일관성 있게 추진할 필요는 있지만 출산율 제고 정책으로 당장 생산가능인구의 감소를 막기에는 역부족인 만큼 이에 대한 대응도 함께 마련해야 한다. 마이너스 성장 시대를 대비하기 위해서는 생산가능인구를 대체할 노동공급의 확충이 가장 중요하다고 할 수 있다. 생산가능인구가 감소하는 상황에서 기존에 노동시장에 참여하지 않았던 인력을 노동시장에 편입시킴으로써 생산가능인구의 감소에 따른 노동공급 감소를 상쇄시킬 수 있기 때문이다. 또한 1인당 생산성을 향상시켜 적은 인원으로 기존의 생산량을 유지 혹은 뛰어넘을 수 있는 방안도 고려할 필요가 있다. 따라서 노동력 감소와 경제성장 둔화를 완화시키기 위해서는 경제활동 참가 인구를 늘리고 생산성을 제고시키는 방안을 모색해야 할 것이다.

개인과 기업에게는
새로운 도전

_____ 인구 오너스 시대를 살아가는 개인도 변화하는 사회에 대한 대비가 필요하다. 생산가능인구의 감소와 고령인구 증가에 따른 경제·사회 시스템의 부담 증가와 불확실한 경제환경 속에서 개인의 삶의 질과 재정적 안정을 담보하기 위한 근본적인 대응 방안을 모색해야 한다. 이를 위해서는 고령사회를 대비해 평생 교육과 직업훈련을 통하여 자신의 역량을 개발하고 자신에 대한 인적 자본 투자를 강화할 필요가 있다. 디지털화, 세계화, 고령화 등 메가트렌드에 대응하려면 평생 학습과 지속적인 직업훈련은 이제 필수다. 단순히 젊은 시절에 쌓은 지식에 머무르지 말고 새로운 기술·지식 습득에 적극적으로 나설 필요가 있다. 또한 길어진 노후를 대비한 금융전략도 필요하다. 국민연금만으로는 은퇴 후 소득의 약 40%만 충당되므로 젊은 시기에 퇴직연금이나 개인연금을 미리 준비하고, 생애주기별 자산 배분을 통하여 개인 자산을 효율적으로 관리할 필요가 있다(이와 관련해서는 2장에서 더 자세히 살펴보도록 한다).

개인뿐만 아니라 기업에게도 인구 오너스 시대는 또 다른 도전이 될 것이다. 하지만 도전이 있으면 기회도 생기기 마련이다. 기업은 인구 오너스 시대를 맞아 축소경제의 위기를 극복하는 한편 또 다른 기회를 창출하기 위한 전략으로 대응할 필요가 있다. 노동인구의 감소에 대비해 유연근무제를 활용하여 업무의 효율성을 높이고, 재교육 및 역량 제고 프로그램을 통해 고령인력의 효율적 활용을 모색할 필요가 있다. 노동공급의 감소를 인공지능(AI), 스마트팩토리 등 기술혁신을 통해 극복하고, 기술과 결합한 노동의 생산성 증대도 모색해야 할 것이다. 한편, 고령화 시대를 맞아 실버산업 혹은 실버경제의 확장에 대비해 새로운 사업 기회를 포착할 필요가 있다. 노인 맞춤형 서비스의 개발이라든가 헬스 산업, 새롭게 부상하는 실버 주거 및 실버 금융·자산관리 서비스에 대한 대응도 선제적으로 준비할 필요가 있다 (기업전략에 관한 보다 자세한 내용은 3장에서 다루도록 한다).

인구 오너스 시대는 위기이자 기회이다. 인구구조 변화에 선제적으로 대응하여 지속가능한 경제성장과 사회 발전을 이루기 위해 정부, 기업, 국민 모두의 노력이 필요하다. 또한 현재 출산율 저하의 원인이 실패한 경제·사회 제도 시스템의 산물이라는 전문가들의 지적도 있는 만큼, 출산율 자체보다는 개인이 잠재력을 최대한 발휘하고 누구도 사회에서 낙오되지 않는(No One is Wasted, NOW) 시스템을 구축하는 데에 정책적 관심을 가질 필요가 있다. 이 시스템이 정착되면 개인의 삶의 질을 높이게 되고, 출산율 제고는 자연스럽게 뒤따르는 결과가 될 것이다. 요컨대 인구 오너스의 도전을 극복하기 위해서는 새로운 패러다임과 혁신적인 정책을 적극적으로 모색할 필요가 있다.

2장

축소경제에서 우리는 어떻게 살아갈까?

전통 가족의 붕괴, 새로운 가족의 출현

우리나라의 가족은 그 규모가 작아지고 있을 뿐 아니라 구성하는 방식 역시 한부모 가족, 재혼 가족, 다문화 가족, 비혼 동거 등 다양해지고 있다. 산업화와 고속 경제성장, 그리고 도시로의 활발한 인구 이동 등 한국 사회의 경제 상황과 사회 변화로 인해 과거의 대가족보다는 소규모 가족이 이동이나 가족 기능 측면에서 더 적합한 형태가 되었다. 최근에는 결혼에 대한 태도 변화, 자녀에 대한 가치관 변화 등에 따른 인구 움직임의 변화와 생활방식의 다양화 등으로 인해 어떤 하나의 형태를 가장 대중적이고 전형적인 가족으로 보기 어려운 사회가 되었다.

우리 주변에서도 결혼하지 않고 아이를 키우거나 법적으로 혼인하지 않고 함께 살아가는 것 등에 대한 부정적인 견해가 여전히 존재하지만, 최근 설문조사 결과에 따르면 우리나라도 비혼 동거와 출산에 대한 젊은 세대의 인식이 긍정적으로 변하고 있다.

가족의 소규모화

_____ 결혼 및 자녀에 대한 가치관이 변하면서 가족의 소규모화가 급속하게 진행되고 있다. 가족의 소규모화를 통계로 살펴보면, 1980년대부터 2000년대 초반까지는 4인 가구가 한국 사회에서 가장 큰 비중을 차지했다. 1995년에는 4인 가구가 전체의 31.7%로, 약 3분의 1에 가까운 비중을 차지할 정도였다. 그러나 2010년에는 4인 가구가 22.5%로 감소하고, 1인 가구가 23.9%, 2인 가구가 24.3%로 나타나면서 처음으로 4인 가구가 가장 높은 비율이 아닌 상황이 되었다. 2015년에는 4인 가구가 18.8%까지 감소했으며, 1인 가구가 27.2%로 전체 가구 중 가장 높은 비율로 올라섰다. 소규모 가구의 증가 추세는 최근까지도 이어져, 2023년 4인 가구 이상은 16.8% 수준에 머무르고 있으며, 전체 가구의 35.5%가 1인 가구이고, 2인 이하의 소규모 가구가 64.3%를 차지하고 있다.

2023년 평균 가구원의 수는 2.21명으로 전년 대비 0.03명 감소하였고, 5년 전 대비로는 0.22명 감소했다. 3인 이하 가구는 증가하고, 4인 이상 가구는 감소하는 추세로, 가구원 수별 가구 구성비는 가구원 수가 많아질수록 낮아져 1인 가구는 35.5%를 기록하였으며

가구원 수별 가구 구성비 추이(%)

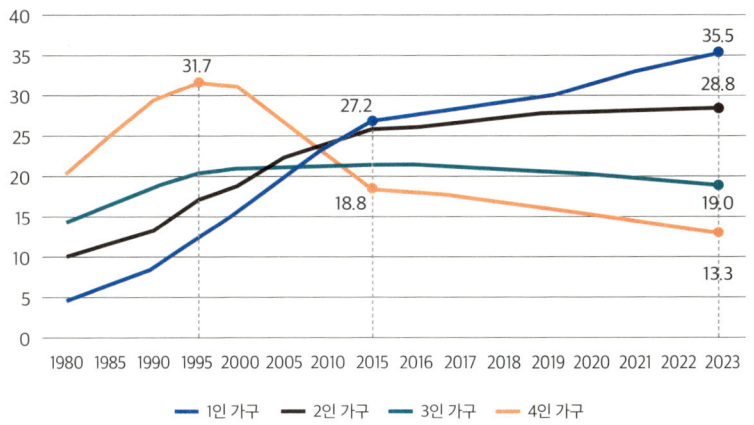

자료: KOSIS, 총조사 가구 총괄(행정구역/거처의 종류/가구원 수/사용 방 수별).

5인 이상 가구는 3.5%까지 낮아졌다. 2000년에는 4인 가구, 2010년에는 2인 가구, 2015년 이후에는 1인 가구가 가장 큰 비중을 차지하고 있다.

전년 대비 1인 가구는 4.4%(33만 가구), 2인 가구는 1.4%(9만 가구) 증가하였고, 4인 이상 가구는 3.2%(-12만 가구) 감소했다. 특히 1인 가구의 비율은 지속적으로 증가하고 있다. 연령대별 1인 가구 비율은 20대 이하(18.6%), 60대·30대(각각 17.3%) 순이며, 성별로 보면 50대 이하는 남자, 60대 이상은 여자 1인 가구 비율이 높고, 전년 대비 가장 많이 증가한 연령대는 60대로 10만 2,000가구(8.1%) 증가했다.

가구원 수 현황 및 구성비

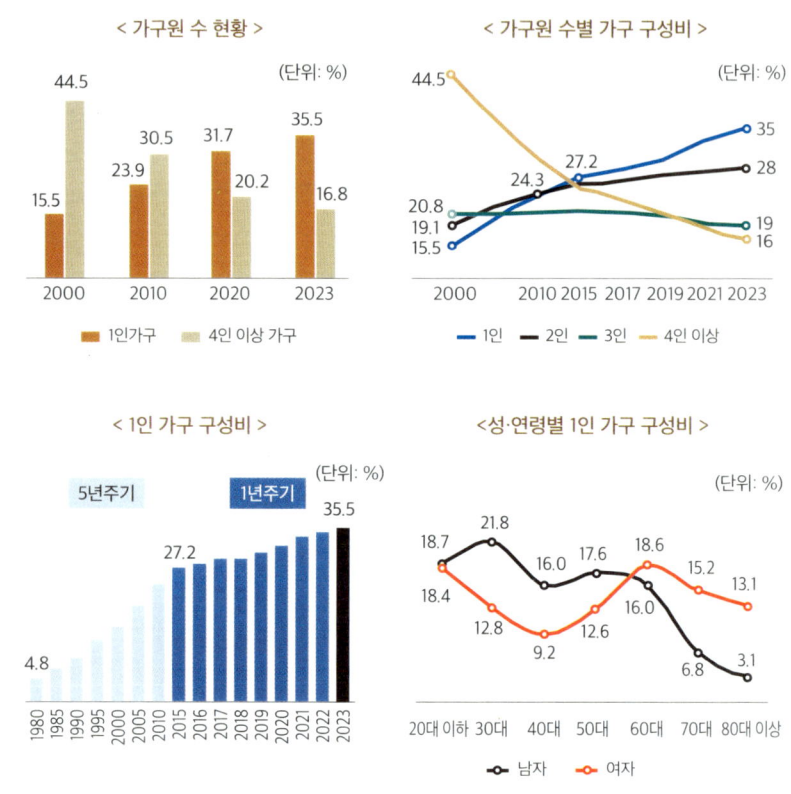

자료: 통계청, 2023년 인구주택총조사 결과 보도자료, 2024.7.29.

새로운 가족,
비혼 동거와 비혼 출산

_____ 통계청 조사 결과에 따르면, 2024년 기준 13세 이상 인구 10명 중 7명은 결혼하지 않더라도 같이 살 수 있다고 생각

하며, 4명은 결혼하지 않고도 자녀를 가질 수 있다고 생각하고 있다. 이러한 두 가지 동의율은 2012년 이후 계속 증가하고 있는 추세다. 남녀가 결혼을 하지 않더라도 함께 살 수 있다고(비혼 동거) 생각하는 비중은 67.4%로 2년 전보다 2.2%p 증가했으며, 2012년(45.9%) 이후 계속 증가하고 있다. 다만 제5차 가족실태조사에 따르면, 동거로 인한 불편함은 ① 부정적인 시선 경험(29%), ② 법적인 보호자 미인정(24.8%), ③ 주거지원제도 이용 어려움(11.8%) 순으로 나타났다. 결혼하지 않고도 자녀를 가질 수 있다고(비혼 출산) 생각하는 비중은 37.2%로 2년 전보다 2.5%p 증가했으며, 2012년(22.4%) 이후 계속 증가하고 있다. 비혼 출산에 대한 인식은 2016년 이후 뚜렷한 변화가 있는 것으로 보이는데, 긍정적 의견이 2012년 22.4%에서 2018년 30.3%까지 증가하였고, 그 이후 증가폭이 커지면서 2024년에는 37.2%에 달했다. 연령별로는 10~49세가 40%대, 60대 이상이 20%대 후반의 동의율을 보이고 있으며, 학력별로는 고학력일수록 동의율이 높아지고 있고,[8] 가구의 월평균 소득은 동의율에 크게 차이가 없는 것으로 보인다. 한국경제연구원의 2025년 설문조사에서도 동거에 대한 견해가 부정 24.7%, 보통 41.3%, 긍정 34%로 나타났으며 연령이 증가할수록 '부정' 응답 비율이 증가했다. 비혼 출산에 대해서는 부정 39.6%, 보통 38%, 긍정 22.4%로 '부정' 응답 비율이 가장 크게 나타나 통계청 조사 결과보다 긍정 비율이 작게 나

---

8   초졸 이하 32.4%, 중졸 33.3%, 고졸 36.1%, 대졸 이상 40.4%

타났다. 비혼 동거와 비혼 출산에 대한 인식 결과는 결혼의 당위성이 점차 약화되고, 비혼 동거에 대한 개방성은 강화되고 있음을 분명하게 보여준다. 또한 혼인율이 과거에 비해 크게 하락한 점까지 고려한다면, 비혼 동거 형태로 살아가는 인구의 증가를 예상할 수 있다. 결혼을 기피하거나, 결혼이 현실적으로 어려워 이행하지 못하는 개인들이 완전히 혼자 살지 않는다면, 이들 중 일부는 비혼 동거 형태를 유지하는 비율이 있을 것이다. 이러한 변화 추이와 국제사회의 경향을 감안할 때, 비혼 동거와 관련된 변화 추이는 지속될 가능성이 높다.

이처럼 우리나라에서 다양한 모습의 가족이 살아가고 있지만, 모든 가족이 차별 없는 법적 보호를 받고 있지는 않다. 국제적으로 다양한 가정 체계가 확산함에 따라 그 가정의 법적 인정 및 비혼 출산아의 사회보장제도가 마련되고 있지만, 한국은 미흡한 상황으로 볼 수 있다. 최근에는 저출생 대책의 일환으로 비혼 출산 관련 제도 마련이 언급되고 있지만, 다양한 가정 형태에 대한 법적·사회적 인정이 선행되어야 하고, 태어난 모든 산아의 건강한 양육 환경이 담보되기 위한 구체적인 제도 마련이 필요하다. 한국의 비혼 출산아는 2023년 기준 1만 900명(전체 출산아 중 4.7%)으로, OECD 국가 평균의 약 42%에 비해서는 상대적으로 작은 비율이지만, 최근 저출산 기조에도 결혼 및 출산이 늘지 않으면서, 관련 제도 법제화에 대한 요구가 커지고 있다.

아직은 결혼으로 가는 과정의
동거 형태

　　　　　　　2011년 OECD 국가의 파트너십 상태를 보면, 파트너가 있는 경우 10% 내외 수준에서 제도에 등록되지 않은 동거 관계인 것으로 나타났고, 연령 기준을 20~34세로 한정하면 동거 비율이 더 상승하는 것(약 10% → 약 17%)을 확인할 수 있다.[9]

　한국은 인구 센서스에서 비혼 동거 관계를 파악하고 있지 않기 때문에 OECD 국가 중 동거 비율에 대한 자료를 제시하지 못하는 국가이지만, 2023년 제5차 가족실태조사에 따르면 유배우자 중 혼인신고를 한 비율이 98.8%, 그렇지 않은 경우가 1.2%로, 이 1.2% 중 혼인신고 계획이 있는 경우는 57.7%로 나타나 동거가 결혼의 대안이 되지는 못하고 '결혼으로 가는 과정'으로 보인다.[10]

　비혼동거실태조사(2020년)에 따르면, 동거 경험의 긍정적인 면으로 '정서적 유대감과 안정감'(88.4%), '상대방의 생활 습관을 파악하여 결혼 결정에 도움이 됨'(84.9%)으로 나타났다. 결국 비혼 동거가 혼인을 준비하는 예비 단계로 긍정적인 작용만 할 뿐인데, 이는 각종 법적 보호와 사회보장 서비스의 사각지대에 놓여 있고 사회적 시선도 다소 우호적이지 않기 때문일 것이다.

　비혼(혼인 외) 출산은 일반적으로 출산 당시 법적 결혼 상태가 기

9　2011년이 가장 최근 자료이다.
10　여성가족부, 2023년 가족실태조사 분석 연구, 2023.12.

자료: 통계청, 2023년 출생 통계, 2024.8.

혼이 아닌 여성의 출산으로 정의되고, 여기에는 미혼이거나 혼외 파트너와 동거하는 여성의 출산, 이혼 또는 과부인 모의 출산, 사실혼의 출산이 포함된다. 2020년 기준 OECD 국가 전체에서 평균적으로 출산의 41.9%가 비혼에서 발생하고, 13개 국가(벨기에, 칠레, 코스타리카, 덴마크, 에스토니아, 프랑스, 아이슬란드, 멕시코, 네덜란드, 노르웨이, 포르투갈, 슬로베니아, 스웨덴)에서는 50% 이상의 아동이 비혼에서 태어나며, 멕시코(70%), 코스타리카(73%), 칠레(75%)에서 이 비율이 더 높다. 반면 다른 4개 국가(이스라엘, 일본, 한국, 터키)에서는 비혼에서 태어나는 아동이 10% 미만이다. 특히 일본(2.4%), 한국(2.5%), 터키(2.8%)는 매우 낮다.

고비용이라서 결혼은 사양합니다

　우리 사회에서 결혼은 고비용을 동반한 가족 간 결합으로 여겨지고 있다. 최근 사회·경제적 압박으로 내 집 마련, 인간관계, 꿈과 희망을 다 포기해야 하는 N포 세대에게 결혼은 사치스러운 행위이며, 특히 많은 비용이 필요한 결혼은 기피 대상이 되었다. 통계적으로도 혼인건수는 1996년 이후 감소 추세이며, 2024년에는 코로나19 팬데믹의 기저효과로 전년 대비 14.8% 증가했다. 결혼 비용의 부담 때문인지 평균 초혼연령도 증가 추세이며, 10년 전에 비해 남자는 1.4세(33.9세), 여자는 1.7세(31.6세) 각각 상승했다.

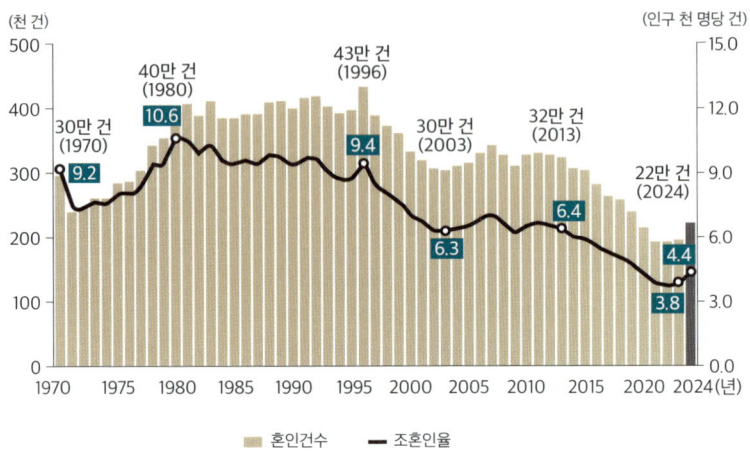

혼인건수 및 조혼인율 추이, 1970~2024년

주: 조혼인율이란 인구 천 명당의 새로 혼인한 비율
자료: 통계청, 2024년 혼인·이혼 통계, 2025.3.20.

높아지는 결혼 비용을 어떻게 마련하는가

결혼의 감소와 소규모 가구의 증가가 함께 진행되는 가운데, 우리나라의 결혼 비용은 해마다 늘어나고 있다. 민간금융연구소의 '대한민국 금융소비자 보고서 2025'[11]에 따르면, 최근 3년 내 결혼한 신혼과 현재 결혼을 준비하는 예정자를 대상으로 주택 마

---

11 하나금융연구소, 대한민국 금융소비자 보고서 2025, 2025.1.

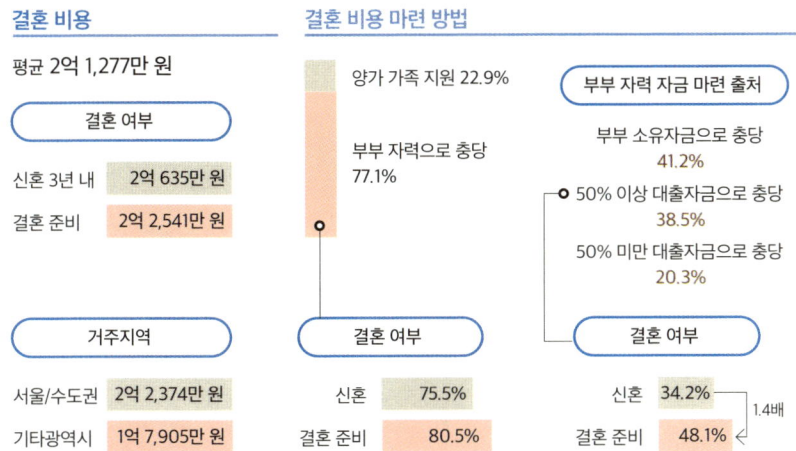

주: 최근 3년 내 결혼 및 현재 결혼준비자, N=355, %
자료: 하나금융연구소, 대한민국 금융소비자 보고서 2025, 2025.1.

련 및 결혼식 등에 소요된 결혼자금을 조사한 결과, 이미 결혼한 신혼은 평균 2억 635만 원을 지출했고, 결혼 예정자는 2억 2,541만 원이 소요될 것으로 예상해 결혼 비용은 점점 증가하는 것으로 분석되었다. 결혼자금으로 1억 원 미만 지출하는 경우가 37%이지만, 3억 원 이상 지출하는 경우도 31%로 적지 않았고, 특히 주택 가격이 높은 서울·수도권의 경우 다른 광역시 거주자보다 25% 더 많은 결혼자금이 필요한 것으로 확인되었다. 조사대상자들은 결혼자금(2억 1,227만 원) 중 77%는 부부의 자력으로 마련하고, 나머지는 양가 가족의 지원을 받았거나 받을 것으로 예상했다. 특히, 현재 결혼을 준비중인 이들은 결혼자금의 81%를 자력으로 마련할 계획이라고 답했지만, 실제로 결혼한 신혼부부의 자력 충당 비중은 76%에 그쳐, 계획과 현실 사이에 차이가 있음을 보여준다. 부부가 자력으로 돈을 마련할 때, 10명 중 6명은 대출을 활용했고, 그 6명 중 4명은 결혼자금의 절반 이상을 대출로 충당했다. 특히, 결혼자금을 자력으로 충당할 계획(의지)이 더 높은 결혼 예정자는 결혼자금의 절반 이상을 대출로 충당하는 비율이 신혼보다 1.4배 높아, 결혼으로 인한 경제적 부담이 지속적으로 증가하고 있음을 알 수 있다.

결혼하지 않는 이유 1위

결혼 비용에 대한 부담은 결혼에 대한 견해에도 반영되고 있다. 결혼을 해야 한다고 생각하는 비중이 절반 정도이지만 결혼을 하지 않는 이유 중 1위가 '결혼자금 부족'으로 조사되었다.[12] 이유 중 3위인 고용상태 불안정도 큰 범위에서 경제적 부담에 포함되므로, 가장 큰 이유는 결혼 관련 경제적 부담이 될 것이다. 통계청 조사 결과, 결혼을 해야 한다고 생각하는 비중은 52.5%로 10년 전보다 4.3%p 감소했고,[13] 남자가 여자보다 결혼을 해야 한다고 생각

---

12 통계청, 2024년 사회조사 결과, 2024.11.
13 결혼 "해야 한다"(%) : (2014) 56.8 → (2016) 51.8 → (2018) 48.1 → (2020) 51.2 → (2022) 50.0 → (2024) 52.5.

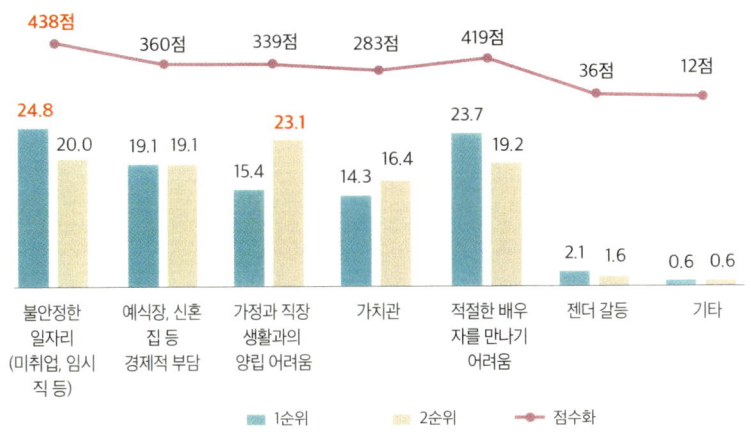

자료: 한국경제연구원(2025), 「저출산·고령화에 대한 두 개의 렌즈, 전문가와 대중의 인식조사」

하는 비중이 11.5%p 더 높은데, 특히 미혼 남녀의 경우 견해 차이가 15.6%p로 더 크게 벌어졌다. 결혼을 하지 않는 이유는 결혼자금이 부족해서가 31.3%로 가장 크고, 다음은 출산과 양육이 부담되어서(15.4%), 고용상태가 불안정해서(12.9%) 순이다. 미혼남녀 모두 결혼자금이 부족해서가 가장 크고, 다음으로 미혼남성은 고용상태가 불안정해서(12.4%), 미혼여성은 결혼의 필요성을 느끼지 못해서(19.1%) 순으로 조사되었다. 한국경제연구원의 2025년 설문조사에서도 결혼에 대한 견해로 긍정 44.2%, 보통 32.4%, 부정 23.4%로, 현재 미혼일수록 부정적 견해가 높게 나타났고, 결혼의 부정적 이유(1순위)로 불안정한 일자리(24.8%)와 예식·주거 비용 부담(19.1%)이 높게

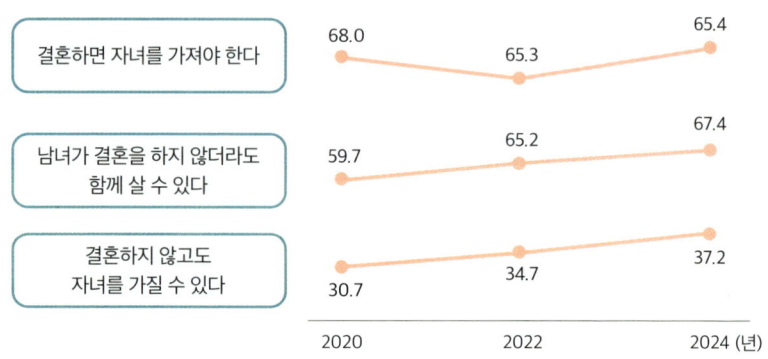

자료: 통계청, 2024년 사회조사 결과, 2024.11.

나타났다. 혼인상태별[14] '동거'(50.0%)의 경우에는 '예식장, 신혼집 등 경제적 부담'의 응답 비중이 가장 높았다.

결혼문화 관련해서는 13세 이상 인구 10명 중 7명은 결혼하지 않더라도 같이 살 수 있다고 응답했고, 4명은 결혼하지 않고도 자녀를 가질 수 있다고 답했다. 남녀가 결혼하지 않더라도 함께 살 수 있다고 생각하는 비중은 67.4%로 2년 전보다 2.2%p 증가해 2012년(45.9%) 이후 계속 증가하고 있다. 결혼하지 않고도 자녀를 가질 수 있다고 생각하는 비중은 37.2%로, 2년 전보다 2.5%p 증가해 2012

14 미혼, 기혼, 이혼/사별, 동거

년(22.4%) 이후 계속 증가하고 있다. 결혼하면 자녀를 가져야 한다고 생각하는 비중은 68.4%로 2년 전보다 3.1%p 증가했으며, 그 비중은 남자가 여자보다 8.7%p 더 높다. 결혼생활은 부부보다 가족 간의 관계가 우선해야 한다고 생각하는 비중은 41.1%로 2년 전보다 2.3%p 감소해 가족 간 결합이 아닌 부부의 결합으로 생각하는 인식이 증가한 것으로 보인다.

과도한 결혼식 문화

_____ 결혼 비용 중 결혼식 문화에 대한 부정적 견해가 증가하고 있으며 13세 이상 인구 10명 중 8명은 결혼식 문화가 과도하다고 생각하고 있다.[15] 우리 사회의 결혼 비용이나 의식 절차 등을 포함한 결혼식 문화에 대해 76.9%가 과도한 편이라고 생각하며, 이는 2년 전보다 3.8%p 증가한 수치다. 과도한 편이라고 응답한 비중은 도시 지역이(77.4%) 농어촌 지역(74.5%)보다 2.9%p 더 높고, 40대에서 83.1%로 가장 높게 나타났다. 그 원인으로는 '형편에 맞지 않는 과다한 혼수'가 과반수를 차지했으며, '남만큼 결혼식을 화려하고 성대하게 치러야 한다는 의식', '틀에 박힌 결혼식'이라는 이유도 제시되었다. 선호하는 결혼식의 유형은 실속 있는 소규모의, 당사자 주도로 구성되는 결혼식이며, 작은 결혼식에 대한 인지도와 필요

---

15 통계청, 2024년 사회조사 결과, 2024.11.

성도 상당한 수준이다. 여기서 작은 결혼식이란 경제적 부담이 적고 결혼의 의미를 살릴 수 있는, 예물·예단의 부담이 없는 결혼식으로 '빚지지 않는' 결혼식을 의미한다.

최근에는 국세청과 공정거래위원회에서도 스드메(스튜디오 촬영, 드레스 대여, 메이크업)의 추가금에 대한 제재 및 약관 제시를 통해 잘못된 점을 개선하는 중이다. 처음 스드메 패키지 업체에서 안내받은 견적서의 기본 패키지 기준은 크게 부담스럽지 않은 금액이지만, 실제 예식을 준비하는 과정에서 전혀 예상치 못했던 옵션들이 하나둘 더해지면서 최종 청구 금액이 큰 폭으로 증가한다. 드레스 추가 피팅비, 도우미(헬퍼) 비용 등 각종 추가 항목들이 붙고, 스튜디오 촬영에는 야외 촬영, 소품 비용 등 추가금을 요구해, 한 번뿐인 결혼식을 보다 화려하게 치르고픈 마음을 악용하는 업체들이 과도한 추가금 결제로 유도하고 있어 사회적 문제를 일으키고 있다.

결혼식 비용 관련해서는 작은 결혼식이 확산되도록 정부와 지방자치단체가 홍보 및 지원을 지속적으로 해나갈 필요가 있다. 첫 번째, 작은 결혼식을 위한 공공서비스 지원 및 시스템이 우선 구축되어야 한다. 공공서비스 지원을 세부적으로 살펴보면 '예식장소 대여', '결혼 관련 물품 대여'의 활용을 높이기 위한 시스템 구축이 시급하고, 공공시설을 이용한 결혼식장의 개방은 현재 활용 중인 시설 이외에도 유명한 공공시설을 이용할 수 있도록 다양한 활용방안의 마련이 필요하다.

두 번째, 작은 결혼식의 모델 개발 및 홍보, 캠페인과 관련해 가치

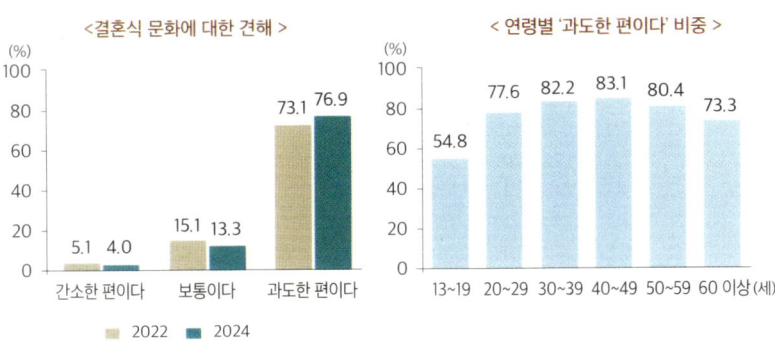

자료: 통계청, 2024년 사회조사 결과, 2024.11.

관 정립을 위한 교육 및 관련 정보 제공이 확대되어야 한다. '건전혼례문화 홍보안', '작은 결혼정보센터 홈페이지'의 적극적 활용을 위한 방안이 필요하고, 시민단체나 언론을 이용한 '작은 결혼식 서명운동' 확대 등을 통한 홍보 활성화도 고려해보아야 한다.

만만치 않은 주거 비용

결혼의 관문을 지나고 나면 내 집 마련에 대한 계획도 이어진다. 서울에 내 집을 장만하려면 월급을 한 푼도 안 쓰고 13년을 꼬박 모아야 한다는 조사도 있다. 신혼 때부터 지방자치단체나 정부 차원에서 운영하는 주거지원사업에 관심을 갖고 내 집 마련을 계획하고 시도해보는 것도 필요하다.

주거 비용 부분에 있어서 서울시는 '미리내집'이라는 사업을 추진해 2007년 도입한 장기전세주택(SHIFT)을 '신혼부부'에 특화한 버전2의 개념으로 저출생 극복을 위한 대표적인 신혼부부 주택정책으로 시행하고 있다. 주변 시세보다 저렴한 가격에 입주할 수 있는 것은 물론 자녀 출산 시 거주기간을 최장 20년까지 연장해준다. 2자녀 이상 출산 가구에 대해서는 시세보다 최대 20% 저렴하게 해당 주택을 매수할 수 있는 인센티브도 파격적으로 제공하고 있다. 정부도 신혼·출산가구에 대한 주택공급을 확대하고 주거지원을 강화하는 내용의 '주택공급에 관한 규칙' 및 '공공주택 특별법 시행규칙'과 행정규칙 개정안을 2025년 3월 시행했다. 개정안의 주요 내용은 공공임대주택 입주자가 거주 중 자녀를 출산하게 되면 소득 및 자산 기준과 관계없이 재계약을 허용하는 것이다. 또한 장기전세주택에서 맞벌이 가구는 도시근로자 월평균 소득 200%까지 청약 신청을 할 수 있도록 했다. 자산 기준도 부동산·자동차 중심에서 금융자산 및 일반자산을 포함한 총자산가액 기준으로 확대 개편해 보다 현실적인 기준이 적용되도록 하고 있다.

육아도 커리어다
여성이 일할 수 있는 사회

    프랑스 영화 〈풀타임*Full Time*〉은 워킹맘 쥘리의 숨가쁜 하루를 따라간다. 그녀는 새벽마다 두 아이를 보모에게 맡기고 장거리 통근을 반복한다. 그런데 파업으로 교통이 마비되고, 아이는 아프며, 보모는 더 이상 아이를 돌보기가 어렵다고 말한다. 직장에서는 조퇴했다는 이유로 해고 위기에 놓이게 되고, 그렇게 쥘리의 긴박한 하루를 관객들도 어느새 숨죽여 좇아가고 있다.

    장거리 통근, 고용 불안, 불안정한 돌봄…, 쥘리의 이야기는 특별한 고난이 아니라 오늘날 수많은 여성들이 매일 반복하는 '현실'의 기록이다. 여성의 불안정한 사회적 조건은 때로는 스릴러처럼 아슬아슬하다. 이들은 자신의 능력을 충분히 발휘하지 못한 채 매일을 생존처럼 버텨야 하는 구조에 놓여 있다. 우리는 이제 이 현실을 더 이상 외면할 수 없다. 여성의 노동은 단지 인력의 한 축이 아니라 이 사회가 지속가능할 수 있는지를 가르는 핵심적 물음이 되었다.

'일을 시작하지 않는 여성'의 참여도를 높여야

저출산 문제는 단순히 아이가 태어나지 않는다는 점만 문제시되는 것은 아니다. 그 이면에는 결혼과 출산을 계기로 노동시장을 이탈할 수밖에 없는 여성들의 구조적 현실이 자리하고 있다. 한국 여성들은 남성과 유사한 수준의 교육을 받았으며, 경우에 따라서는 더 높은 학력과 역량을 갖춘 경우가 적지 않다. 그럼에도 불구하고 현실에서는 여전히 결혼, 출산, 그리고 가족 돌봄의 부담이 주로 여성에게 집중되며, 많은 여성들이 경력단절이라는 이름 아래 노동시장으로부터 이탈하고 있다. 특히 경력과 전문성이 축적되는 시기인 30~40대에 직장을 떠나는 여성들이 상당히 많다.

한국경제연구원에서 발표한 이철희(2024)의 보고서에서는 이 문제를 단지 '일손 부족'의 차원이 아니라 국가 경쟁력과 직결되는 문제로 바라봤다. 특히 30~40대 초반 여성들은 높은 인적 자본을 보유한 인재들이고, 이들이 경력의 흐름을 잃는 것은 사회 전체의 생산성 손실로 이어진다고 밝혔다. 이 보고서는 시뮬레이션을 통해 흥미로운 결과를 제시한다. 이철희(2024)는 여성의 경력단절이 사라진다면 장래노동투입이 약간 더 상승할 것으로 전망하였다.

현재와 같은 인구추세를 반영한다면 2047년 경제활동인구는 2022년 수준의 86.4% 정도로 감소한다. 그러나 구체적으로 2047년까지 30~44세 여성의 경제활동참가율이 적어도 25~29세 경제활동참가율과 같아진다고 가정한다면, 2047년의 경제활동인구는 2022년 수준의 87.5% 정도로만 감소할 것으로 예상되며, 이는 현재 인구추세 반영 때보다 약 1.1%p 증가한 수치다. 여기에 여성의 경제활동참가율이 일본 수준(약 73%)까지 증가할 경우, 노동공급 증가 효과는 3.3%p까지 확대된다. 만약 두 개의 조건이 함께 충족될 경우, 즉 여성의 경제활동참가율이 현재의 일본 수준까지 증가하고, 여기에 더하여 경력단절까지 완화된다면 2047년의 노동공급은 2022년 수준의 90.3% 정도까지 유지될 것으로 추정된다. 여성의 경력단절을 막고 경제활동참가율까지 높이면 최대 3.8%p의 노동공급 확대 효과가 나타나는 것이다. 결국 경제활동인구를 늘리기 위해서는 단지 '경력단절을 막는 것'만으로는 충분하지 않으며, 여성의 경제활동참가율 전체를 높이는 것이 중요하다. 다시 말해, '일을 시작하지 않는 여성'을 줄이는 것이 '일을 그만두지 않는 여성'을 늘리는 것만큼이나, 아니 그 이상 중요하다는 뜻이다.

이러한 결과는 인구절벽을 마주한 한국 사회에서 여성의 고용확대가 선택할 수 있는 실질적인 대응 전략임을 보여준다. 더욱이 여성 고용을 증진하는 정책은 단기적으로 노동공급을 늘리는 데 그치지 않고, 장기적으로는 인구변화로 인한 노동수급 불균형을 완화하는 데도 효과적인 수단이 된다. 특히 청년 노동인력의 급감이라는 심각한 과제를 앞둔 시점에서, 경력단절 여성이 인적 자본 측면에서 청년 인력을 대체할 수 있는 잠재적 노동력이라는 점은 주목할 필요가 있다.

결혼과 출산의 페널티 해소

무엇보다 중요한 것은, 여성들이 노동시장에서 직면하는 불리한 조건, 즉 '결혼과 출산의 페널티'를 해소하는 일이다. 기존 연구들은 첫 아이 출산 시 여성의 고용률이 급감하고, 그 감소가 장기적으로 지속됨을 보여준다. 유인경·이정민(2020)의 연구에 따르면, 결혼 이후 여성은 고용률이 빠르게 감소하며, 이 감소폭은 시간이 지날수록 커지는 것으로 나타났다. 결혼 직후에는 최소 11%p에서 최대 25%p까지 고용확률이 하락했고, 결혼 6년 차에는 결혼 전보다 약 46%p 낮은 고용률을 기록했다. 근로소득 역시 같은 흐름을 보이는데, 결혼 직후 여성의 소득은 약 15~27% 감소했고, 결혼 6년 차에는 결혼 전 소득의 약 50% 수준까지 줄어들었다. 고용률이 꾸준히 하락한 만큼 근로소득의 감소 또한 누적된 결과다. 또한 미혼여성과 기혼여성 간 고용률 격차는 시점에 따라 13%p에서 46%p까지 다양하게 나타났다.

이러한 결과는, 결혼 이후 여성의 경력단절 상당 부분이 출산과 양육 부담에서 비롯된 것임을 시사한다. 무자녀 기혼여성의 경우에는 결혼에 따른 고용률이나 소득감소가 관찰되지 않았으며, 결혼 직후 나타나는 고용과 소득의 하락 역시 단순히 결혼 때문만이 아니라 출산 계획과 기대에 영향을 받았을 가능성이 크다. 따라서 경력단절 문제를 해결하기 위해서는 결혼 일반이 아니라 출산과 양육 지원정책에 더욱 초점을 맞춰야 한다는 것을 알 수 있다.

이와 같은 논의의 연장선에서, 김민섭(2023)의 연구는 결혼과 출산이 여성의 노동시장 경력에 미치는 영향, 즉 '결혼 페널티'와 '모성 페널티'를 정량적으로 추정하고, 이를 통해 한국 노동시장의 구조적 문제를 진단했다. 이 연구는 한국노동패널조사 자료를 활용하여, 여성이 결혼 또는 첫 자녀 출산 이후 경험하는 고용률과 임금감소가 단기뿐 아니라 장기적으로도 지속된다는 점을 확인하였다. 특히 결혼 직후 여성의 고용률은 약 39% 감소하며, 출산 후 5년이 지나서 임금소득은 63%가 감소하는 등 고용 측면에서의 충격이 가장 크고 회복이 더딘 것으로 나타났다.

더불어 이 연구는 결혼·출산 전후 여성이 종사한 직업의 '근로환경'이 이러한 부정적 영향의 크기와 지속성에 영향을 미친다는 사실을 밝혔다. 시간 압박이 크고 근로시간이 긴 직업에 종사한 여성일수록 노동시장에서 이탈할 가능성이 높고, 이로 인해 결혼 및 출산 이후 경력단절이 더 크게 나타난다는 것이다. 이는 단순한 개인의 선택의 문제가 아니라 구조적으로 유연성이 부족한 근로환경이 경력 유지를 어렵게 만들고 있음을 시사한다.

결국 여성의 경제활동 확대는 단지 인력난 해소의 수단이 아니라 대한민국의 지속가능한 성장을 위한 필수 조건이다. 경력단절을 없애고, 여성이 일과 가정을 병행할 수 있는 사회적 토대를 마련하여 여성의 경제활동참가율과 생산성을 높일 수 있다면, 저출산과 인구 고령화가 초래하는 노동투입 감소를 완화하는 근본적인 해법이 될 수 있을 것이다.

여성 고용률이 낮은 이유

여성의 경제활동 확대가 축소경제를 극복하는 데 매우 중요한 요소임에도 불구하고, 한국 여성의 고용률은 주요 선진국 대비 낮은 수준이다. 2023년 한국의 여성고용률은 61.4%로 OECD 38개 국가 중에서 31위로 나타났다. 2003년부터 지난 20년간 OECD 순위가 26~31위로 하위권을 벗어나지 못하고 있다. 그 중 15세 미만 자녀를 둔 여성의 고용률까지, 우리나라와 경제규모 및 인구가 유사한 선진국과 비교해보면 상황은 더 심각하다. '30-50클럽'이라 불리는 1인당 GDP 3만 달러 이상, 인구 5,000만 명 이상의 국가 중에서 우리나라의 여성 고용률이 여전히 뒤처져 있다. 2021년 기준으로 독일은 73.8%, 일본은 74.8%, 영국은 74.2%에 달하는 반면 한국은 56.2%에 불과한데, 이는 30-50클럽 평균인 68.2%보다 12.0%p나 낮은 수준이다.

주요국 15세 미만 자녀를 둔 여성 고용률 비교(2021년)

(단위: %)

국가	고용률
일본	74.8
영국	74.2
프랑스	73.9
독일	73.8
미국	67.1
이탈리아	57.2
한국	56.2

30-50 클럽 평균 68.2

주: 15세 미만 자녀를 1명 이상 둔 15~64세 여성 기준
자료: OECD.stat

가사노동 분담 비율

(N=961, 단위: %)

구분	비율
여성이 대부분(80% 이상) 담당한다	32.9
여성이 다소 많이(60~80%) 담당한다	33.8
여성과 남성이 거의 동일하게(40~60%) 분담한다	27.5
남성이 다소 많이(60~80%) 담당한다	3.9
남성이 대부분(80% 이상) 담당한다	2.0

자료: 한국경제연구원(2025), 「저출산·고령화에 대한 두 개의 렌즈, 전문가와 대중의 인식조사」

우리나라는 여전히 육아·가사를 상당 부분 여성이 감당하고 있고, 이것이 여성의 경제활동 참여를 저해하는 주요 요인이라고 할 수

있다. 한국경제연구원에서 2025년에 시행한 '저출산·고령화에 대한 두 개의 렌즈, 전문가와 대중의 인식조사'에 따르면, 가사노동(육아, 청소, 요리 등) 분담비율에 대해 여성이 60% 이상 담당하고 있다고 대답한 응답자가 전체 응답자 중에 66.7%였다. 선진국 수준으로 여성 고용을 확대하려면 여성들이 일과 가정의 양립 부담을 덜고 경제활동에 적극 참여할 수 있도록 정책방향을 설정할 필요가 있다.

여성의 경력단절을 줄이기 위해서는

그렇다면 독일, 일본, 영국 등 15세 미만 자녀를 둔 여성 고용율이 높은 국가들과 한국의 차이는 무엇일까? 이런 차이가 발생하는 이유에 대해 유연한 근로환경과 가족 돌봄 지원의 부족을 그 원인으로 생각해볼 수 있다. 이 2가지가 제대로 갖춰져 있어야 여성들이 경력단절 없이 일과 가정을 병행하며 지속적으로 일할 수 있는데, 우리나라는 선진국에 비해 유연근무와 가족 돌봄의 지원이 미흡하다고 할 수 있다.

유연근무 지원에 관하여

독일, 일본, 영국에서는 한국보다 폭넓은 근로시간 선택권을 보장하여 일과 육아를 병행할 수 있는 유연한 근로환경을 마련하였다. 예를 들어, 한국은 근로시간을 '주(週) 단위'로 제한하고 있으며, 주

주요국 연장근로 규정 비교

구분	한국	일본	독일	영국
단위	주(週)	월, 년	반기	17주
한도	주 12시간	월 45시간, 연 360시간 *특별협정 시 월 100시간, 연 720시간	24주(6개월) 1일 평균 10시간^{주)} *단협 시, 1년 평균 1주 48시간 이내 초과 가능	17주 평균 1주 평균 48시간^{주)} *노사합의로 주 48시간 초과 근로 가능

주) 법정근로시간과 연장근로시간을 합한 '총근로시간'을 의미
자료: 고용노동부, 해외 주요국 근로시간제도(2019년), 각국 법령

당 연장근로는 최대 12시간으로 설정되어 있다. 반면 일본, 독일, 영국 등은 '월(月) 단위' 또는 '연(年) 단위'로 유연하게 운용하고 있어, 아이가 아픈 날에는 덜 일하고 다른 날에는 그만큼 더 일하는 식의 조정이 가능하다. 또한 노사합의를 통해 업무량에 따라 근로시간 조정이 가능한 탄력적 근로시간 제도에서도 차이가 나타난다. 한국은 이 제도를 최대 6개월 단위로 운영할 수 있지만, 독일과 일본은 1년 단위로 운영해 더욱 넓은 자율성을 보장한다.

기존 근로시간 관련 정책이 전일제 근로자의 장시간 근로를 규제하는 데 집중했다면, 향후에는 유연근무제와 같이 근로시간의 선택권을 늘리고 시간선택제 근로를 활성화하는 정책에 보다 많은 관심을 기울일 필요가 있다. '전일제 근로 아니면 구직 포기'라는 이분법적 노동시장 하에서는 유자녀 근로자와 같이 시간제약이 큰 계층의 노동시장 참여가 어려울 수밖에 없으며, 이는 유자녀 근로자의 경력

단절과 저출산의 주요 원인으로 작용한다.

여성 및 고령층 등 다양한 계층의 인력을 활용하기 위해서는, 근로자와 사용자의 자발적인 합의에 따라 유연한 근로시간 선택이 가능하도록 함으로써 다양한 계층의 고용기회를 보장할 필요가 있다. 임금 등 일자리 조건이 적절히 설정된다면, 자녀 육아기 부모의 유연근무에 대한 잠재적 수요가 적지 않을 것이다.

가족 돌봄 지원에 관하여

두 번째로 주목해야 할 것은 가족 돌봄에 대한 정책적 지원이다. 한국은 여전히 자녀 양육이나 부모 돌봄의 부담이 여성에게 집중되어 있다. 하지만 정부의 정책적 뒷받침은 다른 선진국에 비해 턱없이 부족하다.

2020년 기준 한국의 GDP 대비 가족정책 지출은 1.5%에 그친 반면, 독일은 2.4%, 영국은 2.3%, 일본은 2.0%로 3개국 평균인 2.2%에 비해 낮은 수준이다.

이러한 차이는 단순한 숫자 이상의 의미를 지닌다. 실제로 일본은 보육시설 부족으로 일자리를 포기하는 여성을 줄이기 위해 '대기아동 해소 플랜'을 추진했고, 2015년 2.9만 개였던 보육시설 수는 2023년 4만 개를 넘어섰다. 그 결과 대기아동 수도 2.3만 명에서 0.3만 명으로 감소했다.

영국도 비슷한 접근을 하고 있다. 높은 보육료 부담 때문에 일을 그만두는 것을 막기 위해, 일정 소득 이하의 가정에는 3~4세 자녀에게 연간 570시간의 무상 보육을 제공하며, 워킹맘에게는 자녀 돌봄을 위해 연간 최대 2,000파운드까지 지원한다. 독일은 2007년 제정된 「어린이 보육기관 확대를 위한 연방재정지원법」에 따라 2013년부터 만 1세 이상 아동은 어린이집 이용 권리를 법적으로 보장받으며, 만약 시설 부족 등으로 돌봄 서비스를 받지 못할 경우에는 지자체가 부모에게 보상하도록 하고 있다.

이처럼 선진국들은 '일과 가정을 병행할 수 있는 환경'을 제도적으로 보장함으로써, 여성들이 출산과 육아를 이유로 일터를 떠나지 않도록 지원하고 있다. 한국이 선진국처럼 여성 고용률을 높이기 위해서는 자녀를 가진 여성인력 일자리의 유지와 확대가 중요하다.

한국도 바뀌어야 한다. 여성들이 아이를 낳고도 계속 일할 수 있어야 저출산 문제도, 노동력 부족 문제도 함께 풀 수 있다. 특히 경력단절이 심각한 30~40대 여성들은 인적 자본의 수준에서 청년층 못지않은 경쟁력을 갖고 있다. 이들을 다시 일터로 복귀시킨다면, 단기적으로는 청년 인력 부족을 보완할 수 있고, 장기적으로는 출산율 하락 속도를 늦추는 데도 기여할 수 있다.

일하고 싶은 여성들을 응원하다

비록 일할 수 있는 환경이 갖춰진다 해도, 많은 여성들이 출산, 육아, 가족 돌봄 등으로 경력이 끊기고 난 뒤 다시 경제활동에 나서는 것이 쉽지 않다. 강한 의지와 충분한 역량을 지니고 있음에도 불구하고, 여전히 재취업의 벽을 쉽게 넘지 못하고 있다. 특히 경력단절 이후 오랜 기간 노동시장을 떠나 있었던 여성일수록 변화한 시장 환경에 적응하는 데 더 많은 시간과 노력이 필요하지만, 현재의 재취업 지원 체계는 이러한 현실을 충분히 반영하지 못하고 있다.

현재의 직업훈련과 재취업 지원정책이 양적으로 확대됐다고는 하지만, 경력단절 여성의 경제활동참여를 촉진하기 위해서는 정책의 패러다임을 근본적으로 전환할 필요가 있다. 무엇보다 직업훈련 체계는 공급자 중심에서 수요자 중심으로 바뀌어야 하며, 다양한 생애경력과 개인적 목표를 고려한 맞춤형 프로그램을 제공해야 한다. 단순한 서비스 직종에 국한되지 않고 디지털 전환, 전문서비스, 헬스케어, 문화콘텐츠 등 미래 성장 가능성이 높은 분야로의 진출을 지원하는 방향으로 직업교육이 재편될 필요가 있다.

훈련 이후에도 단발성 지원에 그치지 않고 멘토링, 취업알선, 직장적응 지원 등 사후관리 시스템을 강화해 여성들이 실제로 노동시장에 안착할 수 있도록 돕는 것이 중요하다. 또한 지역사회, 지자체, 민간 기업이 연계하여 실질적인 일자리 매칭 플랫폼을 구축하고 일과 가정의 양립을 지원하는 제도를 함께 정비함으로써 여성들이 보다 다양한 형태로 경제활동에 참여할 수 있도록 해야 한다.

정책적 지원과 함께 사회적 인식 변화도 필수적이다. 경력단절 여성은 과거의 경력 공백을 이유로 배제되어야 할 대상이 아니라 풍부한 경험과 역량을 갖춘 인적 자산이라는 인식이 사회 전반에 확산될 필요가 있다. 이를 위해 남성 대상의 양성평등 인식 개선 교육, 기업 차원의 다양성 경영 확대, 대중매체를 통한 긍정적 메시지 확산 등 다각적인 노력이 필요하다.

특히 경력단절 여성 스스로도 자신의 가능성과 강점을 재발견할 수 있도록 지원하는 자기이해 프로그램, 심리적 회복과 자신감 강화를 위한 코칭 프로그램 등이 체계적으로 운영되어야 한다. 단순히 기술을 가르치는 교육을 넘어, 자신의 삶과 경력을 새롭게 설계하고 미래를 주도할 수 있도록 돕는 통합적 지원이 요구된다.

경력단절 여성의 재도약은 개인의 자립을 넘어 사회 전체의 지속가능성과 직결되는 문제다. 급속한 저출산·고령화로 인한 노동력 부족이 심화되는 상황에서, 이들의 역량을 온전히 발휘할 수 있도록 돕는 것은 선택이 아니라 필수다. 경력단절 여성에 대한 적극적인 지원은 인구감소 시대에 대응하는 가장 현실적이고 효과적인 전략이 될 것이다. 작은 인식의 전환, 촘촘한 정책 지원, 사회적 응원이 모인다면, 우리는 경력단절이라는 단절을 넘어 지속가능한 미래로 나아갈 수 있을 것이다.

여성 고용의
질적 향상 전략

여성 고용률을 높이는 데 있어서 중요한 것은 단지

'얼마나 많이 일하느냐'를 해결하는 것만으로는 충분하지 않다. 단순한 양적 확대가 아니라 노동의 질적 개선이 함께 이루어져야 한다. 여성들이 '무슨 일을, 어떤 조건에서 일하느냐' 역시 중요한 과제로 다뤄져야 하며, 여성의 인적 자본과 노동생산성 향상이 병행될 때 비로소 고용확대의 효과가 제대로 나타날 수 있다. 특히 여성의 인적 자본 수준과 노동생산성의 질적 향상을 동반하지 않는다면, 고용률 상승이 전체 경제에 미치는 긍정적 효과는 제한적일 수밖에 없다.

실제로 일본의 사례가 이를 보여준다. 일본은 여성 고용률이 높은 편에 속하지만, 상당수가 비정규직이나 시간제 일자리에 머무르면서 노동생산성 향상에는 일정한 한계를 드러냈다. OECD 통계에 따르면, 2021년 일본 여성 취업자의 약 45%가 비정규직이었다(OECD, Employment Outlook 2022).

이처럼 노동시장 내에서 질 낮은 일자리에 여성들이 집중되면서 고용률 자체는 높아졌지만, 여성 인적 자원의 효율적 활용이라는 측면에서는 충분한 성과를 내지 못한 것이다.

이철희(2024)는 여성의 생산성이 OECD 평균 수준으로 향상될 경우, 노동공급 효과가 더욱 커질 수 있다고 분석했다. 구체적으로는 여성의 상대적 생산성 개선을 통해 성별 생산성 격차가 OECD 평균 수준까지 줄어든다면, 2047년까지 생산성 조정 노동투입이 6.7%p 증가하는 것으로 추정했다. 인적 자본 형성 과정 및 노동시장에서의 여성의 불리함이 완화되어 여성의 상대적인 생산성이 개선되는 경우 노동시장이 큰 폭으로 증가할 수 있다는 것이다. 따라서 성별 임금격차를 줄이고, 여성 고용의 질을 높일수록 전체 경제에 긍정적인 파급효과가 더 커질 것이다.

결국, 한국이 일본과 같은 경로를 답습하지 않기 위해서는 단순히 여성 일자리 수를 늘리는 데 그쳐서는 안 된다. 노동조건을 개선하고, 정규직 진출 기회를 확대하며, 경력개발과 승진의 기회에서 성평등을 보장하는 등 여성 고용의 질적 향상 전략이 함께 추진될 필요가 있다.

특히 한국은 성별에 따른 고용형태 격차가 여전히 크고, 여성의 정규직 비율이 남성보다 현저히 낮은 상황이다. 한국여성정책연구원에 따르면, 2022년 기준 여성 정규직 비율은 남성보다 20%p 이상 낮은 것으로 나타났다. 이는 노동시장에서 여성의 지위가 여전히 불안정하다는 점을 보여준다.

이제는 단순한 일자리 수 증대를 넘어 안정성과 경력 성장 가능성을 갖춘 일자리를 확충하는 것이 중요하다. 삶의 질과 조화를 이루는 노동 환경을 만드는 것 역시 함께 고려해야 한다. 이를 위해서 노동조건의 실질적 개선, 일과 생활의 균형을 보장하는 제도 마련, 그리고 직장과 가정 모두에서 양성평등이 자연스럽게 뿌리내릴 수 있는 사회적 기반이 필요하다.

누구나 일할 수 있는 사회를 향해

──────── 결혼과 출산이 여성에게 '페널티'로 작용하는 사회에서는, 출산율 회복은 물론 성별에 따른 형평성 있는 노동시장 구현도 기대하기 어렵다. 여성의 노동시장 참여를 실질적으로 지속가능하게 만들기 위해서는 육아기 단축근로제도, 유연근무제 확대, 성평등한 조직문화 정착 등 일과 가정의 양립을 지원하는 제도적 환경 조성이 무엇보다 중요하다.

이러한 변화는 단지 여성 개인을 위한 지원책에 그치지 않는다. 저출산과 노동력 부족이라는 국가적 위기에 대응하는 근본적인 전략이자 우리 사회 전체가 함께 풀어야 할 과제다. 여성이 가정과 일을 모두 포기하지 않고, 경력과 삶을 균형 있게 이어갈 수 있는 환경을 마련하는 일은 장기적으로 저출산·고령화 문제를 완화하는 데에도 큰 의미를 지닌다.

이제는 '일하고 싶은 여성'을 응원하는 것을 넘어, 누구나 '일할 수 있는 사회'를 만드는 데 관심을 기울여야 할 때다.

고령화의 그늘, 고령 근로로 더 길어질 일자리

　행정안전부 자료에 따르면, 우리나라는 주민등록인구 기준으로 2024년 말 전체 인구에서 65세 이상 고령인구가 차지하는 비중이 20%를 넘으면서 초고령사회에 진입하였다. 또한 우리나라의 고령인구 비율은 지속적으로 증가하면서 2040년에는 34.3%, 2050년에는 40.1%를 기록할 것으로 전망되며, 2072년에는 고령인구 비율이 47.7%에 달할 것으로 예측된다.

OECD 1위,
고령층의 빈곤율

_____ 빠른 속도로 진행되고 있는 고령화의 어두운 그늘은 빈곤율의 확대와도 관련이 있다. 앞에서도 지적한 바와 같이 우리나라 고령층의 빈곤율은 다른 나라와 비교해 상대적으로 매우 높다. 국제비교가 가능한 2020년 기준 OECD 국가별 고령층(66세 이상 인구) 빈곤율을 살펴보면, 우리나라 고령층의 빈곤율은 40.4%로 조사 대상 34개국 가운데 가장 높은 것으로 나타났다.

연령별로 빈곤율을 살펴보아도 고령층의 빈곤율이 상대적으로 더 높은 것으로 나타났다. 2020년 기준 OECD 국가별 15~65세 빈곤율을 살펴보면, 우리나라의 빈곤율은 10.6%로 조사대상 34개국 가운데 15번째인 것으로 나타나 중위권 그룹을 형성하고 있다. 우리나라 다음으로 위치하고 있는 뉴질랜드는 10.5%, 영국은 10.4%, 호주는 10.1%를 기록하고 있어 15~65세 빈곤율에서는 큰 차이가 없는 것으로 나타났다.

이처럼 우리나라는 생산가능 연령층보다 특히 고령층에서의 빈곤율이 높은 것으로 분석된다. 고령층에서의 빈곤율이 상대적으로 높기 때문에 향후 고령화가 심화되면 전반적인 빈곤율이 상승할 우려가 있어 이에 대한 대응이 필요하다.

OECD 1위,
고령층의 고용률

_____ 한편, 우리나라 고령층의 경우 노동시장에 참여하는 비중도 상대적으로 높다. 앞에서 살펴본 바와 같이 2023년 기준 65세 이상 고용률은 우리나라가 37.3%로 OECD 국가 중 가장 높다. OECD 국가의 고령인구(65세 이상)의 평균 고용률은 13.6%에 불과한데, 우리나라 고령층의 고용률은 OECD 평균의 약 3배에 가깝다. 연령별로 구분해보면, 65~69세의 우리나라 고용률은 51.1%로 OECD 평균(25.2%)의 2배 수준이며 일본(52.1%)에 이어 두 번째로 높은 수준을 기록하고 있다. 70~74세에 이르러서도 우리나라 고용률은 39.9%로 거의 40%에 가까우며 OECD 조사대상국 가운데 가장 높은 수준이다. OECD 평균(12.4%)의 3배가 넘는 수준을 기록하고 있다. 이처럼 우리나라는 고령자의 나이가 많아질수록 다른 나라보다 고용률이 상대적으로 더 높게 나타나고 있다.

우리나라 고령층의
특징은 무엇인가

_____ 국제비교를 통해 나타난 고령층의 특징 외에 우리나라 고령층의 경제·사회적 특징은 무엇일까? 과거와 현재를 비교했을 때는 어떠한 변화가 있을까? 이러한 특징들을 살펴보는 이유는 우리나라 고령층의 경제·사회적 특징을 알아야 고령층 심화에 따른

문제를 해결할 수 있는 단초를 찾을 수 있기 때문이다. 이를 위해서 한국복지패널조사를 사용하여 최근 11년간(2012~2022년) 고령층의 경제·사회적 특징 변화를 검토하였다. 다른 연령층과 비교해서 고령층의 특징을 살펴보면 다음과 같은 점들이 눈에 띈다.

가구원 수

전체적으로 가구원 수가 줄고 있는 가운데 고령층(65세 이상 인구)에서의 가구원 수는 상대적으로 더 적은 것으로 나타났다. 예컨대 비고령층(64세 이하 인구)에서의 가구원 수는 2022년 3.19명이었고, 고령층에서의 가구원 수는 이보다 훨씬 적은 2.01명을 기록하였다.

취업자 수

취업과 관련해서는 모든 집단에서 취업자 비중이 증가하였는데, 고령층에서의 취업자 비중은 더 큰 폭으로 상승한 것으로 나타났다. 비고령층에서는 취업자 비중이 2012년 65.20%에서 2022년 70.95%로 증가하였고 고령층에서는 약 27.58%에서 약 39.35%로 증가폭이 훨씬 크게 나타났다. 고령층으로 진입하면서 노동시장 참여가 더 증가한 것으로 분석된다.

고령층의 노동시장 참여가 증가한 것은 여러 측면에서 해석될 수 있다. 새롭게 고령층으로 진입한 인구층은 기존 고령층보다 학력도 높고 일자리를 갖는 것에 대한 선호도가 높아 은퇴 후에도 일자리를 찾는 사람들이 증가했기 때문일 수도 있고, 은퇴 후 경제 상황으로 인하여 노동시장에서 취업을 원하는 고령층이 증가했기 때문일 수도 있다.

일자리의 질

고령층에서의 취업자 비중은 늘어났지만 노동시장에서의 일자리의 질은 열악한 것으로 나타났다. 고령층에서 상용직의 비중은 2022년 기준 2.18%로 비고령층의 36.15%보다 현저히 낮은 수준이다. 임금근로자 가운데 상용직의 비중도 고령층에서는 9.51%로 매우 열악한 것으로 분석되었다. 비고령층에서 임금근로자 가운데 상용직의 비중은 61.36%를 기록하였다.

빈곤율

빈곤율의 변화에서도 비고령층과 고령층 간 차이를 보이고 있다. 비고령층의 경우 시장소득(정부의 지원을 받거나 세금을 내기 전, 시장에서 스스로 번 모든 소득의 합계) 기준 빈곤율은 2012년 0.122에서 2022년 0.105로 감소한 것으로 나타났다. 반면 고령층(65세 이상)에서는 시장소득 기준 빈곤율이 2012년 약 0.607에서 2022년에는 약 0.623으로 증가하였다. 고령층에서의 시장소득 기준 빈곤율의 증가로 전체 인구의 시장소득 기준 빈곤율은 2012년 0.196에서 2023년에는 0.224로 증가하였다. 다만 가처분소득(시장소득에서 세금, 사회보험료 등 의무적으로 내야 하는 돈을 뺀 뒤, 정부나 공공기관에서 받는 각종 지원금을 더한 금액으로 실제로 자유롭게 쓸 수 있는 소득) 기준의 고령층 빈곤율은 약 0.456에서 약 0.401로 감소한 것으로 조사되었다. 한편 비고령층의 가처분소득 기준 빈곤율도 2012년 0.092에서 2022년 0.074로 감소하였다.

건강상태

건강상태는 고령층에서 상대적으로 크게 상승하였다. 고령층에서 자신의 건강상태에 대해서 '보통 이상'이라고 응답한 비중은 2012년 약 55.7%였으나 2022년에는 약 68.2%로 크게 상승하였다. 한편 비고령층에서의 건강상태는 2012년 93.09%, 그리고 2022년 94.37%로 큰 차이가 없었다. 이는 비고령층의 경우 건강상태가 이미 충분히 좋기 때문에 시간이 지나도 큰 변동이 없는 것으로 보인다.

교육수준

고령층의 교육수준은 점차적으로 증가하고 있어 긍정적으로 평가된다. 하지만 이미 기존에 형성된 고령층 인구에 고학력자의 고령층 편입에는 시간이 걸리기 때문에 큰 폭의 상승을 기대하기는 어렵다. 고령층에서 전문대졸 이상의 학력을 보유한 사람은 2012년 8.53%였는데 2022년에는 11.66%로 증가 추세를 보이는 점은 긍정적이라고 할 수 있다. 한편 비고령층에서의 교육수준 상승은 이보다 훨씬 높은데, 비고령층에서 전문대졸 이상의 학력을 보유한 사람은 2012년 28.15%에서 2022년에는 39.28%로 증가하였다.

연금 가입자 수

고령층에서 공적연금 가입자 비중은 크게 증가하여 노후에 공적연금 역할의 중요성이 커지는 것으로 분석되었다. 2012년에는 고령층에서 공적연금 가입자 비중이 33.76%였으나 2022년에는 54.08%로 증가하였다. 한편 개인연금의 경우에는 최근 들어 증가 추세를 보이고 있지만 공적연금의 가입규모와 비교해보면 상대적으로 열악하다. 2012년 기준 고령층에서의 개인연금 가입비중(현재 수급 또는 가입되어 있는 비중)은 1.19%였으나 2022년에는 5.61%로 증가하였다. 하지만 2022년 개인연금 가입비중은 공적연금 가입비중 54.08%의 10.4%에 불과한 실정이다.

물론 비고령층의 경우 고령층보다 공적연금 가입비중이나 개인연금 가입비중이 모두 높은 것으로 나타나고 있다. 비고령층의 공적연금 가입비중도 2012년과 2022년 사이 49.02%에서 61.26%로 크게 증가하였다. 하지만 개인연금의 가입비중은 2012년 12.47%에서 2022년 12.60%로 거의 변화가 없는 것으로 조사되었다. 비고령층에서의 개인연금 가입은 향후 고령층에서의 개인연금 수급과 연결되기 때문에 비고령층에서의 개인연금 가입비중 정체는 고령층에서의 소득정체를 가져올 수 있으며 노후소득을 제약할 수 있다.

지난 11년간 고령층의 경제·사회적 특징 변화를 살펴본 결과, 비고령층과 비교하여 상대적으로 높은 빈곤율과 일자리의 취약성을 꼽을 수 있다. 향후 고령화가 더욱 심화될 것으로 예상되는 가운데 이에 관한 대응 방안을 찾는 것이 중요한 과제라고 할 수 있다.

고령층이 빈곤층으로
진입하는 결정적 요인

_____ 빈곤층은 소득기준 중위소득의 50% 미만에 속하는 그룹을 의미한다. 고령층의 빈곤 여부를 결정하는 요인들을 살펴보면(균등화 시장소득 기준), 상용직일 경우 빈곤층에 속할 확률이 약 20%p 감소하여 다른 요인들보다도 영향력이 큰 것으로 나타났다. 일자리가 없거나, 자영업자이거나, 임시직인 고령층에 비해 상용직에 고용되어 있을 경우 빈곤집단에 속할 확률이 현저히 감소한다는 것이다.

고령층에서 일자리의 중요성은 전체 가구에서의 분석결과와 비교해볼 때 더 잘 드러난다. 전체 가구에서 상용직일 경우 빈곤층에 속할 확률이 약 9.8%p 감소하는 것으로 나타나는 것에 비해 고령층에서는 약 20.0%p나 감소하는 것으로 나타나 양질의 일자리가 고령층에서 매우 큰 영향을 주고 있다는 것을 알 수 있다.

또한 일자리의 질에 따라 빈곤층의 결정에 미치는 영향이 달라지는 것으로 나타났다. 상용직 여부 대신에 취업 여부를 사용하여 분석하는 경우 취업변수도 빈곤층에 속할 확률을 감소시키는 것으로 나타났지만 상용직의 영향만큼 크지는 않았다. 예컨대, 고령층에서 취업을 하는 경우 빈곤층에 속하는 확률이 약 5.0%p 감소하는 것으로 나타나 상용직이 빈곤층 결정에 미치는 영향(약 20.0%p 감소)만큼의 효과는 나타나지 않았다. 단순한 취업보다도 양질의 일자리(상용직)가 빈곤층에 미치는 영향이 훨씬 큰 것으로 분석되었다.

그렇다면 고령층에서 양질의 일자리(상용직)에 영향을 미치는 요인은 무엇일까? 교육수준이 전문대졸 이상일 경우 그렇지 않은 고령층보다 상용직에 속할 확률이 약 12.4%p 증가하는 것으로 분석되었다. 또한 건강상태보다도 근로능력이 상용직의 결정에 유의미한 영향을 미치는 것으로 나타났는데, 일반적 근로가 가능하다고 응답한 고령층의 경우 상용직에 속할 확률이 약 1.7%p 증가하는 것으로 나타났다.

고령층의
빈곤율을 완화하려면

_____ 우리나라의 경우 고령층에서의 빈곤율이 다른 나라보다 높기 때문에 비고령층 인구가 고령층으로 진입했을 때 빈곤층으로 전락하지 않기 위해서는 양질의 일자리에 대한 접근 기회가 중요하다. 평균 기대수명이 늘고 고령화가 심화됨에 따라 고령층에서 양질의 일자리에 대한 수요는 더욱 커질 것이 자명하다.

정년연장에 관하여

현실적으로 고령층에서 발생하는 양질의 일자리 수요를 맞추기는 쉽지 않다. 양질의 일자리를 유지할 수 있는 정년연장에 대한 논의가 대두되고 있지만 현실적인 문제를 무시하기 어렵다.

따라서 정년 이후에도 기존의 양질의 일자리를 유지하기 위해서는 현재의 호봉제 위주의 임금체계를 개편하는 등 제도개선이 필수적이다. 이를 통해 기업이 자발적으로 정년을 조율하고 고령층에게 양질의 일자리를 제공할 수 있도록 해야 한다. 향후 국민연금 수급개시 연령 상향 연계한 점진적·단계적 법적 정년연장이 시행된다면 범정부 지원체계 및 임금체계, 근로시간 개선 등에 대한 '노사 자율합의' 지원체계를 구축할 필요가 있다. 또한 고령자 고용지원금 상향 등 정부의 물적·인적 지원도 강화할 필요가 있다.

또한 노동시장에 진입하려는 고령층에게 새로운 양질의 일자리의 기회를 제공하기 위해서는 고용의 경직성 완화 등 노동시장의 유연성 제고가 필요하다. 현재는 상당수의 고령층 취업자가 임시직이나 저임금 일자리에 종사하는 경우가 많은 것으로 나타난 만큼 노동시장의 유연성 제고를 통해서 양질의 일자리를 제공할 수 있는 유인과 환경을 만들어야 할 것이다.

인적 자본 제고

한편 고령층의 인적 자본 제고에도 관심을 가질 필요가 있다. 고령층의 인적 자본 제고는 빈곤율을 낮추는 데에도 중요한 역할을 할 뿐만 아니라 상용직 취업에도 중요한 영향을 미치는 것으로 나타난 만큼 고령층의 재교육 및 직업훈련을 강화할 필요가 있다. 요컨대 인적 자본을 향상시킬 수 있는 직업교육이나 실무경험의 기회제공 등을 통해 고령층의 인적 자본을 확충할 필요가 있다. 고령층 스스로도 재교육 및 직업훈련 기회를 적극적으로 활용하는 등 길어지는 근로시대에 효과적으로 생존전략을 마련해나갈 필요가 있다.

우리나라의 경우 높은 교육열로 인하여 학력수준이 높아지고 있으나 높아지는 학력수준이 아직 고령층까지는 충분히 반영되지 않고 있는 상황이다. 비고령층에서도 학력수준이 높아지고 있어 높은 학력수준의 비고령층 인구가 노인층으로 진입하게 되면 노인가구의 경제적 상황은 지금보다는 나아질 것으로 전망된다. 따라서 비고령층에서도 노후를 대비하여 고령층에 진입하기 전에 자신의 인적 자본에 대한 투자를 늘리고 변화하는 환경에서 일자리를 지속적으로 유지하기 위해 노력할 필요가 있다.

노후소득 대비

고령층의 빈곤문제에 대응하기 위하여 노후소득의 준비는 중요하다. 특히 연금의 역할이 중요하다. 전반적으로 공적연금의 경우 가입 규모도 적지 않으며 가입비중도 지속적으로 증가하는 모습을 보이고 있지만, 개인연금의 경우에는 최근의 가입비중이 증가함에도 불구하고 고령층에서의 개인연금 가입규모 자체는 상대적으로 저조한 것으로 나타나고 있다.

따라서 개인연금, 연금저축 등 민간부문에서의 노후대책을 강화할 수 있도록 사적연금에 대한 세제상 혜택과 가입 인센티브를 확대하고 민간부문에서의 역할을 강화해나갈 필요가 있다. 개인도 인센티브를 기반으로 사적연금을 활용하여 생산가능연령 시기부터 은퇴 이후로 소득의 이전을 모색하고 노후의 안정적인 생활 기반을 확대해나가야 할 것이다. 모든 개인을 공적연금에 편입시키기 어려운 조건이라면 사적연금에 대한 인센티브를 확대하여 개인 스스로 노후 생활 안정을 위한 대책을 마련할 수 있도록 유인 및 제도 구축을 모색할 필요가 있다.

평생 직장에서
평생 직업으로,
이제는 유연직장

인구구조 변화와
노동시장의 전환

한국 사회는 그 어떤 나라보다 빠르게 '늙어가고' 있다. 출산율은 1.0 아래로 떨어졌고, 65세 이상 고령층 인구는 어느새 전체 인구의 5분의 1에 육박한다. 숫자만 줄어드는 게 아니다. 일하고, 소비하고, 함께 살아가는 구조 자체가 뒤흔들리고 있다. 특히 생산가능인구(15~64세)의 감소는 단순한 인력 부족을 넘어 노동시장의 지형을 송두리째 바꾸고 있다.

불과 몇십 년 전만 해도, '좋은 직장에 입사해 정년까지 근무한다'는 경로가 전형적인 커리어 모델이었다. 그러나 지금은 다르다. 회사도, 개인도, '한 직장에 머무는 것'보다 '변화에 적응하는 것'을 더 중요하게 여기기 시작했다. 기술의 진보와 세계경제의 변화를 예측하기 어려워지면서 기업에게 유연한 인력 운용을 요구하고 있고, 결과적으로 고용형태는 더 다양해지고 있다.

한편으로는 디지털 기술이 일의 방식 자체를 바꿔놓았다. 굳이 출근하지 않아도 되고, 정규직 계약 없이도 일할 수 있는 시대이다. 스마트폰 하나로 프로젝트를 받고, 집에서도 세계 각지의 고객과 협업하는 장면은 더 이상 낯설지 않다. 특히 코로나19 팬데믹은 이런 흐름에 불을 지핀 촉매제였다. 재택근무, 원격업무, 협업툴이 일상이 된 지금, '노동'은 과거와 완전히 다른 의미를 갖게 되었다.

이제 노동을 정의하는 질문도 달라졌다. '어디에서 일하느냐'보다 '무엇을 하고 있는가', '누구와 어떤 가치를 창출하고 있는가'가 더 중요해졌다. 직업과 직장이 더 이상 동일하지 않은 시대, 우리는 각자의 커리어를 주도적으로 설계해야 한다. 이 같은 변화는 인구구조 재편과 맞물리며, 개인은 물론 사회 전체에 새로운 생애 전략과 정책적 상상력을 요구하고 있다.

정년 없는
평생 직업의 시대

한때 '평생 직장'은 좋은 삶의 상징이었다. 대학을 졸업하고 대기업이나 공공기관에 입사하면, 정년까지 근무하는 것이 당연하게 여겨졌다. 직장은 곧 삶의 기반이었고, 그에 맞춰 교육과 주거, 노후계획까지 설계되던 시대였다. 하지만 이제 그 '당연함'은 무너지고 있다. 기업은 더 이상 종신고용을 책임지지 않고, 사람들도 더 이상 한 조직에 인생을 걸지 않는다. 급변하는 기술, 짧아진 산업 생명주기, 글로벌 경쟁의 압박은 고용의 풍경을 완전히 바꿔놓았다.

이런 변화 속에서 주목받게 된 것이 바로 '평생 직업'이라는 개념이다. 국제노동기구(ILO)는 평생 직업을 단일 직장이 아닌, 다양한 기술과 경험을 바탕으로 끊임없이 경로를 바꿔가는 유연한 생애 고용 전략으로 정의한다. 예전처럼 한 회사에 오래 다니는 것이 아니라 끊임없이 배우고, 경력을 재구성하며, 자신의 노동 가치를 갱신하는 능력이 더 중요해진 시대다. 고용의 지속성보다 '경력의 연속성'을 확보하는 것이 핵심이다.

이러한 흐름은 '유연직장', '긱 이코노미(Gig Economy)'라는 개념으로도 확장된다. 유연직장은 시간, 장소, 고용형태의 자율성이 보장되는 근무방식을 의미하고, 긱 이코노미는 플랫폼을 통해 단기 프로젝트 중심으로 일하는 경제활동 모델이다. 미국의 '업워크(Upwork)', '파이버(Fiverr)' 같은 플랫폼에서는 수백만 명이 정규직 없이도 다양한 프로젝트를 수행하고 있고, 유럽의 덴마크는 '유연안정성(Flexicurity)' 제도를 통해 유연한 고용과 강력한 사회보장을 함께 설계하고 있다.

결국 우리는 '한 직장에서 오래 일하는 사람'보다 '다양한 일을 유연하게 해내는 사람'을 원하게 되었다. 직무 단위의 경력설계, 프로젝트 기반의 계약, 독립형 창업 등은 이제 낯설지 않은 선택지다. 과거에는 불안정하다고 여겨졌던 일들이 이제는 오히려 생애 경력의 표준이 되어가고 있다.

예를 들어, 30대에는 대기업에서 커리어를 시작하고, 40대에는 자문·강의 등의 부업으로 외연을 넓힌다. 50대에는 컨설턴트나 창업자로 독립하고, 60대 이후에는 온라인 강의나 집필로 지식 기반 노동을 이어간다. 연령에 따라 역할이 바뀌는 게 아니라 시대 흐름에 따라 '직업 정체성'을 능동적으로 다시 쓰는 것이다.

물론 이 모든 게 개인의 의지만으로 가능한 일은 아니다. 정부의 평생 교육과 기업의 직무전환 지원, 사회의 인식 변화가 함께 가야 한다. 직업은 이제 정체성이자 자산이며, 변화에 유연하게 대응하는 능력이야말로 앞으로 가장 강력한 경쟁력이 될 것이다.

유연직장의 부상과
플랫폼 노동의 확산

'회사에 다닌다'는 말의 의미가 달라지고 있다. 이제는 누군가에게 고용되지 않더라도 일을 하고 소득을 얻는 길이 다양해졌다. 디지털 기술과 플랫폼 시스템은 기존의 고용방식을 넘어서는 새로운 노동형태를 만들어내고 있고, 그 중심에는 '긱 이코노미'가 있다.

긱 이코노미는 고용계약 없이 플랫폼을 통해서 단기 업무를 수행하거나 프로젝트를 수주하는 방식의 경제 활동을 말한다. 배달 플랫폼의 라이더, 차량 호출 서비스의 드라이버, 영상 콘텐츠 제작자, 온라인 튜터, 원격 비서, 프리랜서 프로그래머와 마케터까지, 이제는 매우 다양한 분야에서 이 같은 방식의 노동이 가능해졌다. 일하는 사람도 많아지고 있고, 일의 모습도 그만큼 다양해지고 있다.

긱 노동의 가장 큰 장점은 자율성과 유연성이다. 근로자는 자신이 원하는 시간에 원하는 장소에서 일할 수 있고, 둘 이상의 플랫폼을 동시에 활용하면서 수입원을 분산할 수도 있다. 오전에는 배달 일을 하고, 오후에는 온라인 수업을 진행하거나 콘텐츠를 편집하는 등 하루를 여러 직무로 나누어 활용하는 것도 가능하다. 이런 구조는 청년층은 물론, 경력단절 여성이나 은퇴한 중장년층에게도 새롭고 비교적 진입장벽이 낮은 기회로 작용한다.

하지만 이 새로운 노동형태에는 명확한 한계와 위험도 존재한다. 첫 번째는 법적 보호가 약하다는 것이다. 플랫폼 노동자들은 전통적인 '근로자'의 법적 지위를 갖지 못하는 경우가 많다. 이로 인해 최저임금, 유급휴가, 퇴직금, 4대 보험 등 기본적인 노동 권리에서 배제되기 쉽다. 실제로 고용노동부 실태조사에 따르면, 상당수 플랫폼 종사자들은 10시간 이상 일해도 사회보험에 가입되지 않은 상태로 일하고 있다.

두 번째는 소득이 안정적이지 못하고 과도한 경쟁에 내몰릴 수 있다는 점이다. 플랫폼 안에서의 수익은 안정적이지 않고, 수요와 공급의 불균형에 따라 크게 달라진다. 이른바 '물량 싸움'에 가까운 구조에서 안정적인 생계를 유지하는 것이 점점 더 어려워지고 있다. 특히 새로 진입한 노동자일수록 낮은 평점, 낮은 배정률에 시달리는 경우가 많다.

세 번째는 알고리즘을 통한 노동 통제다. 일거리는 앱이 자동으로 배정하고, 사용자 평점은 근로자의 평가와 소득에 직접적으로 영향을 미친다. 이동 경로, 응답 속도, 일 처리 시간까지 실시간으로 추적되는 이 구조 속에서 근로자는 '자율성'보다는 '보이지 않는 관리자'에 의해 통제된다는 느낌을 받는다. 이런 흐름을 두고 일부 연구자들은 '디지털 테일러리즘' 혹은 '플랫폼 자본주의'라고 부른다. 겉으로는 자유롭게 일하는 것처럼 보이지만, 실제로는 플랫폼 알고리즘이 일하는 방식을 규율하고 감시하는 것이다.

이러한 문제를 해결하기 위해 세계 각국은 다양한 제도적 시도를 이어가고 있다. 미국 캘리포니아 주는 2019년 「AB5 법」을 통해 플랫폼 노동자를 근로자로 간주하는 법적 기준을 정립했다. 그 결과 우버(Uber)나 리프트(Lyft) 같은 대형 플랫폼 기업들은 노동자에게 사회보험을 적용하거나 최소한의 근로조건을 제공해야 한다. 유럽의 덴마크는 '유연안정성' 정책을 통해 기업에게는 유연한 고용을 허용하되, 실직자에게는 관대한 실업급여와 재교육 기회를 제공함으로써 구조적 균형을 도모하고 있다. 일본은 「고령자 취업 촉진법」을 통해 60세 이상 중장년층을 위한 경력 매칭 플랫폼과 재취업 보조금 제도를 운영하며, 긱 노동으로의 전환을 제도적으로 뒷받침하고 있다.

이러한 국제적 사례들은 긱 이코노미가 단순히 개인의 선택이나 유행이 아니라 하나의 노동구조로 자리 잡고 있음을 보여준다. 따라서 이러한 노동구조를 어떻게 '제도화'하고 근로자를 '보호'할 것인가가 앞으로의 핵심 과제가 될 것이다.

궁극적으로는, 유연성만으로는 충분하지 않다. 자율성은 분명 긍정적인 가치이지만, 사회가 그에 상응하는 안정성과 제도적 보호를 함께 제공해야 한다. 긱 이코노미가 진정한 의미에서 '일하는 방식의 대안'이 되기 위해서는, 이제는 노동자의 권리 보호, 존엄이 보장되는 새로운 틀을 사회 전체가 함께 만들어가야 한다.

고령화는 생산가능인구 범위의 재정의를 요구한다. 과거 60세 정년이 일의 종결을 의미했다면, 이제는 제2, 제3의 커리어를 계획해야 하는 나이이다. 한국 사회에서 50대는 더 이상 은퇴를 준비하는 세대가 아니라 새로운 커리어를 탐색하고, 생계와 자아실현을 병행해야 하는 '현역 세대'로 재인식되고 있다. 평균 수명이 85세를 넘어서는 시대에, 60세 전후의 은퇴는 생애 한복판의 전환점일 뿐이다.

중장년층은 더 이상 경제활동에서 밀려난 존재가 아니다. 오히려 자신이 가진 전문성과 경력을 바탕으로 제2의 노동시장에 활발히 진입하고 있다. 누군가는 프리랜서로, 또 다른 이는 자영업이나 사회적 기업 활동을 통해 새로운 직무 정체성을 만들어가고 있다. 최근에는 강사나 멘토, 경력 기반 컨설턴트로 활동하는 사례도 늘고 있다. 특히 베이비붐 세대는 조직과 기업에서 축적한 노하우와 인간관계를 발판으로, 지식 기반 노동으로 전환하는 데 강점을 가진 세대

주요 플랫폼종사자 직종별 규모

(단위: 천 명, %)

직종	2021년	2022년	2023년	증감률(2022)
배달 · 운전	502	513	485	Δ5.5
전문서비스(교육 · 상담 등)	53	85	144	69.4
컴퓨터 단순 작업(데이터입력 등)	31	57	87	52.6
가사 · 돌봄	28	53	52	1.9
창작활동(디자인 등)	19	36	50	38.9
IT 서비스(SW개발 등)	14	17	41	141.2

자료: 고용노동부, 2023년 플랫폼종사자 실태조사, 2024.8.5.

다. 그러나 이러한 전환은 결코 자연스럽게 이루어지는 것이 아니다. 성공적인 생애 재설계를 위해서는 전략적인 준비와 사회적 뒷받침이 필요하다.

첫째, 무엇보다 퇴직 이전부터의 경력설계와 직무전환 준비가 중요하다. 단기적인 재취업 교육이나 형식적인 창업 교육으로는 한계가 있다. 중요한 것은 퇴직 전후의 학습이 실제 경력과 연결되는 설계를 갖추는 것이다. 예컨대 한 중견 IT기업 퇴직자는 1년간 UX(User Experience, 사용자 경험) 디자인 교육을 받은 후, 비영리단체의 디지털 컨설턴트로 재취업에 성공했다. 이처럼 경력의 연속성과 교육 콘텐츠의 연계가 조화를 이룰 때 전환 가능성은 높아진다.

둘째, 디지털 리터러시(Digital Literacy)는 이제 선택이 아니라 생존 조건이다. 다양한 플랫폼과 온라인 협업 환경이 확대되면서, 중장년층도 기본적인 디지털 역량을 갖추지 않으면 경쟁에서 밀려날 수밖에 없다. 단순한 워드·엑셀 수준이 아니라 SNS를 활용한 마케팅, 화상회의 소통 능력, 콘텐츠 제작, 데이터 기반 분석 등 새로운 업무 문법에 대한 이해가 필수적이다. 이를 위해서는 단순 강의 중심이 아니라 실습 기반의 맞춤형 교육과 멘토링 체계가 마련되어야 한다.

셋째, 사회적 신뢰를 기반으로 한 경력 인증 시스템이 필요하다. 기존 이력서는 조직 내 직무 경험을 중심으로 구성되어 있으나, 프리랜서나 프로젝트 기반 경력은 이와 달리 객관적으로 입증하기 어렵다. 그래서 마이크로 자격증, 온라인 포트폴리오, 경력 기반 평판 시스템 등 대안적 인증 방식이 주목받고 있다. 이러한 도구들은 특히 플랫폼 노동시장에 진입하려는 중장년층에게 필수적인 '신뢰 자본'이 된다.

마지막으로, 이 모든 변화는 단순한 경제 전략을 넘어 심리적·사회적 의미를 동반해야 한다. 많은 중장년층들이 은퇴 이후에 겪는 정체성 상실감, 사회적 관계 단절, 고립은 정신 건강에도 영향을 미친다. 반대로, 일정 수준의 노동 참여는 소득 이상의 의미를 지닌다. 일을 통해 타인과 관계를 맺고, 사회 속에서 자신의 존재 가치와 필요성을 느끼는 경험은 삶의 만족도와 건강에 있어 핵심적인 요소가 된다.

이제는 비연속적 경력이 오히려 '정상 경력'으로 간주되는 시대다. 중요한 것은 과거의 직장 이력에 얽매이지 않고, 변화하는 환경 속에서 자신만의 자산과 경험을 새롭게 연결하고 해석해낼 수 있는 능력이다. 정부와 기업, 지역사회가 함께 이러한 전환을 돕는 생태계를 만들어야 한다. 그렇게 될 때 고령화는 위기가 아닌 기회가 되고, 중장년층은 사회의 짐이 아니라 가장 유연한 자원이 될 수 있다.

유연한 직업정체성과
생애 전략의 필요

저출산·고령화사회는 우리가 익숙했던 노동 패러다임의 해체를 의미한다. 인구감소는 단순히 경제 규모의 축소를 뜻하는 것이 아니라 기존의 생산과 소비, 고용과 복지 시스템 전반에 대한 재설계를 요구하는 신호다. 이러한 구조적 변화 속에서 가장 먼저 영향을 받는 것은 '직업'에 대한 인식이며, 동시에 '삶'을 어떻게 살아갈 것인가에 대한 근본적인 질문으로 이어진다.

이제 우리는 '하나의 직장에 평생 몸담으며 은퇴를 준비하는 삶'이라는 경로 대신, '다양한 직업을 순환하며 생애를 설계하는 삶'을 준비해야 한다. 유연한 직업정체성이란 바로 이러한 시대적 요구에 대한 응답이다. 이는 단순히 직장을 자주 바꾸는 것 이상의 의미를 지닌다. 개인이 자신의 기술과 경험, 네트워크를 기반으로 다양한 경로를 설계하고, 변화에 민감하게 반응하며, 필요에 따라 전환할 수 있는 능력을 말한다.

이러한 유연한 직업정체성을 구축하기 위해서 가장 중요한 것은 학습과 적응력이다. 변화하는 기술 환경에 맞춰 지속적으로 역량을 재정립하고, 새로운 분야에 도전할 수 있어야 한다. 이를 위해 평생 교육 체계가 보다 촘촘하게 설계되어야 하며, 기업과 대학, 지역 커뮤니티가 이를 지원하는 플랫폼이 되어야 한다. 특히 중장년층과 고령층에게는 접근하기 쉽고 맞춤형의 교육 콘텐츠가 필수적이다.

또한 노동시장에서의 네트워크 자본 역시 중요하다. 고용의 안정성이 약화될수록 개인의 사회적 연결망이 직업 지속성과 이직 가능성에 큰 영향을 미친다. 협업 플랫폼, 전문직 커뮤니티, 온라인 평판 시스템 등은 단순한 구직 채널을 넘어서 새로운 형태의 직업 생태계를 형성하고 있다. 따라서 이제 직업의 성공은 개인의 능력뿐 아니라 그 사람이 속한 사회적 맥락과 연결성에 의해 좌우된다.

마지막으로, 이러한 변화를 뒷받침할 수 있는 정책적 토대가 마련되어야 한다. 유연한 직업경로가 가능하려면 제도 역시 유연해야 한다. 고용·복지·세제 시스템은 다양한 노동형태를 포용할 수 있도록 재구조화되어야 하며, 새로운 노동세대의 특성을 반영한 정책 설계가 필요하다. 예컨대 플랫폼 기반 근로자나 프리랜서를 위한 직무 단위 사회보험, 소득 안정 기제, 경력 인증 시스템 등이 구체적 방안이 될 수 있다.

결국 유연성은 선택이 아니라 필수다. 개인은 스스로의 경력을 설계하고, 기업은 유연한 인재 활용 전략을 모색하며, 국가는 변화에 적응할 수 있는 포용적 시스템을 구축해야 한다. 특히 개인은 변화하는 노동시장에 능동적으로 대응하기 위해 지속적인 학습을 통해 기술 환경 변화에 적응하고, 다양한 고용형태와 프로젝트 경험을 축적하며 경력의 연속성을 확보해나가야 한다. 또한 디지털 도구를 활용한 업무수행 능력과 온라인 기반의 평판 관리, 플랫폼 이해도는 새로운 노동환경에서 필수적인 역량으로 부상하고 있다. 이러한 준비는 단순한 생존을 넘어 축소경제 시대에도 주도적이고 자율적인 삶을 가능하게 하는 기반이 된다.

    나아가 저출산·고령화 시대를 단순한 위기로 보지 않고, 직업과 삶의 구조를 혁신할 수 있는 기회로 전환하기 위한 집단적 지혜와 사회적 투자가 요구된다. 이는 우리 사회의 지속가능한 미래를 위한 핵심 과제이다.

사람이 줄면, 집도 달라진다
인구충격과 주거 변화

주택시장은 한 나라 인구구조의 변화에서 벗어날 수 없다. 물론 인구구조가 변하더라도 당장 주택시장에 변화가 일어나는 것은 아니고 중장기적 흐름에 영향을 미친다. 배로 따지면 인구구조는 수시로 흔들리는 돛단배보다는 육중한 항공모함 같은 것이다. 인구가 현저하게 줄어들면 주택시장은 수요 둔화로 수축하는 양상을 띨 것이다. 그런데 이런 이야기는 총론 수준의 담론이다. 개인의 삶은 총론이 모두 결정하지 않는다. 부동산시장도 지역별, 상품별로 극심한 차별화가 나타날 것이기 때문이다. 그리고 인구 쇼크가 도래하려면 아직 시간이 남았다. 인구문제로 집값이 당장이라도 급락할 것처럼 호들갑을 떨지는 말라. 통계청에 따르면, 우리나라 인구는 2021

년부터 감소세이지만 주택 수요와 직접적인 연관이 있는 가구 수는 2041년까지 늘어난다. 지금은 인구감소 문제보다 공급감소 문제가 더 시장을 압박한다. 하지만 국가든, 개인이든 인구 쇼크에 대비한 준비를 해야 한다. 개인적으로(박원갑, KB국민은행 부동산 전문위원) 지방은 2030년대 중후반, 서울과 수도권은 2040년대 중반부터 인구 쇼크가 현실화할 것으로 본다. 하지만 쇼크가 온다고 해서 모든 부동산의 거품이 꺼지는 것은 아니다. 인기 지역으로의 쏠림현상은 더 심해질 것이다. 인구감소 속에서도 1인당 국내총생산(GDP)은 늘어나기 때문이다. 한국은행은 1인당 GDP가 2020년 3만 3,472달러에서 2050년경 4만 7,000~5만 2,000달러 수준으로 높아질 것으로 전망했다. 물론 비인기 지역에서는 빈집이 속출하고 주택도 애물단지로 전락할 것이다. 우리가 당장 체감할 수 있는 인구감소 시대 주택시장의 가장 큰 특징은 양극화다. 전체 혹은 한쪽만 보면 착시현상을 유발할 수 있다. 큰 흐름은 읽되 평균의 함정에 빠지지 말라는 얘기다.

공간구조, '면'에서 '점'으로 압축

_____ 공간의 측면에서 한번 고찰해보자. '점'은 공간의 최소 단위다. '점'이 모여 '선'이 된다. 또 '선'이 모여 '면'이 되고, '면'이 모이면 그럴듯한 공간이 된다. 인구가 팽창하면 공간은 확대된다. 도심에 살던 사람들이 교외로 나간다. 신도시, 전원주택은 인구팽

창 시대의 단면이다. 반대로 인구가 급격히 줄어들면 어떻게 될까? 공간이 남아도니 수축 현상이 나타난다. 교외 공간의 인기는 갈수록 떨어질 가능성이 크다. 편의시설이나 사회 기반 시설이 잘 갖춰진 도심에 사람들이 옹기종기 모여 살지 않을까. 물론 일부는 자율형 자동차나 GTX(광역급행철도) 덕에 외곽에 가서 거주하는 사람도 있을 것이다. 하지만 대세는 도심 중심의 거주가 아닌가 싶다. 인구감소 시대에서는 도심 쏠림을 넘어 도심 몰입 현상이 나타날 것으로 보는 이유다. 최근 지구온난화에 따른 산불이나 산사태, 폭우가 빈발하면서 자연 속의 삶은 위태로워졌다. 전원은 꿈의 공간이 아니라 자연재해의 취약지역이 될 수 있다. 그래서 세월이 지나면 지날수록 은퇴 후 전원 행(行)을 선택하는 사람들이 줄어들 것으로 예상한다. 이제 은퇴를 준비하는 중장년층은 거주하기에 편리한 도심 아파트에 머무를 것이다. 실제로 은퇴를 앞둔 2차 베이비부머(1964~74년생, 954만 명)는 윗세대와는 주거 선호도가 다르다. 미래에셋투자와연금센터가 최근 전국 2차 베이비부머 직장인 2,000명을 대상으로 설문조사를 했다. 그 결과 은퇴 후 거주지로 아파트를 꼽은 응답자가 63.9%로 1위를 차지했다. 그다음으로 단독주택(25%)·타운하우스(5.6%)·오피스텔(4.0%)·시니어타운(1.6%) 순이었다. 더욱이 요즘 젊은 세대는 도심 콘크리트 속에 자란 '인도어 세대(Indoor generation)'가 아닌가. 이들은 더 이상 자연을 그리워하는 세대가 아니다. 아파트와 부동산을 동일시하는 세대다. 앞으로 교외의 몰락과 도심의 부상이 향후 주택시장의 메가트렌드가 될 것이다.

공간적으로 주택 수요가 많은 서울과 수도권 일부 지역에서는 어느 정도 '선'이나 '면'이 살아 있을 것이다. 인기 주거지 형태가 어느 정도 규모를 갖춘 타운 형태로 존재할 가능성이 크다는 얘기다. 자산 혹은 투자가치 측면에서 볼 때는 더욱 그렇다. 하지만 인구가 급격히 감소하는 지방은 곳곳에 '점'만 남을 가능성이 크다. 가령 부산 해운대, 대구 범어동, 광주 봉선동, 대전 둔산동처럼 인기 지역으로 수요가 쏠리는 공간의 초슬림화 가능성이 있다는 것이다. 그래서 이제 지방은 '면'보다는 '점'에 좀 더 주안점을 두고 주택시장을 고찰해야 한다. 같은 지역이라도 전혀 다른 시장이 될 수 있기 때문이다.

주택시장, 양극화를 넘어 초양극화

요즘 시중에서 회자되는 초양극화는 과거와는 조금 다르다. 입지적으로는 여전히 강남이 중심이지만, 상품 측면에서는 아파트로 초점이 좁혀진다. '강남 아파트 일극화'가 초양극화 현상의 핵심인 셈이다. 이제는 '강남 불패 신화'가 아니라 '강남 아파트 불패 신화'라고 불러야 할지도 모른다. 최근 서울 서초구 반포동의 국민주택 규모(전용면적 84㎡)의 A아파트가 70억 원에 거래됐다. 어지간한 꼬마빌딩 값과 맞먹는 수준이다. 아파트 외벽에 금이라도 발라놨느냐라는 말이 나올 만하다. 2025년 4월 현재 KB 부동산 통계 기준으로, 전국 아파트 평균 가격 5억 2,240만 원의 13배를 웃도는 금액이다. 그래서 이제는 부의 기준이 달라진 게 아니냐는 분석도 나온다. 농경시대에는 논·밭, 산업화시대에는 공장, 얼마 전에는 빌딩이었지만 이제는 강남 아파트가 되었다는 것이다. 말하자면 강남 아파트가 빌딩을 대체하는 '부의 상징'으로 떠올랐다는 설명이다. 요즘 부자들은 내수침체에 공실 위험이 증가하면서 빌딩, 상가를 사지 않고 고급 아파트를 사려고 한다. 강남 아파트의 차별적 상승은 어제오늘 일이 아니지만, 최근 들어 그 양상이 더욱 심화되고 있다. 부동산시장의 초양극화는 우리나라뿐만 아니라 전 세계적인 흐름이다. 어찌 보면 지역, 자산 양극화는 소득 양극화에서 비롯된 것이다. 인구·일자리·자본의 집중이라는 구조적 원인을 반영한 결과로도 볼 수 있다. KB 부동산 통계에 따르면, 강남 3개 구의 아파트는 37만 8,145채로 전국의 3%에 약간 못 미친다. 신분제가 된 강남 아파트 공급은 한정되어 있는데 사려는 사람은 넘친다. 부동산 재테크 욕망의 상징과도 같은 강남 아파트는 자주 실물경기 흐름과 괴리되어 움직인다. 지방에서도 강남 아파트를 갖고 있어야 부자 축에 들어간다. 더욱이 강남 거주 고령자를 중심으로 강남 부동산을 경유지가 아니라 종착지로 생각하는 인식 변화도 생겨났다. 강남은 교육, 일자리 등에서 다른 지역보다 프리미엄을 가진 동네다. 은퇴하고 자녀교육을 마치면 외곽으로 떠나야 하는데 꿈쩍도 하지 않는다. 그 윗세대들이 전원을 찾아 떠났다가 다시 되돌아오지 못하는 '슬픈 스토리'를 자주 들어서다. 간접적인 경험치와 학습효과가 누적되면서 머리가 희끗희끗해도 도심에 머물러 있으려고 한다. 강남 아파트값이 치솟는 이유는 또 다른 이유가 된다.

주거공간의 초양극화 사례는 대구에서도 엿볼 수 있다. 대구 인구는 2025년 3월 현재 236만 493명으로 부산(325만 9,219명)보다 100만 명 정도 작은 도시다. 그런데도 최고가 아파트값은 부산과 맞먹는다. 부가 '리틀 강남'으로 불리는 수성구(특히 범어동)로 쏠리기 때문이다. 부산만 해도 부촌이 '해수동(해운대구·수영구·동래구)'으로 분산되어 있으나 대구는 한곳으로 몰린다. 이러다 보니 대구는 '같은 지역이 맞나'라는 말이 나올 정도로 극심한 지역 차별화 현상이 나타난다. 수성구에서 미래에 나타날 주거공간의 초슬림화를 미리 보는 게 아닌가 하는 생각이 들 때가 많다.

주거지역 분화 :
모여 사는 곳이 서로 다르다

_____ 며칠 전 우리나라 제2의 수도인 부산의 주택시장을 둘러봤다. 원도심의 상징인 동구 보수동과 영도구 신선동 일대부터 찾았다. 보수동 헌책방 거리에서 시작되는 언덕은 꽤 가팔랐다. 언덕을 걸어가다 한 주민에게 이곳이 낙후된 이유를 물어봤다. 그랬더니 "지대가 너무 높은 데다 쪼개기가 많아 재개발할 수 없다"고 말했다. 더욱이 고지대의 집도 1층짜리 단독주택이 아니라 다세대주택이나 빌라들이 꽤 들어서 있었다. 재개발을 추진하려고 해도 수익성을 맞추기 힘들었을 것이다. 곳곳에 낡은 빈집이 보였다. 도시가스가 들

어오지 않는지 길가에 LPG 판매업소가 있었고 집수리 업소들도 눈에 띄었다. "고지대에 교통이 너무 불편하니 젊은이들이 다 신도시나 양산, 김해로 떠났지요." 또 다른 주민의 말을 듣고 보니 머리가 희끗희끗한 어르신들만 눈에 많이 띄었다. 다시 택시를 타고 빈집이 많다는 영도구 신선초등학교를 둘러봤다. 신선동은 보수동보다 언덕이 가파르지 않았다. 신선초등학교 앞은 왕복 4차선의 도로가 개설되어 있었다. 도로 아래 야트막한 구릉지에는 아파트가 들어앉았다. 하지만 도로 위는 낙후 주거지로 곳곳에 허름한 단독주택이 있었는데 빈집이 많았다. 이곳 역시 젊은층은 아파트에, 어르신은 비(非)아파트에 많이 산다. 고지대에서 마을버스를 타고 내려오는데 젊은층은 거의 없었다. 부산 젊은이들이 다 어디로 갔을까? 하단역에서 내려 버스를 타고 강서구 명지국제신도시를 찾았더니 답을 얻을 수 있었다. 대학 시절 찾았던 을숙도를 지나니 평지의 고층 아파트 단지가 나타났다. 길가에 하교하는 아이들이 눈에 많이 띄었다. 이곳에 와서 놀란 점은 상권이 그나마 활성화되어 있다는 것이다. 상가 건물에 수학 학원과 태권도 학원, 치과와 내과병원, 헌책방, 맥도날드, 서브웨이, 맘스터치, 피트니스센터 간판이 눈에 들어왔다. 아이를 키우는 젊은층이 이곳에서 둥지를 튼 것이다. 직장을 찾아 수도권으로 이동한 젊은층도 있겠지만 부산 시내의 신도시로 주거지를 옮긴 셈이다. 명지국제신도시가 위치한 명지동은 지방 광역시에서 젊은 인구 비중이 높기로 유명한 곳이다. 젊은이는 신도시, 고령자는 구도심에 많이 살면서 연령별로도 주거지가 분화되고 있다. 부산의 원도심 공동화는 바로 편의성을 찾아 떠나는 젊은층의 주거 니즈와 맞물려 있다. 부산은 서울과는 달리 구도심 부활이 쉽지 않겠다는 생각도 들었다. 수익성을 무시하고 막대한 국고를 투입하지 않는 한 말이다. '사람보다 비둘기가 많이 산다'는 부산의 원도심은 재개발, 재건축이 힘든 수도권 외곽지역의 미래가 될 수 있다.

인류 주거의 역사는
편의성 추구 과정

_____ 사막에서 낙타는 가시가 있는 선인장을 잘 먹는다. 낙타의 입천장과 혀가 매우 두꺼운 데다 볼 안쪽에는 딱딱한 돌기도 있어 가시에 찔려도 잘 견딜 수 있게 돼 있기 때문이다. 아마도 풀 한 포기 없는 척박한 사막에서 살아남기 위해 진화한 덕분일 것이다. 뭐라도 먹어야 살아남으니까. 우리는 "어떻게 저렇게 많은 가시를 먹을까?"라고 신기하게 바라볼 수 있지만, 낙타는 처절한 생존투쟁의 산물이다. 하지만 한국으로 '이민' 온 낙타는 선인장을 잘 먹지 않으려고 한다. 맛있고 여린 풀이 지천에 깔렸으니 굳이 선인장 같은 거친 음식은 성에 차지 않을 것이다.

인간이든 동물이든 환경에 적응하면서 산다. 처음에는 어색하지만, 세월이 흐르면 자신도 모르게 그 환경에 맞춰 살아간다. 낙타의 모습을 보면서 문명의 이기를 떠올린다. 인간은 어느 순간 문명의 이기를 당연시하는 삶을 살아간다. 어디를 가든 승용차가 있어야 하고, 부채보다 에어컨을 찾는다. 요즘은 산속 절에서도 에어컨을 튼다. 인간은 한 번 문명의 이기에 빠지면 불편함을 못 견딘다. 아파트는 편의가 극대화된 주거공간이다. 아파트에 한 번 살아본 사람은 단독주택이나 전원주택에 살려고 하지 않는다. 그만큼 편하기 때문이다. 오죽하면 '편리미엄(편리+프리미엄)'이라는 신조어까지 나왔을까. 편리 그 자체가 프리미엄이라는 얘기다. 그래서 아파트를 찾는 사람들은 늘어나고 건설사들은 이에 맞춰 자꾸 짓는다. 빈 땅이 생기면 아파트만 짓다 보니 곳곳에 아파트 공화국이 되었다. 인구가 줄어드는 지방 중소도시를 가보라. 도로나 가게는 그 이전에 비해 크게 달라진 게 별로 없는데 고층 아파트만 빼곡히 들어선 모습을 보고 놀란다. 우리나라 사람들이 아파트에 중독된 게 아닌가 하는 생각도 든다.

얼마 전 세미나에서 한 인구전문가가 향후 고층 아파트는 일본처럼 심각한 공실이 생길 수 있으며 선호도가 단독주택으로 바뀔 것이라고 주장했다. 토론시간에 필자(박원갑)는 개인적으로 그렇게 보지 않는다고 답했다. 아파트 문화는 주거문화의 대세가 될 것이다. 국토교통부의 조사 결과에 따르면, 2024년 말 기준 13만 4,000가구의 빈집이 앞으로 늘어나겠지만 단독주택(농가주택, 다가구주택 포함)부터 먼저 생기고 아파트는 최후의 빈집이 될 것이다. 요즘 젊은이들은 아파트가 아니면 결혼도 하지 않겠다는 세대가 아닌가. 도시 미학이나 건축학적으로 아파트를 보지 말고 주거의 효용성과 편리성 차원에서 바라봐야 한다. 도시에 고층 아파트만 짓는 획일주의 주거문화가 문제인 것은 맞다. 하지만 그런 당위성과 인간의 욕망이 투영되는 시장 흐름은 다르다. 부산 원도심에서 보듯 단독주택에는 주로 베이비붐 세대나 전통 세대, 아파트에는 MZ 세대가 즐겨 산다. 젊은 세대에게는 아파트살이가 편리할 뿐만 아니라 자녀교육에도 유리하기 때문이다.

충남 당진에 농사를 짓고 사는 30대 후반 A씨는 집이 두 채다. 하나는 시내 아파트, 또 하나는 농가주택이다. 아파트는 그가 구입한 것이고, 농가주택은 부모님이 돌아가시면서 물려준 것이다. 그는 아파트에 살고 농가주택에는 주로 트랙터 등 각종 농기계를 놔둔다. 말하자면 농가주택은 농기계 보관소인 셈이다. 요즘 젊은이는 한적한 시골 읍내에 살아도 단독주택보다는 아파트살이를 꿈꾼다. MZ 세대의 아파트 편식현상을 그대로 드러낸다. 로제의 '아파트' 노래가 유행한 것도 요즘 시대 주거문화를 그대로 투영하는 게 아닐까 싶다.

미래를 보려면 젊은 여성의
공간 욕망을 읽어라

부동산학계 한 연구논문을 보니 여성에게 주거 만족은 주로 내부공간의 품질이 영향을 많이 미친다. 여성은 층간소음이나 음식쓰레기 등 악취에 민감하게 반응한다. 하지만 남성의 주거 만족 초점은 집을 둘러싼 외부공간으로 향한다. 대중교통 편리성이나 집 주변의 의료, 상업시설이 주거 만족에 큰 영향을 미친다. 개인적인 생각이지만 주택 외관도 남성이 더 따질 것이다. 사실 고층 아파트는 폭력적이고 배타적인 공간이다. 도시 경관을 해치고 이웃 간의 단절 같은 폐해가 큰 주거공간이다. 이런 시각은 남성 중심 사고방식일 수 있다. 여성은 외관보다 내부의 기능과 편리성에 초점을 맞춘다. 아파트 전성시대는 압축적 공간에서 가사노동을 줄이려는 여성들의 주거 효용성 추구가 결정적인 영향을 미쳤다. 어찌 보면 주거의 역사는 집안에서 여성들의 동선이 짧아지는 과정이다.

필자(박원갑)는 18년 전 『10년 후에도 흔들리지 않는 부동산 성공법칙』(2008)에서 아파트 쏠림 현상이 나타날 것으로 예견했다. 당시 장 제목이 '고령사회에도 아파트 인기는 식지 않는다'였다. 어느 정도 예상이 적중한 것은 바로 여성들의 시각에서 주택문화를 바라봤기 때문이다. 미래 주거문화 트렌드 역시 여성, 특히 젊은 맞벌이 여성의 주거욕망을 읽으면 어느 정도 보인다.

2024년 말로 우리나라는 고령자들이 전체 인구의 20%를 넘는 초고령사회로 접어들었다. 초고령사회에서도 아파트 인기는 계속될 것이다. 아파트는 MZ 세대뿐만 아니라 그다음 세대인 알파 세대(2010년대 초반~2020년대 중반 출생)에게도 친숙한 주거공간이기 때문이다. 통계청 조사 결과, 우리나라 아파트는 2023년 기준 1,263만 채로 총 주택의 64.6%를 차지한다. 택지지구나 신도시에 짓는 집은 대부분 아파트다. '아파트 공화국'에 대한 여러 부정적인 견해에도 불구하고 아파트 비중이 곧 70%에 도달할 전망이다. 요즘도 그렇지만 미래에도 고층 아파트가 우리나라의 핵심 주거지로 자리 잡을 것이다. 고층 아파트 재건축과 리모델링 문제가 심각한 사회문제가 될 수 있다. 그럼에도 불구하고 개인적으로 좋아하든, 싫어하든 도시지역에서 주기공간은 갈수록 하늘로 뾰족하게 치솟는 '맨해튼화'가 대세가 될 것이다.

국민연금만 믿을 수는 없다
미리 대비하는 7가지 자산관리법

저출산으로 젊은이는 줄어드는데, 수명연장으로 늙은이는 늘어나고 있다. 문제는 인구구조의 변화다. 늘어나는 고령인구를 부양할 경제활동인구 감소가 문제의 핵심이다.

문제의 원인이 분명해졌으니 대책도 명확해졌다. 우선 출산율을 높여야 한다. 이것이 가장 근본적인 대책이기는 하지만, 한 번 떨어진 출산율을 다시 끌어 올린다는 게 말처럼 쉽지 않다. 그게 쉽다면 지금 이런 일로 고민하고 있지도 않을 것이다. 출산율이 상승해도 그들이 경제활동인구로 편입되기까지는 시차가 존재한다. 게다가 당분간 아이들을 부양해야 하는 경제활동인구의 부담 또한 늘어난다.

남은 방법은 부양 받는 기간을 단축하는 것이다. 은퇴 후에도 스스로가 스스로를 부양하는 시스템을 갖춰야 한다. 남들에게 기댈 생각하지 말고 각자도생(各自圖生)해야 한다. 첫 번째 고비는 퇴직 후 국민연금을 수령할 때까지의 소득공백기간이다. 이 기간을 어떻게 보내느냐가 인생 후반을 좌우한다.

소득공백기간을 건널
징검다리 준비

"월급은 끝났다. 연금은 멀었다. 화가 난다." 퇴직 후 국민연금을 받을 때까지의 소득공백기간을 대하는 은퇴자의 심경을 드러낸 말이다. 법정 정년은 60세이지만, 노령연금 개시연령은 이보다 한참 늦다. 1969년 이후 출생자는 65세부터 노령연금을 수령할 수 있다. 운 좋게 정년까지 일한다 해도 최소 5년의 소득공백이 있는 셈이다. 소득공백기간을 안전하게 건너가려면 징검다리가 있어야 한다.

첫 번째 징검다리 돌은 퇴직연금이다. 퇴직금을 일시금으로 수령하면 퇴직소득세를 납부해야 하지만, 연금계좌(연금저축, IRP)에 이체하고 연금으로 수령하면 퇴직소득세를 30~40% 감면받을 수 있다. 퇴직연금은 55세부터 받을 수 있기 때문에 절세도 하면서 소득공백도 메울 수 있다.

연말정산 때 세액공제 혜택을 받으려고 연금계좌에 저축을 하는 직장인도 많다. 연금계좌에는 한해 최대 900만 원까지 세액공제 혜

소득공백기간 동안 소득원으로 활용할 수 있는 연금

종류	연금 수령 요건	검토 사항
퇴직연금	퇴직급여를 연금계좌(연금저축, IRP)로 이체한 다음 55세부터 연금 수령 가능	• 일시금 수령 시 퇴직소득세 부과 • 연금수령 시 퇴직소득세 30~40% 감면
연금계좌 (연금저축, IRP)	가입기간이 5년 이상이고, 가입자가 55세 이상이면 연금 개시 가능	• 연금수령 시 저율과세(세율 3.3~5.5%)
조기노령연금	소득활동에 종사하지 않는 자는 노령연금 개시를 최장 5년 앞당길 수 있음	• 연금 수령을 1년씩 앞당길 때마다 연금수령액은 6%씩 감액됨
주택연금	보유주택 공시가격이 12억 원 이하이고, 연장자가 55세 이상이면 연금수령 가능	• 조기 수령 시 이자 부담 증가 우려

자료: 김동엽, 미래에셋투자와연금센터

택을 받으며 저축할 수 있다. 이렇게 세액공제를 받으며 적립한 금액과 수익은 55세부터 연금으로 수령할 수 있어, 이 또한 징검다리 돌로 활용할 수 있다.

노령연금 개시를 앞당길 수도 있다. 소득활동에 종사하지 않는 자는 노령연금을 최장 5년 앞당겨 수령할 수 있는데, 이를 조기노령연금이라 한다. 하지만 일찍 받는 대신 적게 받아야 한다. 연금개시를 1년씩 앞당길 때마다 연금액이 6%씩 감액된다. 연금개시를 5년 앞당기면 연금액이 30% 감액된다.

거주 주택을 담보로 주택연금을 신청할 수도 있다. 부부 중 연장자가 55세 이상이고, 보유주택의 공시가격이 12억 원 이하면, 주택연금을 신청할 수 있다. 다만 주택연금을 일찍 개시하면 연금액은 줄고, 이자 부담은 늘어나기 때문에 신중하게 개시시기를 결정해야 한다.

연금겸업하며
점진적으로 은퇴 준비

　　　　　　　연금만 갖고 소득공백기간을 버텨낼 수는 없다. 일을 함께 해야 한다. 상당수 근로자들은 주된 직장에서 퇴직하고 나서 완전히 은퇴할 때까지 몇 차례 더 재취업과 퇴직을 반복한다. 이 과정에서 근로시간과 소득이 차츰 감소한다. 따라서 직장인에게 은퇴는 단절적인 사건이 아니라 점진적인 과정으로 봐야 한다.

　재취업 일자리에서 받는 급여가 그리 넉넉한 편은 아니다. 특별한 능력과 경력을 인정받아 채용되는 것이 아니라면, 정년 이후 재취업한 사람들이 받는 급여는 최저임금을 조금 상회한다고 한다. 소득이 감소하는 것은 상용직에서 임시직으로, 전문직에서 단순노무직으로 일자리의 속성이 바뀌기 때문이다. 하지만 이 같은 점진적 은퇴과정은 재무적으로 큰 도움이 된다.

　정년퇴직 이전 월급이 차지하고 있던 자리를 노령연금만으로 채우기는 버겁다. 하지만 노령연금에 재취업 일자리에서 받는 급여를 더하면 사정이 달라진다. 넉넉하고 풍요롭지는 않아도 안정적인 생계를 유지할 수준으로 된다. 그리고 은퇴자산의 조기 소진을 막을 수 있다. 이렇게 일과 연금을 함께하는 것을 '연금겸업(年金兼業)'이라고 한다. 장수시대에는 연금겸업 하며 점진적으로 은퇴해야 한다.

현역시절에는 맞벌이,
은퇴 후에는 연금 맞벌이

요즘 사오십 대의 유배우 가구 중 절반 이상이 맞벌이를 한다고 한다. 혼자 벌어서는 생활비를 감당하기 버겁기 때문이다. 현역시절만 그런 게 아니다. 은퇴 후 노후생활비도 혼자 받는 연금만으로 감당하기 힘들기는 마찬가지이다. 부부가 함께 연금을 받을 수 있는 기반을 마련해야 한다. 부부가 꾸준히 맞벌이를 해왔다면 연금 맞벌이 준비가 수월하다. 부부가 각각 퇴직연금도 받고 노령연금도 받을 수 있기 때문이다.

문제는 외벌이 부부다. 현역시절 외벌이는 은퇴 후 '연금 외벌이'로 이어질 가능성이 크다. 이 경우 연금 맞벌이를 하려면 준비가 필요하다. 먼저 전업주부는 국민연금 임의가입을 고려해야 한다. 임의가입 후 10년 이상 보험료를 납부하면 노령연금을 받을 수 있다. 경력단절 전업주부는 과거 직장에서 국민연금 보험료를 납부한 기간과 임의가입 후 보험료를 납부한 기간을 합쳐 10년이 넘으면 노령연금을 받을 수 있다. 그리고 경력단절 기간에 납부하지 않은 보험료를 추후 납부할 수도 있다. 과거 직장에서 퇴직하면서 국민연금공단에서 반환일시금을 수령한 이들도 있는데, 이 경우 반환일시금에 이자를 더해 반납하면 가입기간을 회복할 수 있다. 60세 이후에도 임의계속가입 신청을 해서 가입기간을 늘릴 수 있다.

국민연금 가입기간을 늘려 노령연금 더 받는 법

종류	주요 내용
임의가입	국민연금 의무가입 대상이 아닌 만 18세 이상 60세 미만인 자가 본인 신청으로 국민연금에 가입할 수 있도록 한 제도
추후납부	국민연금 가입자가 과거 납부예외기간 또는 적용제외기간에 내지 않은 보험료를 납부할 수 있도록 한 제도
반환일시금 반납	종전에 수령한 반환일시금에 소정의 이자를 더해 반납하면, 종전 가입기간을 복원해주는 제도
임의계속가입	60세에 도달하여 국민연금 가입자격을 상실한 이후에도, 본인이 신청하면 보험료를 납부할 수 있도록 한 제도

자료: 김동엽, 미래에셋투자와연금센터

인플레이션에 대비해 지속적 투자

　　　　　　　　인플레이션은 조용히 다가와 서서히 구매력을 떨어뜨린다. 그래서 눈치채기 어렵다. 우리 삶에서 인플레이션이 미치는 영향이 얼마나 되는지, '가족계획의 달' 기념 우표로 이야기를 해보자. 우리나라에 가족계획의 달이 시행된 것은 1965년이다. 당시 가족계획의 달을 기념해서 발행된 우표 가격이 4원이었다.

'아들딸 구별 말고 둘만 낳아 잘 기르자'고 외치던 1970년대 우편 요금은 20원이었고, '잘 키운 딸 하나, 열 아들 안 부럽다'고 말하던 90년대에는 80원짜리 우표를 붙여야 편지 한 통을 보낼 수 있었다. 지금 보통우편 요금은 430원이다. 지금 보통우편을 한 통 보내려면 1965년에 발행된 가족계획의 달 기념 우표 108장을 우편봉투에 붙여야 한다.

1965년부터 2025년까지 60년 세월이 흐르는 동안 우편요금은 연평균 8.1%씩 상승한 셈이다. 그런데 은행 정기예금 금리는 채 3%가 안 된다. 가만히 정기예금에 돈을 묻어두면 시나브로 구매력이 떨어진다. 물가상승률이 높지 않다고 방심해서도 안 된다.

매년 물가가 2%씩 상승한다고 해보자. 지금 100개 살 수 있던 물건을 20년 지나면 67개, 30년 후에는 55개만 살 수 있다. 매년 물가가 5%씩 상승하면 지금 돈의 가치는 30년 후에 4분의 1로 떨어진다. 이렇게 인플레이션은 조용히 다가와 서서히 구매력을 떨어뜨리기 때문에 '침묵의 암살자'라고 한다. 인플레이션을 이기기 위한 투자는 계속되어야 한다.

노후준비 상황을
자녀에게 알린다

"부모님은 노후준비를 어떻게 하고 있나요?" 요즘 결혼을 앞둔 젊은이들은 결혼 상대에게 부모님의 노후준비 현황에 대해 물어본다고 한다. 지금 50대 부모의 자녀들은 저출생이 본격화된 이후 태어났다. 외동아들과 외동딸이 만나 결혼하면, 둘이서 부모 넷을 부양해야 하는 상황이 발생할 수도 있다. 이쯤 되면 배우자 부모의 노후준비 상황이 궁금할 수도 있겠다 싶다.

이제 자녀를 부양하느라 노후준비를 못했다는 핑계를 대기도 어렵게 됐다. 자녀에게 부담을 주지 않으려면 노후준비를 잘 해야 한다. 아니 그것으로 부족하다. 성인이 된 자녀에게 본인과 배우자의 노후준비 상황을 알리고 의논해야 한다. 부모가 몇 살에 은퇴할 예정인지, 노후생활비는 얼마나 필요하고 부족하지 않은지 자녀도 알아야 한다. 부모의 노후는 자녀의 미래이기도 하다.

언젠가 싱글이 될 때를 대비

한때 "검은 머리가 파뿌리가 될 때까지 백년해로 하라"는 주례사가 유행했던 시절이 있었다. 하지만 이 같은 다짐을 한 부부도 한날한시에 죽는 일은 드물다. 결국 부부 중 한 사람은 언젠가 싱글이 된다. 그렇다면 본인이 먼저 죽을 때 배우자가 수령하는 연금에는 어떤 변화가 있는지, 반대로 배우자가 먼저 사망했을 때 본인의 연금소득은 어떻게 달라지는지 크로스로 체크해 봐야 한다.

부부가 모두 노령연금을 받는 경우를 예로 들어보자. 노령연금 수급자가 사망하면 배우자에게 유족연금이 지급된다. 하지만 배우자는 자신의 노령연금과 배우자 유족연금을 함께 받을 수 없다. 둘 중 하나를 선택해야 한다. 유족연금을 선택하면 본인의 노령연금은 못 받고, 유족연금을 포기하면 유족연금의 30%를 자신의 노령연금에 더해서 수령한다.

치매에 따른
자산동결에 대비

───────── 수명이 늘어나면서 고령치매 환자도 빠르게 늘어나고 있다. 치매 환자는 자기 재산이 어디에 있는지 몰라서 찾아 쓰지 못한다. 설령 배우자와 자녀는 재산이 어디 있는지 안다고 하더라도 자기 재산이 아니기 때문에 함부로 찾아 쓸 수 없다. 연금수령계좌에 돈이 쌓여 있더라도 빼 쓰지는 못하고 물끄러미 바라볼 수밖에 없다. 그야말로 그림의 떡인 셈이다. 노인대국 일본에는 이 같은 상황을 두고 '자산동결' 또는 '돈이 치매에 걸린다'라고 한다. 이 같은 문제를 미연에 방지하려면, 연금수령계좌를 포함해 자산과 소득현황을 잘 정리해둘 필요가 있다.

3장

경제적 기회는 어디서 찾을 수 있을까?

고성장이 외면했던 실속 있는 틈새시장을 찾아라

인구구조 변화는 한국 노동시장의 전반적 축소를 가져오고 있지만, 산업별로 나타나는 노동공급과 수요의 흐름은 매우 상이하다. 일부 산업은 공급과 수요가 동시에 감소하고 있는 반면, 어떤 산업은 공급이 줄고 있음에도 수요는 늘고 있으며, 또 다른 산업은 공급이 오히려 증가하면서 수요를 초과하는 경우도 있다. 이러한 수요-공급 간의 격차는 산업별 노동환경, 진입장벽, 자동화 가능성, 사회적 수요 등과 밀접하게 연관된다.

이철희(2024)에 따르면, 음식점 및 주점업은 향후 노동공급이 약 66만 명, 수요는 67만 명 감소할 것으로 예상된다. 공급보다 수요 감소가 더 크긴 하지만 여전히 대체인력 확보에 어려움이 큰 대표 산업이다. 유사한 구조를 보이는 소매업이나 도매업, 사업지원 서비스업 등도 노동공급이 급감하는 가운데 수요도 줄고 있지만, 공급 감소 속도가 더 빠르거나 노동환경의 질이 낮아 불균형이 심화될 가능성이 크다.

반면, 사회복지 서비스업은 고령화에 따라 수요가 38만 명 이상 증가할 것으로 전망된다. 공급은 이에 미치지 못하는 수준이다. 특히 처우, 이직률, 육체적·감정적 부담 등으로 인해 공급 확충이 구조적으로 어려운 산업이기도 하다. 비슷하게 보건업이나 과학기술 서비스업, 교육서비스업도 수요는 크게 늘어나고 있으나, 전문인력 확보가 쉽지 않아 수요-공급 간 불균형이 예상된다.

이러한 산업 간 격차는 단순히 인구수 감소의 문제가 아니라 어떤 산업이 미래 사회에서 생존하고 성장할 수 있을지에 대한 방향성을 제시해준다. 인구구조 변화가 산업구조를 재편하는 기제가 될 수 있는 것이다. 이 지점에서, 기업에게는 새로운 전략적 판단의 기회가 열린다. 노동공급이 줄어드는 산업에 계속 머무를 것인가, 아니면 수요가 증가하는 산업군으로 전략적 포지셔닝을 시도할 것인가? 한국 사회 전체가 '줄어드는 파이'를 나누는 경쟁에 갇혀 있을 때, '새롭게 커지는 파이'를 찾아 나서는 기업에게는 오히려 더 넓은 기회가 기다리고 있을 것이다. 사회복지, 교육, 헬스케어, 물류, 과학기술 서비스업 등의 분야에서 향후 20년간 수요가 급증할 것으로 내다보고 있다. 한편, 가구당 평균 인원 감소, 1인 가구 부상, 고령화 인구 비중 확대, 외국인 유입 증가 등의 현상은 기업이 그동안 고려하지 못했던 새로운 고객층이 나타나고 있음을 의미한다. 따라서 아이가 없는 기혼 가정이나 1인 가구의 라이프스타일에 맞춘 제품 및 서비스, 고령인구를 겨냥한 바이오 및 헬스케어 시장, 해외에서 유입된 외국인들을 대상으로 한 다양한 시장도 창출될 수 있다. 이들 산업은 대부분 대량 생산이 아닌 고도화된 맞춤형 서비스를 요구하기 때문에 중소·중견기업 또는 민첩한 스타트업에게도 기회가 될 수 있다.

전략적 포지셔닝의 시도

_____ 이제는 '많이, 빠르게 팔기'보다 '오래, 꾸준히 소비되는 구조'를 만드는 것이 기업의 새로운 과제가 되었다. 또한 인구 감소와 고령화가 가속화되면서 대규모 소비 대신 '작지만 확실한 수요', 즉 소확행 시장이 새로운 성장 기회가 되기도 한다. 예를 들어, 고령층을 위한 프리미엄 헬스케어, 1~2인 가구를 겨냥한 소형 주거 서비스, 시니어 맞춤형 금융상품, 초개인화된 라이프스타일 제품과 서비스들이 주목받고 있다. 소비자 수는 줄어들지만, 그만큼 개별 소비자의 요구를 정교하게 파악하고, 장기적 신뢰를 바탕으로 관계를 구축하는 전략이 더욱 중요해지고 있다. 생활권 중심의 지역 유통, 소포장 및 커스터마이징 제품, 배송 최적화 등 일상에 밀착된 서비스와 제품 개발이 중요해지는 것도 이와 맞닿아 있다.

이러한 변화가 기업에 어떤 기회를 제공하는지, 그리고 저출산·

고령화 시대에 어떻게 대응할 수 있을지를 살펴보자.

액티브 시니어의
출현과 실버산업

고성장이 멈춘 시대, 인구 고령화는 틈새시장을 넘어 거대한 신시장으로 열리고 있다. 그 중심에는 바로 베이비붐 세대와 액티브 시니어(Active Senior)가 있다. 베이비붐 세대는 산업화와 경제성장을 몸소 겪으며 자산을 축적한 세대로, 단순한 고령 소비층이 아니라 강력한 구매력을 지닌 핵심 소비층으로 부상했다. 미국, 일본, 중국, 그리고 한국 모두 베이비붐 세대가 본격적으로 고령층에 진입하면서 실버산업은 빠르게 성장하고 있다.

미국은 약 8,000만 명에 이르는 베이비붐 세대(1946~1965년생)가 2030년까지 65세 이상 고령층으로 편입된다. 이들은 충분한 자산과 연금소득을 바탕으로 은퇴 후에도 활발한 소비를 이어가고 있다. 일본은 고령인구 비율이 세계 최고 수준에 이르렀고, '단카이 세대(1948년 전후 출생)'라 불리는 베이비붐 세대가 생활용품, 주거, 의료 등 다양한 분야에서 실버산업을 주도하고 있다.

고령인구가 가장 많은 국가인 중국은 역사상 3번의 베이비붐 세대가 존재했다. 그중 2차 베이비붐 세대(1962~1976년생)가 조만간 고령층에 진입하면서 빠르게 고령화가 이루어질 것으로 보인다. 2035년에는 65세 이상 고령인구 비율이 20%에 이르며 초고령사회에 진입하게 된다. 중국의 베이비붐 세대는 외국 문화를 수용하기 시작한 세대로 강력한 소비 트렌드와 잠재력을 지니고 있다. 미용·건강·패션 분야에 대한 구매력이 높고 온라인 쇼핑을 활용한 구매 비중이 높아 실버산업에 변화를 일으키고 있다.

한국의 베이비붐 세대(1955~1964년생)는 6·25전쟁 이후 출생률이 급격히 증가한 세대로 2020년부터 65세 이상 고령층에 진입하고 있다. 이들은 1980~90년대 한국의 급속한 경제성장을 경험하며 경제활동에 적극적으로 참여해 자산을 축적했다. 일제강점기와 한국전쟁 등을 경험한 이전 세대와는 확연히 다른 사고방식과 라이프스타일을 보인다. 정보통신기술이 접목된 기기와 서비스를 활용할 수 있는 세대로 관련 산업에 대한 수요도 높을 것으로 예상된다.

고령화를 먼저 경험한 국가들을 살펴보면, 베이비붐 세대가 은퇴 연령에 진입하면서 실버시장을 이끄는 주도세력으로 등장했음을 알 수 있다. 이러한 변화 속에서 등장한 개념이 바로 액티브 시니어다. 액티브 시니어는 충분한 소득과 건강을 바탕으로 활발하게 소비하고, 자발적으로 사회활동에 참여하는 고령층을 뜻한다. 과거의 '돌봄 대상'으로 인식되던 시니어와는 다르다. 이들은 자기계발, 여행, 운동, 레저에 적극적으로 투자하며 디지털 기술에도 능숙하다.

LG경영연구원의 2023년 리포트에 따르면, 코로나19 이후 시니어 소비는 오히려 젊은층보다 빠르게 회복되고 성장하는 모습을 보였다. 식료품 소비, 운동 지출, 고급 가전 구매, 자동차 구매 등 다양한 분야에서 액티브 시니어의 소비가 크게 늘어났다. 예컨대 55~59

세 식료품 소비는 젊은 세대의 두 배에 육박했으며, 고성능 커피머신, 뷰티기기, 헬스케어 제품 구매도 활발해졌다.

액티브 시니어는 앞으로도 꾸준히 늘어날 것으로 보인다. 2057년까지 시니어 인구는 지속적으로 증가할 전망이며, 이들의 구매력 역시 장기간 유지될 것으로 예측된다. 따라서 실버산업은 인구감소에도 불구하고 유일하게 장기적 성장 잠재력을 가진 시장이라 할 수 있다.

틈새에서 주류로 확장한 실버시장

고령화가 심화되면서 국내외 여러 기업들은 시니어층을 겨냥한 맞춤형 전략으로 틈새시장에서 새로운 기회를 창출하고 있다. 일본의 파나소닉은 고령자를 위한 소형 가전 라인업을 확대해 사용이 간편한 전자레인지, 조작이 쉬운 세탁기 등으로 시니어 가전 시장을 선점했고, 노인을 위한 라스베이거스 테마 요양시설 '라스베이거스 스즈키(Las Vegas Tsuzuki)'는 즐거운 여가 활동과 치매 예방이라는 복합적 가치를 제공하며 주목받았다. 또 거동이 불편한 노인을 위한 이동식 편의점 서비스는 생활 편의성을 극대화한 대표 사례다. 후지쯔(Fujitsu)는 GPS와 생체 모니터링 기능을 결합한 '스마트 지팡이'를 개발해 기술 기반의 고령자 안전 솔루션을 제시했고, 시세이도는 시니어 여성 전용 화장품 브랜드 '프리오르(PRIOR)'

를 출시하고 무료 메이크업 강좌를 운영하며 시니어 뷰티시장을 선도하고 있다.

이탈리아에서는 돌봄 인력 비용 부담이 커지자 이를 대체할 수 있는 대화형 돌봄 로봇을 적극 도입하고 있으며, 중장년층 소비자들이 주도하는 건강식 트렌드도 유기농·무첨가 식품 중심으로 확산되고 있다. 프랑스는 시니어 모델을 앞세운 뷰티 캠페인과 '멋있게 나이 들기(Bien Vieillir)' 문화를 확산시켜 실버산업을 새로운 고용 기회로 연결시키고 있다. 독일의 지멘스는 보청기 브랜드 '시그니아(Siginia)'를 출시해 사회적 낙인을 줄이고 세련된 디자인을 강조한 '스타일레토 커넥트(Styletto Connect)' 제품 라인업으로 에이지리스 디자인(Ageless Design)의 성공 가능성을 입증했다.

미국에서는 세계 최대 규모의 '홈 인스테드 시니어 케어(Home Instead Senior Care)'가 방문형 돌봄 서비스를 운영하며 고령자의 주거 독립성과 돌봄 욕구를 모두 충족시키고 있다.

국내에서도 고령층을 위한 다양한 서비스가 확산 중이다. 예컨대 '케어닥'은 요양시설 검색, 간병인 매칭, 시니어 하우징 등 통합 서비스를 제공하는 국내 대표 시니어 케어 플랫폼이며, 롯데홈쇼핑은 50대 이상을 타깃으로 한 유튜브 채널 '롯튜브'를 운영해 시니어 맞춤 콘텐츠를 제작하고 있다. 또 아모레퍼시픽과 삼성전자, LG전자는 프리미엄 뷰티기기를 시니어 여성 중심으로 마케팅하면서, '뷰티 디바이스 큰손'으로 부상한 중장년층의 소비 트렌드를 주도하고 있다.

이제 고령층은 단순한 복지 대상이 아니다. 자신을 표현하고, 적극적으로 소비하며, 삶의 질을 추구하는 주체이다. 이런 변화를 먼저 읽은 기업들은 실버시장을 '틈새시장'이 아니라 '주류시장'으로 끌어올리고 있다. 기술, 디자인, 서비스, 콘텐츠 등 다양한 분야에서 시니어와 정서적으로 연결되고, 그들의 감성과 생활에 맞춘 새로운 가치를 제시한 기업들이 나타나고 있다. 이는 단순히 시장을 넓히는 것을 넘어, 고령화사회에서도 지속가능한 성장의 가능성을 보여주는 사례들이다.

실버산업에 주목하는 기업이라면 가장 중요한 것은 '고령화 대책'이라는 접근을 넘어서 고령층을 '새로운 주류 소비자'로 인식하는 시각의 전환이다. 기업들은 제품이나 서비스를 기획할 때는 '노인'이라는 전통적인 이미지보다는 젊은 감각을 담은 에이지리스 디자인, 시니어의 소속감과 관계 욕구에 대한 이해, 고령자 친화적인 설계와 기능 등을 고려해야 할 것이다.

테크 기업이 주목하는
돌봄과 가사의 혁신

테크 기업들은 노동력 부족과 생산성 저하에 주목하며, 이를 기술로 해결하고자 하는 시도를 활발히 이어가고 있다.

통계청 자료에 따르면, 가사노동의 생애주기[16] 흐름은 청년기부

---

16 가사노동의 생애주기 적자란 가사노동 소비에서 생산을 뺀 차액을 의미한다. 가사노동 소비가 생

터 흑자로 전환되지만, 75세 이후에는 다시 적자 상태로 돌아선다. 이는 고령기에 접어들며 가정 내에서 생산보다 소비가 많아지고, 신체적 제약이 늘어나는 현실을 보여준다. 동시에 국내 요양보호사 인력의 고령화와 직업 유지율 저하도 심화되고 있다. 60대 이상 요양보호사 비율은 증가하는 반면, 10년 차까지 직업을 유지하는 비율은 35%에 그치고 있다. 즉, 돌봄 수요는 늘고 있으나 공급 기반은 약화되고 있는 것이다.

저출생·고령화로 인한 인력 부족과 생산성 저하 문제는 테크 기업에게 단순한 위기가 아니라 새로운 비즈니스 기회로 다가오고 있다. 돌봄, 건강, 생활 지원 분야 전반에서 기술 혁신이 빠르게 확산되며, 고령사회에 필요한 핵심 인프라로 자리매김하고 있다.

가장 먼저 주목받는 영역은 스마트홈 시스템과 지능형 가전이다. 삼성전자와 LG전자는 세탁기, 냉장고, 에어컨 등 주요 가전에 자체 AI칩을 탑재해 사용자의 생활패턴에 맞춘 스마트 기능을 구현하고 있다. 글로벌 스마트홈 연동 표준인 '매터(Matter)'와 'HCA(Home Connectivity Alliance)'를 기반으로, 서로 다른 브랜드의 기기 간 연결성을 확보함으로써 편의성과 보안성을 동시에 강화하고 있다. 이러한 스마트홈 시스템은 고령자의 움직임과 생체 정보를 감지해 조명이나 가전제품을 자동으로 제어하고, 위급상황 발생 시 보호자나 의

산보다 많으면 적자이고, 생산이 소비보다 많으면 흑자이다. 한국인 가사노동은 인생 최대 흑자가 38세이고, 75세부터 적자 재전환되는 특징을 가진다.

료기관에 알리는 홈케어 서비스로 발전하고 있다. 실제로 국내 스마트홈 시장 규모는 2021년 22조 3,000억 원에서 2025년에는 27조 6,000억 원 수준으로 성장할 것으로 전망된다.

이와 함께 웨어러블 디바이스도 고령자의 자율적 건강관리를 돕는 핵심 기술로 부상하고 있다. 스마트워치, 스마트링 등은 심박수·혈압·체온 등 주요 건강 지표를 실시간으로 측정할 수 있으며, 애플·삼성전자·화웨이 등 글로벌 기업들은 이러한 기능을 고도화하고 있다. 특히 삼성전자는 '갤럭시 링' 등 새로운 형태의 건강 모니터링 디바이스를 출시하며 고령화 시대에 대응한 맞춤형 제품군을 지속 확대하고 있다.

로봇 기술의 발전도 주목할 만하다. 고령자의 신체적 제약을 보완하는 보행 보조 로봇과 시력 보조 스마트 글래스 등 다양한 신체 보조 기술이 현실화되고 있다. 국내 스타트업 셀리코(CELLICO)는 AR 기반 시력 보조 안경 '아이케인(EyeCane)'을, 위로보틱스(WIRobotics)는 허리와 하체에 착용하는 보행 보조 로봇 '윔(WIM)'을 개발해 실사용에 적용하고 있다. 삼성전자 역시 실버타운 등에 보급 중인 근력 강화 로봇 '봇핏(Botfit)'의 상용화를 앞두고 있다. 이 로봇은 바지처럼 착용해 보행을 돕는 웨어러블 장비로, 거동이 불편한 고령자의 이동성과 자립성을 높여주는 장점이 있다.

한편, 로봇 기술은 고령자뿐 아니라 어린이와 청소년을 위한 돌봄 영역에도 확장되고 있다. 1인 가구 증가와 형제 수 감소로 돌봄 공백이 커지면서, 'AI 반려로봇'이나 '학습 돌봄 로봇'이 정서적 안정과 생활 지원을 제공하는 보조자 역할을 하고 있다. 일본 리켄연구소의 간병 로봇 '로베어(Robear)', LG전자의 '스마트홈 AI 에이전트'가 대표적이다.

이처럼 고령사회를 대비한 기술들은 단순한 도구를 넘어 고령자의 독립성과 존엄을 지켜주는 솔루션으로 진화하고 있다. 테크 기업들은 기술을 통해 사람의 일상을 더 안전하고 건강하게 만드는 동시에, 축소경제 속에서도 성장 가능한 새로운 시장의 문을 열고 있다.

기술을 통해 긍정적으로 나이 드는 에이지테크 시장

고령층의 일상과 건강을 지원하는 기술이 빠르게 현실화되는 가운데, 최근 전 세계적으로 주목받는 분야가 바로 '에이지테크(AgeTech)'다. 단순한 보조 기능을 넘어 고령자의 삶의 질을 높이고 자립적인 노후를 가능하게 하는 이 기술은, 고령사회에서 기업이 새롭게 진입할 수 있는 전략적 유망 분야로 부상하고 있다. 에이지테크란 'Age(연령)'와 'Technology(기술)'를 합친 단어로, 고령자의 삶의 질을 향상시키기 위해 ICT, 로봇, AI 등의 기술을 활용하는 산업을 의미한다. 즉 고령층의 독립적인 생활과 건강한 노후를 지원하는 기술 기반 제품과 서비스들이 그 중심에 있다. 스마트홈이나 돌봄 로봇처럼 고령자의 일상 기능을 보완하는 기술부터 인지 저하 예방, 사회적 고립 해소, 금융·건강관리 지원까지 삶 전반을 포괄하는 기술 솔루션으로 확대되고 있다. 고령친화 산업의 글로벌 트렌드로 4차 산업혁명 기술과의 융합을 통해 노인의 자립적 생활을 지원하는 방향으로 산업 패러다임이 변화하고 있다. 에이지테크는 단순한 의료기기나 복지 보조기구가 아니다. 디지털 역량을 갖춘 액티브 시니어들이 빠르게 늘어나면서, 이들은 스마트폰, 웨어러블 디바이스, 음성 인식 기기 등에 적극적으로 반응하고, 자신에게 꼭 맞는 서비스에 기꺼이 비용을 지불하는 소비층으로 성장하고 있다.

미국, 유럽, 일본 등은 고령사회를 선도적으로 경험하고 있는 만큼 에이지테크 분야에서도 빠르게 혁신을 추진 중이다. 미국 은퇴자협회(AARP)의 에이지테크연합(AgeTech Collaborative)은 스타트업, 연구소, 기업을 연결해 고령층 대상 기술 개발을 촉진하고 있다. 이 플랫폼에는 AI 돌봄, 뇌 건강, 낙상 방지, 시니어 커뮤니티 플랫폼 등 다양한 솔루션이 포함되어 있으며, 실증 기반 개발과 정부-민간 협력 모델이 강점이다.

영국의 '브리지(Breezie)'는 고령층이 쉽게 사용할 수 있도록 단순화된 태블릿 인터페이스를 제공하는 서비스다. 가족 간 소통, 원격 진료, 뉴스 열람, 일정 관리 등이 통합되어 있으며, 기술 진입장벽을 최소화해 디지털 고립을 막는 데 기여하고 있다. 일본의 미쓰비시전기와 파나소닉은 고령자를 위한 커뮤니케이션 로봇과 반응형 주거 시스템을 개발 중이다. 예를 들어, 고령자의 표정·걸음걸이·음성 등을 감지해 정서 상태나 이상 징후를 조기에 파악하고, 필요한 경우 가족이나 의료기관에 자동으로 알리는 시스템이다. 프랑스의

'Auxivia'는 고령자 탈수를 방지하는 스마트 컵을 개발했다. 노인이 수분을 충분히 섭취하고 있는지를 감지해 알림을 주는 기능으로, 단순한 제품 하나가 요양시설의 건강관리 방식 자체를 바꾼 사례로 주목받았다.

한국에서도 삼성전자, LG전자, 셀리코, 위로보틱스, 케어닥 등 다양한 기업과 스타트업이 에이지테크 시장에 진입하고 있다. 그러나 에이지테크는 단순히 제품 개발에 그치지 않고, 고령층의 삶을 깊이 이해하고, 사용성이 직관적이며, 심리적 저항을 최소화한 설계가 핵심이다. 특히 사용자의 디지털 숙련도, 신체 기능 저하, 사회적 고립 등 고령층이 처한 복합적 여건을 반영해야 진정한 수요 기반 제품이 될 수 있다.

특히 에이지테크는 정부 정책과의 연계 가능성이 높다. 요양시설, 재가복지, 방문 간병 등 공공서비스 영역에 기술이 접목되면 비즈니스와 복지 효과를 동시에 거둘 수 있는 공공-민간 협력 모델이 가능하다.

앞으로의 에이지테크는 단순한 '도움'에서 벗어나 삶을 더 능동적으로 설계할 수 있는 기술로 진화할 것이다. 돌봄과 의존의 이미지 대신 '기술을 통해 나이 드는 것을 긍정적으로 받아들이는 삶'을 제안하는 브랜드와 서비스가 경쟁력을 갖게 될 것이다.

1~2인 가구 맞춤형 소비시장

고령화와 함께 우리 사회의 또 다른 중요한 변화는 1~2인 가구의 빠른 증가다. 통계청에 따르면, 1인 가구는 2015년 27.2%에서 꾸준히 증가하여 2023년 전체 가구의 약 35.5%를 차지하며, 2050년에는 절반에 육박할 것으로 전망되고 있다. 이러한 인구구조의 변화는 주거 방식, 식생활, 소비성향 등 일상 전반에 영향을 미치며, 기업들에게도 새로운 제품과 서비스의 기회를 제공하고 있다.

특히 혼자 또는 둘이 사는 가구에서는 간편함과 실용성, 공간 효율성이 소비의 핵심 기준이 된다. 이들은 대형마트보다는 편의점, 정기구독보다는 즉시 배송, 대형 가전보다는 다기능 소형 제품을 선호한다. 또한 자신만의 라이프스타일에 맞춘 맞춤형 소비에 민감하게 반응하며 가성비뿐 아니라 감성적인 만족도도 중시한다.

식품 산업에서는 이러한 흐름에 맞춰 밀키트와 간편식 시장이 빠르게 성장하고 있다. 예컨대 국내 밀키트 시장은 2017년 20억 원 규모에 불과했지만, 2020년에는 1,800억 원을 넘겼고, 2025년에는 7,000억 원대까지 확대될 것으로 예상된다. 편의점 업계는 1~2인 가구의 수요에 맞춰 소포장 상품, 프리미엄 도시락, 건강식·간편식 등을 중심으로 상품 구색을 조정하고 있다.

가전제품 시장에서도 작지만 똑똑한 소형 가전의 수요가 증가하고 있다. LG전자는 유럽형 소형 냉장고 등 1~2인 가구에 특화된 제

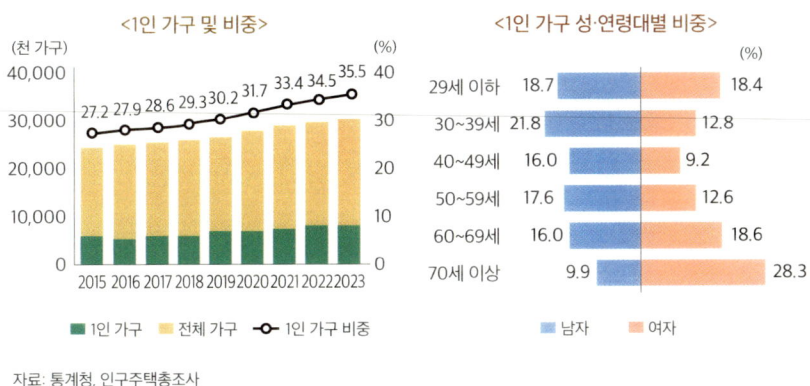

품군을 출시하고 있으며, 삼성전자는 콤팩트한 크기에 AI 기능을 접목한 생활가전을 강화하고 있다. 공간 효율성과 심미성을 동시에 만족시키는 제품이 각광받는 추세다.

가구·인테리어 분야 역시 변화에 발맞추고 있다. '오늘의집'과 같은 인테리어 플랫폼에서는 소형 공간을 감각적으로 꾸미는 콘텐츠가 인기이며 접이식 테이블, 다용도 수납장, 모듈형 소파 등 작은 공간을 효율적으로 활용할 수 있는 가구가 활발히 소비되고 있다.

또한 유통 방식에서도 변화가 일어나고 있다. 온라인 쇼핑 플랫폼들은 소포장 중심의 제품 라인업을 확대하고, 새벽배송이나 1일 배송 같은 신속한 유통 채널을 강화하고 있다. 도심형 '셀프 스토리지' 서비스도 확산되고 있다. 좁은 집에 살며 물건을 최소한으로 유지하고 싶은 1인 가구에게는, 집 밖의 개인 창고가 또 하나의 생활 공간이 되어주고 있다.

　이처럼 1~2인 가구는 단지 가족 구성 형태의 변화에 그치지 않고, 새로운 소비문화와 산업 생태계를 만들어내는 주체로 부상하고 있다. 기업들이 이들의 생활 방식에 더욱 세심하게 접근하고, 필요를 미리 읽어내는 제품과 서비스를 제시한다면, 이는 고령화 시대와 마찬가지로 지속가능한 시장을 열어가는 열쇠가 될 것이다.

미코노미 트렌드

　_____ 1~2인 가구의 확산은 단지 가구 수의 변화에 그치지 않는다. 이 변화는 소비자의 생활 방식, 가치 판단, 만족의 기준 자체를 근본적으로 바꾸고 있다. 대량 생산과 평균적 취향을 기반으로 했던 산업구조는 점차 해체되고, 각자의 필요와 감성에 세밀하게 대응하는 '초개인화(Hyper-Personalization)' 소비가 새로운 주류로 자리잡고 있다. 기업들은 이제 '누구나 좋아할 것'을 만드는 대신 '그 사람에게 딱 맞는 것'을 설계해야 하는 시장을 마주하고 있다. 미코노미(Meconomy) 트렌드의 확산과 AI · 데이터 기술의 발전은 이러한 흐름을 더욱 가속화시키고 있다. 특히 고령화, 1인 가구, 비정형 근로 등 인구 · 노동구조의 다변화는 표준적 소비가 아니라 다층적 · 상황별 소비를 가능하게 하는 기술 기반 전략을 요구하고 있는 것이다.

　미코노미란 '나(Me)'와 '이코노미(Economy)'의 합성어로 자신을 위한 소비를 의미하는데, 미코노미 트렌드는 다양한 산업분야에 영향을 미친다. 소비자들은 가격보다 개인의 만족도와 가치 중심으로 소비 방향을 전환하면서 프리미엄 과일 시장이 성장하고 건강과 웰빙을 중시하면서 건강 기능식품 수요도 증가한다. 이러한 초개인화의 핵심은 실시간 데이터 수집과 AI 기반 분석에 있다. 검색 이력, 구매 패턴, 시간대별 행동 데이터를 머신러닝(Machine Learning) 모델에 학습시켜 개인별 선호도를 정밀하게 예측하고, 이를 바탕으로 마케팅 전략을 수립한다. 예를 들어, 브랜드 A신발을 19~21시 사이에 자주 구매하는 소비자에게는 해당 시간대에 할인 알림을 제공하는 방식이 구매 전환율과 충성도를 동시에 높일 수 있는 효과적인 방법이다. 이러한 개인화 소프트웨어 시장은 2022년 1,170억 달러에서 2030년 3,220억 달러로 성장할 것으로 예상되고 있으며, 소비자의 70%가 개인화된 광고에 긍정적 반응을 보인다는 조사 결과도 있다.[17]

올리브영의 '바이브 큐레이션(Vibe Curation)'은 AI 기반 제품 추천 시스템을 통해 고객 맞춤형 판매에 성공한 사례라고 할 수 있다. 소비자의 피부톤, 스타일, 색상 선호도 등 다양한 데이터를 기반으로 개인별 화장품 조합을 제안하며, 기존 대량 생산 중심의 추천 방식과 차별화된 경험을 제공하고 있다. 일부 스타트업은 신발, 건강식품 등에서 고객의 구매 주기, 시간대, 가격 민감도를 분석해 생애주기(Life Cycle) 기반 추천 전략을 적용하고 있다.

건강식 시장에서는 AI 기반으로 혈액검사, 유전자 정보, 활동량

---

[17] https://www.verifiedmarketreports.com/ko/product/personalization-software-market/

등을 바탕으로 맞춤형 영양제를 설계해 제공하는 서비스가 등장하고, 에듀테크 분야에서는 적응형 학습(Adaptive Learning)이 적용된 플랫폼들이 주목받고 있다. 학습자의 이해도와 오답 패턴, 학습 속도를 분석해 자동으로 최적의 콘텐츠를 제공하며, 이는 단순 반복 학습을 넘어 맞춤형 성장 경로를 설계하는 방식으로 발전하였다.

틈새 고객층은 분명한 수요를 가지고 있지만, 시장이 작기 때문에 고객마다 가진 수요에 대한 이해가 중요하다. 고성장이 당연시되던 시절에는 주목받지 못했던 작고 다양한 소비욕구들이, 인구감소 시대에는 오히려 주류가 될 수 있다. 고성장 신화에 가려 미처 발견되지 못했던 기회를 다시 들여다볼 때, 저출산·고령화 시대에도 기업은 충분히 새로운 돌파구를 만들 수 있을 것이다.

실버가 파워다 고령층의 소비를 겨냥하라

　고령층이 소비시장의 주역으로 떠오르고 있는 핵심적 이유는 이들이 보유한 경제적 파워에 있다. 미국에서는 55세 이상 인구가 전체 가계 자산의 73% 이상을 보유하고 있으며, 이들이 만들어내는 연간 소비지출 규모는 15조 달러에 달한다(Picard et al., 2024). 한국에서도 55~69세 액티브 시니어층의 경제활동참가율은 2000년 55.3%에서 2023년 65.8%로 대폭 상승했다(정지윤, 2023). 건강 수명의 증가와 첨단 기술 환경이 개선되면서 고령층이 은퇴 후에도 적극적으로 경제 활동을 이어가는 경우가 늘어나고 있으며, 이에 따라 이들의 소비 여력 역시 과거에 비해 크게 높아지고 있다.

　주목할 만한 점은 현대 고령층의 소비 트렌드가 과거와 현저히 달라졌다는 사실이다. 과거에는 노년층 소비를 절약 중심의 보수적 패턴으로 인식했지만, 오늘날의 액티브 시니어는 자기 자신을 위한 투자와 소비에 적극적인 모습을 보인다. 건강 관리, 여가 활동, 자기계발 등에 대한 지출이 증가하고 있으며 여행, 스포츠, 문화 활동에 대한 참여도 활발해지고 있다. 실제로 국내 한 조사에 따르면, 60대 고령자의 68.4%가 본인의 건강 상태에 만족한다고 응답했으며, 이는 과거보다 훨씬 적극적인 여가 소비 확대를 뒷받침하는 중요한 근거가 되고 있다(자본시장연구원, 2025). 이러한 변화에 맞춰 여행업계에서는 시니어 전용 크루즈 상품이나 건강 관리형 패키지가 성장하고 있으며, 백화점 문화센터 등에서는 시니어 대상 취미·교양 강좌가 인기를 끌고 있다. 이처럼 시니어 소비자들의 니즈와 취향이 다양화되면서 관련 산업도 빠르게 진화하고 있다.

축적된 자산과
늘어나는 소비 여력

_____ 인생의 후반부에 진입한 오늘날의 고령층은 생각보다 든든한 '자산의 힘'을 가지고 있다. 우리 사회에 노년층 빈곤문제가 여전히 심각하게 존재하는 것은 사실이지만, 동시에 경제적 여유를 갖춘 '신노년층'이 소비시장의 새로운 주역으로 부상하고 있는 현상도 뚜렷하게 나타나고 있다. 이러한 양면성 속에서 고령층의 경제력과 소비행태를 좀 더 세밀하게 들여다볼 필요가 있다.

통계청의 2024년 가계금융복지조사에 따르면, 60세 이상 가구의 평균 순자산은 5억 2,000만 원으로, 전체 가구 평균보다 15% 이상 높은 수준이다. 이는 단순한 통계 수치를 넘어 수십 년간의 노동과 저축, 그리고 주택 가격 상승 등의 자산 효과가 누적된 결과이다. 특히 주목할 만한 점은 60세 이상 가구의 순자산이 2023년 대비 6.5% 증가했다는 사실로, 이는 다른 어떤 연령대보다 빠른 자산 증가 속도이다. 이런 현상은 베이비부머 세대의 본격적인 고령층 진입과 함께 더욱 두드러지고 있다.

소비시장에서도 고령층의 영향력은 점점 커지고 있다. 2024년 60세 이상의 카드결제액은 139조 5,000억 원으로 전년 대비 9.2% 증가했다. 이는 고금리와 고물가로 인해 20대 등 젊은층의 소비가 감소하는 상황과 극명한 대조를 이룬다. 더욱 놀라운 사실은 일상적인 소비행태에서도 이러한 차이가 분명하게 드러난다는 점이다. 배달앱, 식당, 카페에서의 건당 결제액을 비교했을 때, 60세 이상이 20대보다 각각 18%, 36%, 29% 더 높은 금액을 지출하고 있다. 심지어 젊은층의 아지트로 여겨지던 올리브영에서조차 고령층의 소비가 20대보다 16% 더 많은 것으로 나타났다.[18]

이러한 변화의 핵심에는 베이비붐 세대를 주축으로 한 '신노년층'의 등장이 있다. 2023년 노인실태조사에 따르면, 이들 신노년층은 이전 세대와 달리 교육 수준이 높고, 디지털 환경에 적응력이 뛰어

---

18 중앙일보, "돈 쓰는 세대, 청년층 소비 줄고 고령층 늘고…소비 지형 바뀐다", 2025.3.17.

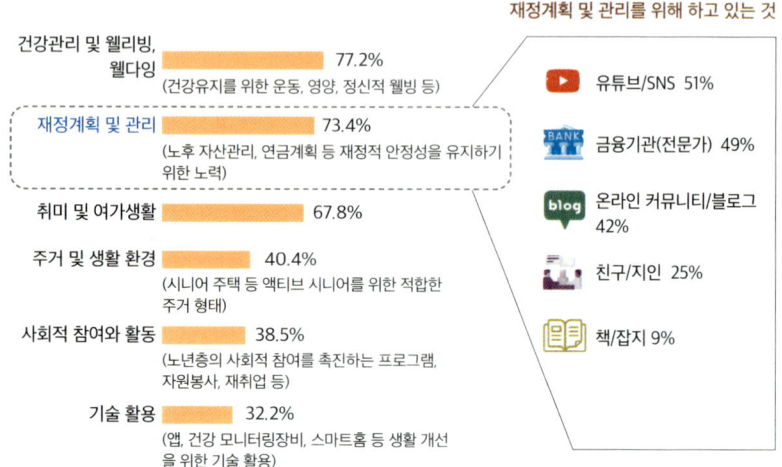

자료: 황선경(2024)

나며, 자산과 소득 여건이 상대적으로 우수하다. 이들의 등장으로 노년가구의 가구소득과 금융소득은 직전 조사 대비 10% 이상 증가했으며, 스마트폰 이용률 또한 크게 향상되었다. 신노년층은 단순히 경제력이 높은 것을 넘어 소비성향과 재정관리 방식에서도 이전 세대와 뚜렷한 차이를 보인다.

신노년층은 기존의 노년층과 비교했을 때 재정관리에 대한 적극적 태도를 갖는다. 이들은 여유롭고 건강한 노후를 위해 더 오래 일하기를 원하며 재정계획과 재테크에 관심이 높다. 은퇴 후 소득 마련을 위해 59%가 '금융자산과 투자 활용'을, 32%가 '근로활동'을 주요 수단으로 꼽았다. 자산 구성에서는 여전히 부동산 비중이 높지만, 점차 금융자산을 활용하여 포트폴리오를 다각화하려는 경향도 나타나고 있다(방송희, 2024).

그러나 고령가구의 자산구성에서 부동산이 차지하는 비중이 82.4%에 달하는 불균형은 여전히 큰 과제로 남아있다. 이러한 부동산 중심의 자산구조는 은퇴 이후 유동성 제약으로 이어질 수 있으며, '집은 부자지만 현금은 부족한(House-rich, Cash-poor)' 상황을 초래할 수 있다. 이를 인식한 많은 고령자들이 주택 다운사이징을 고려하고 있으며, 하나금융연구소의 조사에 따르면, 자가주택을 보유한 응답자 중 53.8%가 이를 통한 노후 소득 마련 계획을 갖고 있다.

한국 사회의 경제적 양극화가 고령층 내부에서도 분명히 나타나고 있지만, 전체적으로 볼 때 돈의 힘을 갖게 된 고령층이 소비시장의 새로운 중심축으로 부상하고 있는 것은 부정할 수 없는 현실이다.

70년대생, 미들엣지 세대가 새로운 시장

최근 소비시장에서는 '새로운 세대'에 대한 정의와 이를 활용한 마케팅 전략이 주목받고 있다. 특히 1970년대생을 중심으로 한 중년 세대는 과거와 다른 가치관과 소비행태를 보여주며 시장에서 독특한 위치를 점하고 있다. 일본에서는 이들을 '아라포(Around 40)'라는 이름으로 정의하며, 40세 전후 세대의 개성적이고 자율적인 소비문화를 주목했다. 한국에서는 '영포티(Young Forty)'라는 개념이 등장했지만, 시간이 지나면서 다소 부정적인 이미지가 덧붙기도 했다. 한편, 한양대 전영수 교수가 제안한 '미들엣지(Middle-Edge)'는 중간(Middle)에 있으면서도 자신만의 개성과 취향의 경계(Edge)를 뚜렷이 드러내는 중년 소비층을 의미하며, 보다 긍정적인 관점에서 이들의 변화를 설명하고 있다. 이처럼 세대의 재정의는 단순한 나이 구분을 넘어 소비패턴, 라이프스타일, 가치관의 차이를 세밀하게 포착하고 이를 마케팅 전략에 반영하려는 움직임과 맞닿아 있다.

미들엣지 세대는 과거 중년층과 달리 경제적 여유와 디지털 활용성, 적극적 소비성향, 자기계발 욕구, 그리고 사회적 참여 의지가 강하다. 50대를 중심으로 한 이 세대는 젊은 세대의 트렌드를 수용하는 적응력과 노년층의 경제적 여유를 동시에 지니고 있다. 이들은 자신의 삶을 주도적으로 설계하며, 단순히 나이를 먹는 것이 아니라 나이가 무색할 만큼 활력 있게 살아가고자 한다. 이러한 특성은 그들의 소비패턴에도 직접적으로 반영되고 있다.

이들의 소비행태를 3가지로 요약할 수 있다.

첫째, '추억 소환형 소비'다. 이들은 80~90년대 대중문화를 재경험할 수 있는 복고풍 제품, 콘서트, 추억의 게임 등에 적극적으로 관심을 갖는다. 7080 음악 콘서트, 복각 LP 레코드, 클래식 오디오 기기, 필름 카메라의 인기는 이들의 노스탤지어를 자극한다. 이는 과거 긍정적 기억과의 재연결을 통한 정서적 안정을 추구하는 소비다. 젊은 시절의 향수를 자극하는 브랜드들이 리뉴얼을 통해 재출시되면서 미들엣지의 '추억 소비'를 겨냥한 전략도 활발해지고 있다.

둘째, '자아 부활형 소비'다. 자녀교육과 가정 경제를 위해 억제했던 자신의 욕구를 실현하는 소비패턴이다. 고급 자동차, 악기, 스포츠, 캠핑 등 자신을 위한 투자에 적극적이다. 특히 '나를 위한 작은 사치'를 통해 자기 보상과 정체성 확인을 추구한다. 이전 세대가 은퇴 후 소비를 최소화하던 것과 달리, 미들엣지는 자신이 즐길 수 있는 취미와 경험에 아낌없이 투자한다. 프리미엄 제품과 고급 서비스에 대한 수요가 증가하는 것도 이러한 특성을 반영한다.

셋째, '희망 실현형 소비'다. 젊은 시절 이루지 못했던 꿈이나 목표를 실현하려는 소비다. 창업, 귀농, 예술 활동, 해외 생활 등 '세컨드 라이프'를 설계하며 새로운 도전에 나선다. 이들에게 은퇴는 끝이 아닌 새로운 시작을 의미한다. '영원한 50대'라는 신조어가 생길 정도로 나이에 구애받지 않는 도전정신이 이들의 소비행태에 반영되고 있다. 이러한 특성은 교육, 자기계발, 창업 지원 서비스 등의 시장을 활성화시키고 있다.

중년 세대가 자신의 실제 나이보다 젊게 인식하는 경향은 해외 연구에서도 나타난다. 독일 사회경제연구기관 INSA와 독일노령화연구소(DIA)가 실시한 '50+ 연구'에 따르면, 독일 성인 인구는 평균적으로 자신을 실제 나이보다 약 10년 정도 젊게 느끼는 것으로 조사되었다. 특히 70세 이상 고령자를 제외하면 대부분의 응답자가 자신을 '늙었다'고 인식하지 않았으며, 중년층은 70세가 넘어야 노인이라고 느낀다고 응답했다(조선아, 2018). 이는 중년 이후 세대가 여전히 자기 주도적이고 능동적인 삶을 지향한다는 점을 보여주며, 고령 소비자층을 바라보는 기존의 고정관념을 재검토할 필요성을 시사한다.

단순한 생존을 위한 소비를 넘어 자신의 삶을 적극적으로 디자인하고, 새로운 가치를 창출하려는 미들엣지 세대의 '진화'는 의료, 금융, 주거, 여행, 문화 등 다양한 분야에서 전례 없는 시장 기회를 만들어낼 것이다. 특히 경험 소비, 웰니스, 개인화된 서비스에 대한 수요가 폭발적으로 증가할 것으로 전망되며, 이는 향후 고령친화 산업의 방향성에도 중대한 영향을 미칠 것이다.

'젊음#한계는 없다'는
접근 방식

기업이 고령 소비자의 마음을 얻기 위해서는 '노인을 위한' 접근이 아니라 개인의 가치와 라이프스타일을 존중하는 '가치 중심 접근'이 필요하다. 성공적인 기업 사례를 살펴보면, 도요타의 '웰캡(Welcab)' 시리즈는 '장애인을 위한 차'가 아닌 '모두를 위한 유니버설 디자인'으로 포지셔닝하여 스티그마 없이 고령 운전자의 니즈를 충족시켰다. 화장품 브랜드 SK-II는 #나이에 유통기한은 없다(#INeverExpire) 캠페인을 통해 나이가 아닌 피부 본연의 아름다움을 강조하며 고령 소비자의 공감을 얻었다.

또한 고령 소비자와의 효과적인 커뮤니케이션을 위해서는 고정관념과 연령차별적 요소를 배제하고, 그들의 다양한 경험과 지혜를 존중하는 접근이 필요하다. 연구에 따르면, 고령층은 자신들을 단순히 '노인'으로 규정짓는 브랜드보다 자신의 다면적 정체성과 삶의 경험을 인정하는 브랜드에 더 긍정적으로 반응한다. 예컨대 나이키의 '젊음#한계는 없다(Unlimited Youth)' 캠페인은 86세의 수녀 마돈나 부더(Sister Madonna Buder)를 주인공으로 내세웠다. '아이언 넌(Iron Nun)'으로 불리는 그녀는 55세에 철인 3종 경기에 도전하기 시작해 45회 이상 완주한 기록을 보유하고 있으며, 캠페인은 그녀의 도전정신을 통해 나이에 대한 고정관념을 깨뜨리고, 연령에 관계없이 지속적으로 삶의 목표를 추구할 수 있다는 메시지를 전달했다. 이처럼 고령 소비자를 대상으로 하는 마케팅은 연령 자체를 강조하기보다는, 개인의 가능성과 가치에 주목하는 서사가 중심이 되어야 한다. 소비자를 단순히 '나이 든 집단'으로 바라보는 접근은 점점 설득력을 잃어가고 있으며, 대신 이들의 삶을 깊이 이해하고 존중하는 태도가 장기적인 브랜드 신뢰와 충성도를 구축하는 핵심이 되고 있다.

고령층 마케팅의 또 다른 중요한 측면은 세대 간 통합적 접근이다. 현대 사회에서 세대 간 분리와 단절이 심화되고 있지만, 가족과 사회적 연결은 여전히 많은 고령층에게 중요한 가치다. 따라서 세대 간 공감과 교류를 촉진하는 제품과 서비스는 큰 잠재력을 지닌다. 예를 들어, 미국의 'Papa'는 대학생과 고령자를 연결하는 플랫폼으로, 젊은이들은 부가 수입을, 고령자들은 디지털 활용 도움과 정서적 교류를 얻는 윈-윈 모델을 구축했다.

결론적으로, 고령 소비자에 대한 새로운 이해와 접근은 단순한 마케팅 전술의 차원을 넘어 고령화사회의 지속가능한 비즈니스 모델 구축을 위한 핵심 전략이 되어야 한다. 인구 고령화를 기회로 전환하고자 하는 기업들은 연령이라는 단순한 인구통계학적 지표를 넘어 가치와 라이프스타일에 기반한 심층적 소비자 이해를 바탕으로 혁신적 제품과 서비스를 개발해야 할 것이다.

고령 소비시장의
미래 지속가능성

그렇다면 과연 현재 확대되고 있는 고령층 소비시장은 앞으로도 계속 유지될 것인가? 고령층 소비시장의 지속가능성을 평가할 때 중요한 것은 향후 고령층이 될 현재의 4050세대의 특성을 이해하는 것이다.

하나금융연구소의 세대별 소비행태 조사에 따르면, 현재 4050세대는 이전 세대보다 디지털 활용도가 높고, 새로운 제품과 서비스에 대한 수용성이 뛰어나며, 가치소비 지향적 특성을 보인다. 이들이 고령층이 되는 2030~2040년경에는 고령 소비자의 특성이 현재보다 더욱 진보적으로 변화할 것으로 예상된다. 특히 디지털 네이티브에 가까운 이들의 소비패턴은 기존 고령층과는 확연히 다른 양상을 보일 것이며, 이는 실버산업의 지형을 완전히 재편할 가능성이 크다.

기술의 발전도 고령층 시장의 지속가능성을 높이는 주요 요인이다. 홈케어 로봇, AI 기반 건강관리 시스템, 메타버스를 활용한 여가활동 등 고령친화 기술의 발전은 고령층의 삶의 질을 향상시키는 동시에 새로운 비즈니스 기회를 창출하고 있다. 과학기술정보통신부는 고령층의 디지털 정보 격차를 완화하기 위해 다양한 '디지털 포용 정책'을 통해 고령층의 디지털 역량 강화를 적극 지원하고 있으며, 이는 향후 디지털 기반 실버산업 성장의 기반이 될 것이다. 이러한 정책적 지원과 기술 혁신의 결합은 고령층의 디지털 적응력을 높이고, 온라인 기반 소비 활동을 촉진하는 선순환 구조를 만들어낼 것으로 기대된다.

마지막으로, 고령화는 글로벌 현상이라는 점에서 장기적 지속가능성을 갖는다. 유엔의 인구전망(2024)[19]에 따르면, 2050년까지 전 세계 65세 이상 인구는 16억 명을 넘어설 것으로 예상된다. 이는 고

---

19 United Nations, "World Population Prospects 2024, United Nations Department of Economic and Social Affairs", 2024.

령 소비자 타깃팅 사업의 글로벌 확장 가능성을 시사한다. 실제로 중국 정부는 2024년 초 급속한 고령화에 대응하여 '노인복지를 증진하기 위한 실버경제발전에 대한 의견'을 발표했고, 향후 중국 실버산업은 지속 성장할 것으로 전망된다.[20] 또한 일본, 독일 등 먼저 고령화를 경험한 국가들의 사례는 한국 기업들에게 고령친화 산업의 발전 경로와 성공 요인에 대한 중요한 시사점을 제공한다.

경제력을 갖고 있는 고령층은 이제 더 이상 수동적인 복지 수혜자가 아니다. 시장 경제의 중심에 서 있는 강력한 소비 주체다. 이들의 마음을 얻는 기업이 미래의 승자가 될 것이다. 고령층 소비자에 대한 깊이 있는 이해와 창의적인 접근법을 통해, 기업은 사회적 가치 창출과 경제적 성장을 동시에 달성할 수 있는 새로운 비즈니스 모델을 구축할 수 있을 것이다. 고령화사회에서의 경쟁력은 결국 고령 소비자의 삶을 더 풍요롭고 의미 있게 만드는 가치 제안에서 비롯될 것이다. 이것이 바로 돈의 힘을 갖고 있는 고령층을 주목해야 하는 가장 중요한 이유다.

---

20 KOTRA 해외시장뉴스, "중국 소비시장을 주도하는 실버경제", 2024.8.16.

아이 수가 줄어도
교육시장은 팽창한다

한국은 학령인구가 급속히 감소하는 나라로, 전 세계적 관심의 대상이 되고 있다. 특히 세계 최저 수준의 출산율을 보이면서, 실제로 초·중·고교 학생 수는 2019년 약 545만 명에서 2024년 513만 명으로 감소하였다. 하지만 역설적이게도 같은 기간 가계의 사교육비 지출은 감소하지 않고 오히려 매년 사상 최고치를 경신하는 현상을 보이고 있다. 예를 들어, 2020년 코로나19 영향으로 일시 감소했던 사교육비 총액은 이후 2021년부터 4년 연속 사상 최대치를 기록하며, 2024년에는 무려 29.2조 원을 넘어섰다. 이런 현상은 앞으로 한국 사회가 처할 여러 가지 교육적·경제적 문제로 나타날 가능성이 높다.

줄어드는 아이들,
늘어나는 사교육비

　　　　　　　한국 교육의 현실을 지표로 살펴보면, 2020년 이후 5년간 사교육비 총액은 약 1.5배로 증가했고(19.4조 → 29.2조 원), 같은 기간 학생 1인당 월평균 사교육비도 약 57% 상승하여 30만 원대 초반에서 40만 원대 중반으로 높아졌다. 이러한 증가율은 명목 GDP나 가계소득 성장률을 웃도는 수준으로, 교육비 부담이 가계지출에서 차지하는 비중이 한층 커졌음을 보여준다. 특히 이런 추세에서 주목할 부분은 학생 수 감소에도 불구하고 사교육비 총액이 줄지 않았다는 사실이다. 예를 들어 학생 1인당 월평균 사교육비는 2020년 30만 원 수준에서 2024년 47만 4,000원까지 꾸준히 상승했다. 학생 수 감소율보다 1인당 지출 증가율이 훨씬 높았기 때문에 전체 규모가 커진 것으로 볼 수 있다. 즉 한 명 한 명의 학생에게 지출하는 금액이 크게 늘면서, 비록 학생 수는 줄었지만 가계의 총사교육비 지출은 오히려 증가하는 역설이 나타나기 시작하고 있다.

　　또한 학생 수 감소 → 경쟁 완화 → 사교육 감소로 이어지지 않고, 적은 수의 자녀에게 부모의 지원이 집중되는 현상을 눈여겨볼 필요가 있다. 통계에 따르면, 자녀 수가 1명인 가구의 학생 1인당 사교육비(월평균 48만 6,000원)가 자녀 2명 가구(45만 6,000원)나 3명 이상 가구(33만 4,000원)보다 훨씬 높았다. 한 가정에 한 명뿐인 자녀일수록 상대적으로 더 많은 교육 투자가 이뤄지고 있음을 의미하며, 저출산으로 형제자매가 줄어든 것이 오히려 1인당 사교육비를 높이는 요

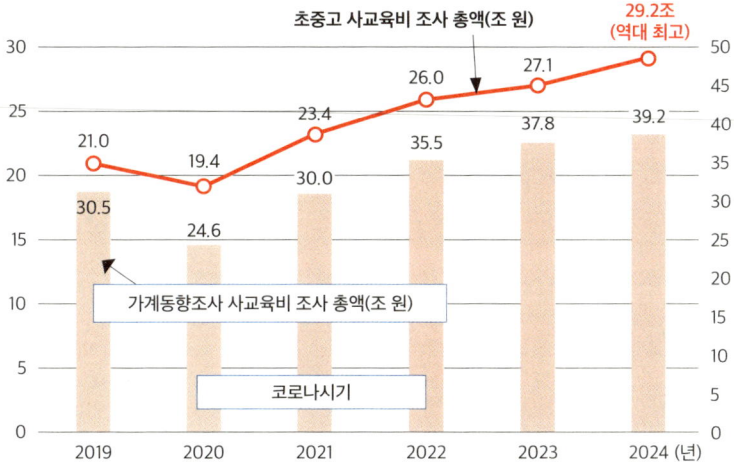

인으로 작용하고 있는 특징을 보이고 있다.

결과적으로 학령인구 감소가 곧바로 사교육비 감소로 이어지지 않는 구조를 확인할 수 있으며, '자녀 한 명당 과투자' 경향으로 1인당 지출이 올라 전체 사교육 시장의 규모는 커지는 역설적인 상황인 것이다.

사교육비 확대, 교육시장 팽창 원인

_____ 학생 수 감소에도 사교육비가 줄지 않고, 사교육비

지출에서 소득 격차·지역 격차까지 나타나는 한국의 독특한 사교육 현상의 구조적인 배경에는 한국 특유의 교육환경과 사회적 요인이 자리하고 있다.

첫째, 치열한 대입 제도와 입시경쟁 문화이다. 한국의 대학입시는 상대평가적 성격이 강하고 소수의 명문대 선호 현상이 뚜렷하다. 좋은 대학에 가기 위한 경쟁이 과열되면서 학생과 부모 모두 학교 교육만으로는 부족하다고 느껴 사교육에 의존하는 경향을 보이고 있다. 입시경쟁에서는 남보다 조금이라도 앞서야 유리하기 때문에, 모든 가정이 앞다투어 사교육에 뛰어드는 '무한질주' 또는 '죄수의 딜레마'가 벌어지는 구조이다. 이러한 경쟁 구도에서는 설령 학생 수가 줄더라도 대학 정원이 크게 늘지 않는 한 경쟁 완화 효과는 제한적이어서 사교육 열풍이 쉽게 식지 않을 가능성이 높다.

둘째, 높은 교육열과 학부모의 교육에 관한 성공 올인 인식이다. 한국 사회에는 '교육을 통한 성공'에 대한 신념과 열망이 매우 강하다. 많은 부모들이 자녀교육을 최고의 투자로 여기며, 가능한 모든 지원을 아끼지 않으려는 경향이 있다. 특히 자녀 수가 줄어든 만큼 하나뿐인 자녀에게 '올인'하는 심리가 작용해, 경제적 여력이 되는 가구는 사교육에 과감히 지출을 늘리고 있다. OECD 국가들과 비교해 봐도 한국 부모의 사교육 참여율과 지출 수준은 유독 높게 나타나는데, 부모 세대의 학업 경쟁 경험이 자녀 세대의 사교육 투자로 재현되고 있으며, 교육열이 쉽게 식지 않는 한 사교육비 역시 구조적으로 높게 유지되는 경향이 지속될 것이다.

셋째, 공교육에 대한 불신과 그에 따른 대체제로서 사교육 요구의 증가이다. 현재 우리 교육에서 공교육만으로는 상위권 대학입시에 충분하지 않다는 인식이 확산되고 있다. 학부모들은 학교 교육과정이 입시 맞춤형 심화교육을 충족시키지 못한다고 여기거나, 대입 전형의 복잡성과 특목고·자사고 대비 등 특별한 대비책이 필요하다고 느낄 때 학원, 과외 등의 사교육 서비스를 찾게 된다. 실제로 사교육 참여 사유를 보면 '학교수업 보충(49.6%)'과 '선행학습(24.0%)'이 가장 큰 비중을 차지하여, 공교육 보완 및 앞서가기 위해 사교육을 택하는 현실을 보여주고 있다. 대학입시 제도가 계속해서 변하고 수시·정시 등 준비할 요소가 많을수록 학부모의 불안 심리는 커지고, 이는 사교육 시장의 구조적 수요로 이어지는 모습이다.

넷째, 사교육비의 도돌이표 사회·경제적 요인의 악순환 연쇄 작용이다. 높은 사교육비 지출은 다시 저출산과 양극화 등 사회문제의 원인이 되며, 이런 사회 현상이 다시 사교육을 부추기는 악순환도 존재한다. 과도한 입시경쟁과 높은 사교육비가 혼인·출산율 감소의 주요 요인이며, 동시에 수도권 쏠림과 주택가격 상승을 유발하고 있다. 예를 들어, 교육환경이 좋은 도시 지역으로의 인구이동이 지역 격차를 심화시키고, 이는 해당 지역의 집값 상승과 다른 지역의 교육환경 약화로 이어져 또다시 사교육 수요를 높이는 식이다. 또한 사교육을 통해서만 좋은 교육 기회를 얻을 수 있다는 인식은 계층 간 위화감과 좌절감을 낳아 공교육 개선에 대한 사회적 요구를 약화시킬 수 있다. 이러한 문제의 복합적인 구조 속에서 사교육비 지출은 단순한 교육 비용을 넘어 사회적 경쟁 비용으로 자리잡아 쉽게 줄어들지 않는 것으로 보인다.

결국, 한국의 사교육비가 쉽사리 감소하지 않는 이유는 개인적·문화적 요인인 높은 교육열과 제도적 요인인 입시 경쟁구조가 맞물린 결과로 볼 수 있다. 학생 수가 줄어도 개인의 경쟁 동인은 변하지 않고, 부모의 교육투자 성향 역시 지속되기 때문에, 사교육비 지출은 구조적으로 '경직적'인 지출로 남아있는 것이다. 이는 경제학적으로 볼 때 소득 수준이 향상되고 자녀 수가 감소할수록 오히려 더 많이 소비하게 되는 교육재에 대한 수요 탄력성의 특수성으로 설명될 수도 있다. 즉, 교육은 우리 사회에서 포기하기 어려운 최우선 투자 항목이기 때문에 웬만한 인구감소나 경기 변동에도 앞으로 지출 규모가 유지되는 양상을 보일 가능성이 높다.

저출산 시대, 영유아 교육산업의 급성장

한국의 영유아 산업은 출생아 수 급감에도 불구하고 지속적인 성장세를 유지하고 있다. 국내 키즈산업 규모는 2002년 약 8조 원에서 2017년 40조 원으로 확대되었고, 2023년에는 약 50조 원 수준까지 성장한 것으로 집계되었다(한국콘텐츠진흥원, 2024). 글로벌 컨설팅사 맥킨지는 2025년 한국 키즈산업이 약 58조 원 규모에 이를 것으로 전망하고 있으며, 피치북(PitchBook) 데이터에 따르

영유아 가구당 월평균 양육비 지출 추이

연도	영유아 가구 월평균 양육비(명목, 1가구당)
2018년	115.1만 원
2019년	123.8만 원
2020년	117.5만 원
2021년	130.5만 원
2022년	137.7만 원
2023년	150.6만 원

자료: 육아정책연구소(2024)

면 2025년 약 60조 원 수준에 달할 것이라는 예상도 나와 있다. 이는 2030년경 약 100조 원에 육박하는 거대 시장으로의 성장 전망을 보여준다.

특히 영유아 가구당 월평균 양육비 지출 추이를 보면, 저출산 속에서도 가구당 육아 관련 소비가 꾸준히 증가했음을 나타내고 있다. 가구당 월 육아 관련 지출은 2019년 123만 8,000원에서 2023년 150만 6,000원으로 증가하여 한 가구당 연간 약 1,800만 원을 자녀 양육에 지출하는 수준이다. 특히 교육·보육비가 양육비 지출 중 가장 큰 비중(2023년 가구당 월 45만 7,000원)으로 나타났으며, 식비(34만 4,000원)와 여가·문화비(21만 4,000원)가 그 뒤를 이었다. 이것은 키즈산업 내 교육 관련 소비가 핵심적인 위치를 차지하고 있다는 것을 보여준다.

영유아 대상 콘텐츠 산업은 디지털 네이티브 부모 세대의 부상과 함께 빠르게 성장하는 분야다. 아이들은 어려서부터 스마트폰과 유튜브 등에 친숙해졌고, 이에 맞춰 교육적 요소와 놀이를 결합한 에듀테인먼트 콘텐츠 수요가 크게 늘었다. 현재 키즈 콘텐츠 업계는 인기 캐릭터 IP(Intellectual Property)를 중심으로 애니메이션, 동요, 동화 콘텐츠를 제작하여 유튜브 등 뉴미디어 플랫폼에서 막대한 조회수를 기록하고 있고, 이를 기반으로 완구, 공연, 테마파크 2차 사업으로도 확장하는 추세를 보이고 있다.

대표적인 성공 사례로, 스마트스터디(현 더핑크퐁컴퍼니)의 '핑크퐁과 아기상어(Baby Shark)' 콘텐츠는 글로벌 메가 히트를 치며 2019~2020년 전 세계적으로 폭발적인 인기를 얻었다. 그 결과 스마트스터디의 실적은 크게 늘어나 2018년 매출이 2015년에 비해 61.5% 증가했고, 2020년에는 매출 1,055억 원으로 전년 대비 164% 성장, 영업이익률 30%에 달하는 높은 수익성을 보였다.

또 다른 국내 키즈 콘텐츠 강자인 '뽀로로' 제작사 아이코닉스와 최근 코스닥에 상장한 SAMG엔터테인먼트의 '캐치! 티니핑' 역시 강력한 캐릭터 IP를 앞세워 해외 시장 진출과 라이선싱 사업을 확장하고 있다. 이처럼 콘텐츠 IP 산업은 국내 출산율 감소로 인한 내수 한계를 글로벌 시장으로 돌파하며 성장 동력을 확보하고 있다.

올해 본격 도입된 AI 디지털 교과서로 대표되는 에듀테크(Edu-Tech) 역시 육아시장에 중요한 변화를 가져오는 분야다. 부모 세대가 IT 환경에 익숙해지면서 유아·초등 대상의 맞춤형 학습 앱, AI

학습 시스템 수요가 급증하고 있다. 과거 방문교사와 종이 학습지에 의존하던 전통 학습지 시장은 이제 태블릿, AI 튜터 등 디지털 학습 플랫폼으로 빠르게 전환되고 있다. AI를 활용한 학습 효율 향상 효과가 입증되면서 웅진씽크빅은 업계의 디지털 전환을 이끌고 있으며, 천재교과서를 비롯한 주요 교육 출판사들도 유아용 AI 펜이나 인터랙티브 학습앱을 출시하고 온라인 교육 플랫폼에 투자하는 등 변화에 대응하고 있다.

키즈케어 분야에서도 기술 접목이 활발히 일어나고 있다. 맞벌이 부부 증가로 어린이집, 유치원과 부모를 연결하는 앱이나 방문 돌봄·놀이 매칭 플랫폼이 속속 등장하여 투자를 받고 있다. 예를 들어 어린이집 알림장 앱 '키즈노트'는 카카오에 인수된 이후 이용 기관 수가 급증해 전국 유치원의 표준 소통창구로 자리 잡았고, 이후 서비스 고도화를 위해 2022년 숙박플랫폼 기업 야놀자가 지분을 인수하며 O2O(Online to Offline, 온라인에서 오프라인으로) 육아시장 진출을 모색하기도 했다. 또 다른 스타트업 '자란다'는 유아 대상 방문 놀이시터를 중개하는 플랫폼으로, 누적 투자액 100억 원 이상을 유치하며 빠르게 성장했다. 이외에도 키즈카페와 보육을 결합한 놀이공간 스타트업, 유아용 식사배달 서비스 등 육아 부담을 덜어주는 각종 생활 서비스 분야에도 투자가 활발히 일어나고 있다.

'4세·7세 고시', 프리미엄 영어유치원

_____ 소득 수준이 높아지면서 영어유치원, 사립유치원 등 프리미엄 유아교육 기관에 대한 수요도 지속적으로 증가하고 있다. 현재 영어유치원인 유아 대상 영어학원의 수는 매년 늘어나 2023년 기준 전국 500여 곳, 서울에만 200여 곳에 이르고 있다. 고소득층을 중심으로 영어유치원, 명문 사립유치원 등에 보내기 위한 경쟁이 치열하며, 일부 인기 영어유치원의 경우 월 수업료가 200만 원을 훌쩍 넘는데도 대기자가 줄을 서는 경우도 있다.

예컨대 전국 영어유치원의 평균 월 교육비는 174만 5,000원에 달하고, 서울에서 가장 비싼 영어유치원은 월 260만 원에 육박하여 대학 등록금의 4배 수준이라는 조사도 나왔다. 조기 영어교육에 대한 학부모들의 열망으로 '4세 고시'처럼 입학 대기 경쟁이 치열한 모습이다. 강남권의 유명 영어유치원들은 입학시험을 보고도 정원이 부족해 떨어지는 사례가 흔하고, 일부 학원은 연간 비용 2,500~3,000만 원에 달해도 예약이 마감될 만큼 인기가 높다.

이런 현상은 저출산으로 한 자녀에게 집중 투자하는 현상이 교육 영역에서도 그대로 나타나는 것으로, 프리미엄 교육기관에 대한 지출은 경기 변동에도 비교적 탄탄한 수요를 보이고 있다.

국내 주요 프리미엄 유아교육 기업으로는 YBM, 청담러닝(크레버스), 폴리어학원 등 영어유치원 프랜차이즈를 운영하는 교육기업들이 있다. 이들은 유치원뿐만 아니라 영어유치원 → 사립초 연계 프로그램을 개발하거나, 해외 국제학교와 제휴하여 커리큘럼을 차별화하는 전략을 취하고 있다. 한편, 몬테소리나 레지오에밀리아 같은 대안교육 철학을 앞세운 프리미엄 어린이집들도 도시 주요 상권에 속속 들어서고 있으며, 수업료가 일반 대비 2~3배 높은데도 차별화된 교육환경을 찾는 부모층에게 호응을 얻고 있다.

앞으로 인구가 감소하겠지만 영유아 교육산업은 점차 차별화, 프리미엄화되면서 성장할 가능성이 높다는 것이 지배적인 평가이다. 다만 출생아 감소의 구조적 한계가 뚜렷하기 때문에 해외 사업 확장이나 초등 이상 연령대로의 서비스 확대 등 외연 성장 전략이 중요하다는 지적도 나오고 있다.

2020년대 들어 에듀테크 스타트업 붐과 맞물려 AI 기반 학습, 키즈 콘텐츠, 육아 플랫폼 분야에서 초기 투자가 활성화되었고 일부는 대기업에 인수되며 성공적 기업의 모습을 보여주고 있다. 일부에서는 장난감 유통업체와 키즈카페 체인, 애니메이션 제작사를 묶는 컨소시엄 투자가 이루어지기도 했으며, 유아용품 브랜드를 보유한 중소기업의 기업가치를 재평가하여 해외 수출을 강화하기도 하고 있다.

새로운 '골드키즈' 시대

합계출산율 0.7명대의 초저출산 국면에서도 부모들

은 "적게 낳아 잘 키우자"는 심리로 자녀 1인당 소비를 크게 늘리는 추세를 보일 가능성이 높다. 실제 신생아 한 명당 연간 양육비 지출액은 2009년 약 270만 원에서 2015년 548만 원으로 상승하여 연평균 12.5%의 증가율을 보이고 있다(산업연구원, 2016). 2023년 기준으로 보면, 영유아가 있는 가구의 자녀 1인당 월평균 양육비는 약 80만 7,000원에 이르고 있다. 즉 자녀가 적은 만큼 프리미엄 제품과 서비스에 대한 지출을 아끼지 않는 경향이 뚜렷해지고 있으며, 이러한 현상을 가리켜 흔히 '골드키즈(Gold Kids)' 시대라고 부른다.

한 자녀 가구의 증가로 부모들의 양육 투자 규모가 확대되면서 고품질, 프리미엄 제품에 대한 수요가 크게 늘고 있다. 기업들은 이러한 수요에 맞춰 친환경·교육적 가치를 강조한 상품을 내놓거나, 인수합병을 통해 프리미엄 브랜드로의 포트폴리오 강화 전략을 펼치기도 한다. 가격 경쟁보다는 안전성·기능성·친환경성을 내세운 고급화 전략으로 차별화해 시장 경쟁력을 확보하려는 것이다. 실제 백화점 업계에서도 키즈 분야 매출이 두 자릿수 성장세를 보이고 있는데, 2023년 초 현대백화점의 유아동 매출은 전년 대비 16.5% 증가했고, 신세계백화점 역시 아동 부문이 27% 늘어나는 추세에 있다. 이는 부모들이 값비싼 유아용품이나 명품 아동복, 프리미엄 교육 서비스에 지출을 마다하지 않는 소비패턴의 변화를 보여준다.

전반적으로 저출산 시대의 육아·영유아 교육산업은 '질적 성장'을 특징으로 하면서, 소비자들이 프리미엄 제품·서비스를 선택함으로써 관련 기업들의 수익성이 높아질 가능성이 높다. 그리고 디지털

국내 키즈산업 시장규모

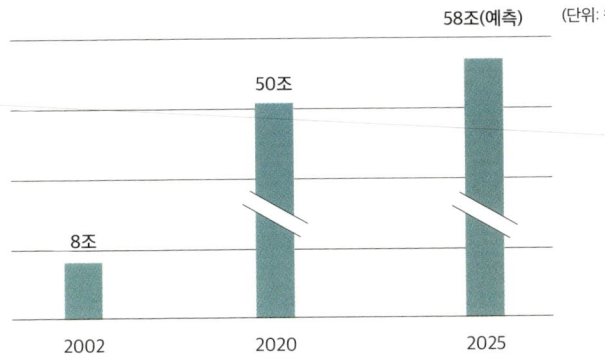

자료: 한국콘텐츠진흥원

전환에 따른 효율화로 에듀테크와 온라인 플랫폼으로 규모의 경제와 데이터 기반 개인화 서비스가 가능해져 새로운 비즈니스 모델 창출이 가능하다. 또 글로벌 확장성으로 국내 출생아 수 감소를 해외시장 진출로 상쇄할 수 있는 부분이 있어서 K-콘텐츠의 글로벌 경쟁력, 해외 한류 수요를 바탕으로 수익원 다변화도 가능하다. 앞으로 정책적 지원 측면에서는, 정부의 저출산 대책으로 육아지원 예산이 확대되고 있어 보조금이나 바우처가 산업 매출로 연결될 가능성이 있고, 부모의 급여 상승 등이 프리미엄 보육서비스 소비로 이어질 것으로 전망된다.

하지만 앞으로 나타날 저출산은 영유아와 교육산업 전반에 엄청난 위험요인으로 인구절벽의 장기화, 출산장려 정책의 불확실한 효과, 교육 규제 변화 등이 있지만, '골드키즈' 현상으로 대표되는 강력한 1인당 소비 증가 추세는 당분간 지속될 것으로 보인다. 특히 양육비 지출 중 교육 투자의 우선순위가 높기 때문에, 영유아 교육 관련 산업은 인구감소 속에서도 투자 매력이 상대적으로 높은 시장으로 평가된다. 향후 시장전망은 기술과 콘텐츠, 서비스를 아우르는 융합 비즈니스 모델에 주목하고, 국내에서 입증된 모델의 해외 확장 지원에 참여하는 것이 유망할 것으로 보인다. 저출산이라는 제약을 프리미엄화와 글로벌화로 돌파하는 한국 영유아 교육산업의 경쟁력 확보는 향후 새로운 기회를 제공할 것이다.

소수의 고객을 영원한 고객으로 만들어라

    모든 시대를 막론하고 비즈니스의 성공 여부는 얼마나 많은 고객을 끌어모았느냐가 아니라 얼마나 가치 있는 고객을 오랫동안 붙잡아 두느냐에 달려있다. 고객 한 명 한 명이 기업에 가져다주는 장기적인 가치를 극대화하는 전략은 결코 새로운 것이 아니다. 사실 고객 생애 가치(Customer Lifetime Value, CLV)의 중요성은 이미 수십 년 전부터 경영학자와 실무자들 사이에서 꾸준히 강조되어왔다. 그러나 최근 들어 이 전략이 다시 한 번 주목받고 있는 이유는 분명하다. 신규 고객 유치 비용이 천정부지로 치솟는 가운데, 기존 고객의 유지와 재구매 유도가 더 현명하고 비용 효율적인 선택이 되었기 때문이다.

고객 수에서
고객 가치의 증가로

_____ 고객 유지의 중요성은 구체적인 수치에서도 명확히 드러난다. 와튼스쿨 데이비드 라이브스타인(David Reibstein) 교수에 따르면, 기존 고객에게 판매할 확률은 신규 고객에게 판매할 확률보다 최대 14배 높다(Wharton Online, 2020). 또한 퀄트릭스(Qualtrics)의 조사 결과, 신규 고객을 유치하는 비용은 기존 고객을 유지하는 비용보다 약 5배가량 높다는 점이 확인되었다(2022). 이는 기업이 신규 고객 확보에만 집중하기보다는 기존 고객과의 관계를 유지·강화하는 데 전략적 우선순위를 둘 필요가 있음을 시사한다.

최근 들어 고객 충성 전략이 더 절실해진 배경에는 급격한 인구구조 변화도 크게 작용하고 있다. 특히 한국과 일본을 비롯한 선진국들은 저출산과 고령화로 인해 인구가 감소하고 있다. 이런 상황에서 기업들은 더 이상 과거와 같이 무한히 늘어나는 고객 기반을 기대할 수 없게 되었다. 인구가 줄어드는 시대에는 신규 고객의 확보가 더욱 어렵고 비용도 더욱 증가할 수밖에 없다. 한국의 통계청 자료에 따르면, 2024년 기준 합계 출산율이 0.75명으로 세계에서 가장 낮은 수준이다. 이는 앞으로 시장이 축소될 것이며, 기업 간 고객 확보 경쟁이 더욱 심화될 것을 예고하는 지표다.

또한 고령화사회가 진행됨에 따라 소비행태도 달라지고 있다. 고령층은 과거의 젊은 소비층에 비해 브랜드 충성도가 상대적으로 높고 한 번 관계가 구축되면 장기적으로 꾸준히 소비를 유지하는 경향이 있다. 이에 기업들은 이러한 고객층과의 관계를 깊게 하고 이들을 장기 충성 고객으로 전환하는 전략이 필수적이다. 고령 고객층의 소비력은 결코 무시할 수 없는 수준이며, 이들을 통해 안정적인 수익원을 확보할 수 있다. 이에 따라 충성 고객 전략은 인구구조 변화에 따른 시장 축소라는 위기 상황을 기회로 전환할 수 있는 중요한 방법으로 자리 잡고 있다.

한편, 디지털 시대가 도래하면서 소비자의 브랜드 선택권은 이전보다 훨씬 다양해졌고, 브랜드 전환의 장벽도 매우 낮아졌다. 고객은 언제든지 다른 브랜드나 서비스를 선택할 수 있으며, 기업 입장에서는 고객을 붙잡아 두는 것이 더욱 어려워졌다. 소비자가 정보를 쉽게 얻고 제품과 서비스를 빠르게 비교할 수 있는 환경이 조성되면서 브랜드 충성도가 자연스럽게 약화되었다. 이와 같은 환경에서 고객과의 깊은 관계 형성과 지속적인 만족도 관리가 중요해진 것은 자명하다. 결국, 고객 충성 전략은 단지 고객을 붙잡는 것을 넘어 기업과 고객 사이의 깊은 신뢰 관계를 구축하는 데 목적을 둬야 한다.

결국 고객 충성 전략은 단순한 마케팅 기법이 아니라 기업 경영의 근본 철학이자 지속가능한 생존 방법이다. 인구감소와 고령화 등 구조적 변화가 기업 환경을 뒤흔들고 있지만, 이러한 변화 속에서 기존 고객과의 관계를 강화하고, 이들의 가치를 극대화하는 전략을 세우는 것이 모든 기업이 선택해야 할 필수 과제가 되었다. 고객 수의 감소를 고객 가치의 증가로 전환하는 것이 앞으로 모든 기업이 추구해야 할 핵심 방향이다.

고객과 관계의 가치를
실현해온 산업들

　　　　　　　　고객 생애 가치 중심의 경영전략은 일부 산업에서 오래전부터 '선택'이 아닌 '전제 조건'이었다. 이 전략은 단기 매출이 아니라 장기 수익을 위한 게임이다. 고객 유치 비용이 높은 업종일수록 처음 한 번의 계약보다 지속적인 관계에서 진짜 이익이 발생한다. 보험, 명품, IT 기반 구독 서비스, 프리미엄 헬스케어 플랫폼 등 그들은 고객을 '유지'하는 능력이야말로 곧 수익성의 핵심이라는 것을 알고 있다.

　보험업은 고객 유지의 진리를 가장 오래전부터 실천해온 산업이다. 한 명의 고객을 유치하는 데는 평균 수십만 원에서 많게는 수백만 원까지 든다. 하지만 그 고객이 10년 이상 계약을 유지한다면, 그 가치는 기하급수적으로 상승한다. 미국 최대의 손해보험사 중 하나인 스테이트팜(State Farm)은 고객을 단순한 계약자가 아니라 '인생 파트너'로 정의한다. 이들은 고객의 라이프스타일에 맞춘 맞춤형 상품군을 구성하고, 자동화된 리스크 분석 시스템을 통해 적절한 상품을 추천한다. 여기에 실시간 보상 프로세스까지 더해져 고객 경험을 전방위로 관리한다. 2017년 허리케인 하비(Harvey)가 텍사스를 덮쳤을 때, 스테이트팜은 1,000명 이상의 클레임 담당 인력을 피해 지역에 배치했다. 모바일 앱과 전화 시스템을 통해 사고 접수는 빠르게 처리되었고, 일부 고객은 신속한 보상 절차를 경험했다.[21] 단순한 기능적 만족을 넘어서 고객이 '보호받고 있다'는 감각은 강력한 신

허리케인 하비 당시 스테이트팜의 대응

자료: 스테이트팜 뉴스룸

뢰로 이어졌다.

명품 산업에서의 고객 생애 가치 전략은 훨씬 더 은밀하고 정교하게 작동한다. 에르메스는 '팔기 위한 쇼핑'이 아니라 '소속되기 위한 여정'을 판다. 이 브랜드의 VIP 고객은 단순히 많은 돈을 쓰는 사람이 아니라 오랜 시간 브랜드와 관계를 맺어온 사람이다. 프라이빗 쇼룸은 아무에게나 열리지 않는다. 구매 이력, 고객 매니저의 평가, 브랜드 행사 참여 기록 등을 통해 하나의 '고객 자격'을 형성한다. 실제로 한 전직 에르메스 직원에 따르면, 버킨백 구매 기회를 얻기

---

21 Carrier Management, "Hurricane Harvey Claims Process: State Farm Adjuster and One Texas Home", 2017.9.5.

위해 2년 이상 소액 제품을 꾸준히 구매하고, 세일즈 어소시에이트와의 관계를 유지한 끝에 초대장을 받은 고객 사례도 있다고 한다.[22]

이처럼 고객은 구매를 통해 브랜드의 일원이 되는 경험을 하고, 브랜드는 희소성과 충성도를 동시에 확보한다. 이는 단기 판매보다는 장기적 상징 자본을 축적하는 전략으로, 학계에서도 주목받고 있다. 예컨대 왕슈아이(Wang Shuai, 2023)는 에르메스를 사례로 든 연구에서, 제한된 공급과 관계 기반 유통 전략이 소비자의 사회적 지위 욕구를 자극하며 브랜드 충성도를 높이는 데 효과적이라고 분석한 바 있다. 이 전략은 단순히 마케팅의 차원을 넘어 소비자에게 '소속감'이라는 심리적 효용을 제공하는 방식으로 작동한다. 실제로 에르메스는 이러한 고유 전략을 통해 광고비 비중을 5% 미만으로 유지하면서도 매년 두 자릿수의 매출 성장을 이어가고 있다. 2023년에는 전년 대비 21% 증가한 134억 유로의 매출을 기록하며, 경쟁사들이 고전하는 시장에서도 독보적인 성과를 보였다.[23]

IT 기반 구독 비즈니스에서도 고객 생애 가치 전략은 핵심 운영 원리로 작동한다. 애플의 에코시스템은 이 전략의 궁극적인 사례다. 고객은 단순히 아이폰 하나를 구매하는 것이 아니라 아이클라우드(iCloud), 애플뮤직(Apple Music), 애플 피트니스 플러스(Apple Fitness+), 그리고 기기 간 연동성에 의해 브랜드의 세계 안에 '살게

22　Business Insider, "Mistakes Customers Make When Trying to Buy a Birkin", 2025.
23　Hermès Financial Results, 2023.

된다.' 매년 새로운 기기로의 자연스러운 업그레이드, 가족 공유 구독 프로그램, 클라우드 스토리지 확대는 고객의 이탈을 어렵게 만든다. 고객 한 명의 생애 가치는 하드웨어 단가를 넘어서 서비스 매출과 월간 구독 수익으로 계속 쌓인다.

시장 예측 기업 트레피스(Trefis) 자료에 따르면, 애플의 서비스 부문 매출은 2020년 537억 달러에서 2024년 962억 달러로 성장했으며, 2028년에는 1,499억 달러에 이를 것으로 전망된다. 앱스토어(App Store), 아이클라우드, 애플뮤직, 애플 티비 플러스(Apple TV+) 등 개별 서비스 항목도 모두 매년 상승 곡선을 그리고 있으며, 이는 구독 기반 모델과 생태계 락인(lock-in) 효과의 결과로 해석된다. 특히 앱스토어 단독 매출만 2024년 기준 317억 달러에 달하며, 전체 서비스 매출 중 가장 큰 비중을 차지하고 있다. 이처럼 애플은 제품이 아닌 '경험'을 통해 고객의 일상을 통합하고, 브랜드 충성도를 높여 이탈이 거의 불가능한 수준으로 만든다.

이처럼 보험, 명품, 그리고 IT 기반 구독 서비스는 고객 생애 가치 전략을 전통적으로 실천해온 산업들이다. 이들은 단기적 판매가 아니라 장기적 관계와 반복적 접점을 수익의 중심에 놓는 구조를 오랫동안 다듬어왔다. 이들의 전략은 서로 다르지만 본질은 동일하다. 고객이 '브랜드 밖의 세계'를 상상하지 못하게 만드는 것, 즉 브랜드가 고객 삶의 구조에 내재되도록 설계하는 것이다. 단순한 만족을 넘어 고객과 기업이 서로를 '기회비용'으로 여기는 관계, 이것이 관계 중심 비즈니스의 본질이다.

헬스케어: 고객의 '질병'이 아닌
'삶'을 바라보기 시작한 산업

_____ 미국의 프리미엄 디지털 클리닉 원메디컬(One Medical)은 단순한 진료 예약 앱이 아니라 연간 회원제를 기반으로 24시간 가상 진료, 건강기록 통합 관리, 맞춤형 복약 알림, 생활습관 개선 콘텐츠 등을 포함한 '헬스케어 구독 서비스'를 지향한다. 고객은 앱을 통해 의사와 지속적으로 연결되며, 병이 있을 때만이 아니라 건강할 때도 브랜드를 경험하게 된다.

이 전략의 강력함은 아마존이 2022년 약 39억 달러에 원메디컬을 인수한 결정에서도 드러난다. 당시 아마존은 "의료 경험을 더 쉽고, 더 빠르고, 더 개인화된 방식으로 개선하고 싶다"며 인수 배경을 설명했다.[24] 업계 분석에 따르면, 원메디컬은 소비자 회원의 90%, 기업 고객 계약 가치의 90%, 위험 기반(Medicare 등) 가입자의 80%를 유지하고 있다.[25]

기존 병원 기반 시스템과 달리 원메디컬은, 연간 회원제를 바탕으로 한 구독형 모델을 통해 고객을 지속적인 건강관리의 흐름 속에 머물게 하며, 브랜드와의 관계는 단발성 진료를 넘어선다. 실제로 원메디컬은 2021년 기준 62만 명의 회원을 보유하고 있으며, 평균적

---

[24] Amazon Newsroom, "Amazon and One Medical sign an agreement for Amazon to acquire One Medica", 2022.
[25] Blake Madden, Hospitalogy, "Amazon acquires One Medical : The acquisition breakdown", 2022.

으로 연간 10회에 가까운 접점을 만든다. 고객과의 반복적 관계는 단순한 진료를 넘어서 정서적 유대와 행동 루틴을 형성하며, 이러한 전략은 고령층 대상의 아이오라 헬스(Iora Health) 모델과 결합되어 생애 전 주기 헬스케어 구독 시스템으로 확장되고 있다. 아마존은 이러한 특성을 기반으로 자사의 프라임 생태계와 헬스케어 서비스를 통합하려는 전략을 가속화하고 있다.

지금, 기업이 집중해야 할
핵심 과제

　　　　　　　이러한 변화는 단지 전략의 전환이 아니라 조직의 철학이 바뀌고 있다는 신호다. 브랜드 인지도만으로는 더 이상 고객을 붙잡을 수 없고 반복성과 일관성, 정서적 유대에 기반한 경험만이 고객을 머무르게 만든다. 더 많은 산업이 고객 생애 가치 중심의 전략을 채택할수록 이탈 위험을 줄이고 예측가능한 수익구조를 만들 수 있다. 이제 '누가 사느냐'보다 '누가 계속해서 나와 함께하느냐'가 중요한 시대다.

고객 생애 가치 전략은 단순한 마케팅 기법이 아니다. 그것은 인구 정체와 디지털 전환, 소비자 주도권 강화라는 복합적 시대 변화에 대한 기업의 생존 방식이며, 동시에 지속가능한 수익구조를 위한 전략적 대응이다.

이제 기업은 다음과 같은 질문을 스스로 던져야 한다. "우리는 고객을 몇 명 확보했는가?"가 아니라 "우리는 고객 한 명 한 명과 어떤 관계를 맺고 있는가?" 그 답을 찾는 과정에서 고객 생애 가치 전략은 단순한 선택이 아니라 미래를 위한 유일한 길이 될 것이다.

저출산·고령화 시대, 기업들은 가족친화경영 삼매경

포스코의 생애주기 맞춤형 복지와 지역사회로의 확장

포스코는 저출산과 고령화 문제를 단순한 사회적 현상을 넘어서 기업의 지속가능성을 위협하는 중대한 도전으로 인식해왔다. 철강 산업이라는 국가 기간산업을 이끌어온 포스코에게 '인재'는 곧 기업 경쟁력의 핵심이었다. 자원도 기술도 부족했던 대한민국에서 '자원은 유한, 창의는 무한'이라는 창업 이념을 바탕으로 출발한 포스코는, 인재를 바탕으로 세계적 철강기업으로 성장할 수 있었다. 그러나 출산율 하락과 생산가능인구의 급격한 감소는 이러한 인재 기반 성장 모델에 심각한 균열을 야기할 수 있다는 위기의식을 불러일으키고 있다.

포스코가 서울대학교와 함께 조사한 포항·광양 지역의 인구변화 추이를 보면, 매우 현실적이고도 위협적인 전망을 담고 있다. 즉, 2030년을 기점으로 지방에서 청년들이 근무하기 어려워질 것이라는 예측결과였다. 특히, 수도권 출생률이 전체의 50%를 초과하는 현 상황에서 지방 근무를 기피하는 경향은 더욱 뚜렷해지고 있다. 이와 동시에 전국적으로 매년 30~40만 명의 생산가능인구가 감소하고 있으며, 지방 공장 중심인 포스코로서는 인력 확보에 실질적인 어려움을 초래할 수밖에 없다.

포스코는 이러한 구조적 위기에 대응하기 위해서 저출산 문제를 보다 적극적이고 전략적인 관점에서 접근하기 시작했다. 단순한 복지 확대가 아니라 인재를 중심에 둔 지속가능한 조직운영을 위한 중장기 전략으로 기업 차원의 대응에 나선 것이다.

포스코는 단순히 제도를 도입하는 것에 그치지 않고, 직원들이 실제로 해당 제도를 쉽게 이해하고 자유롭게 활용할 수 있도록 '실질적 복지' 실현을 목표로 하고 있다. 직원의 결혼, 임신, 출산, 육아, 교육 등 생애주기에 따라 총 16개의 맞춤형 제도를 운영하고 있으며, 특히 이를 직원들에게 적극적으로 안내하여 제도 활용률을 높이고 있다.

대표적인 시그니처 제도는 '육아기 재택근무제'다. 이는 만 8세 이하 또는 초등학교 2학년 이하 자녀를 둔 직원이 자녀 1인당 최대 4년까지 재택근무를 활용할 수 있도록 한 제도다. 8시간 근무 시 기존과 동일한 급여 및 경력을 인정받게 되고 4시간 근무 선택 시에는 급여가 조정되지만 경력은 유지된다. 코로나19 팬데믹을 계기로 재택근무의 효율성과 가능성을 확인한 바, 이 제도를 통해 경력단절 없는 육아가 가능하도록 환경을 조성하고 있다.

서울대학교 조영태 교수 연구팀과 함께 실시한 사내 조사에서도, 포스코 직원 다수는 "좋은 제도가 있다는 사실만으로도 출산과 육아에 대한 심리적 장벽이 낮아진다"는 응답을 보였다. 이는 제도 도입뿐 아니라 제도에 대한 정확한 정보 전달과 분위기 조성이 중요하다는 점을 시사한다.

또한 알림톡을 통해 육아기 재택근무제 활용 대상자와 소속 부서장에게 제도 사용 가능 여부를 안내하는 등 디지털 기반 커뮤니케이션도 적극 활용 중이다. 포스코는 현재 격주 4일제 근무를 시행 중이며, 이를 통해 직원들이 가족과의 시간을 더욱 풍부하게 가질 수 있는 환경을 제공하고 있다. 거점 오피스 운영도 함께 진행 중으로, 장소 제약 없이 유연한 근무가 가능한 체계를 구축하고 있다.

포스코는 자사 직원에 국한하지 않고 협력사 및 지역사회로의 저출산 대응 노력도 확대하고 있다. 포항과 광양 지역에 설립한 상생형 어린이집은 포스코뿐 아니라 협력사 직원의 자녀도 함께 이용할 수 있도록 운영되고 있으며, 상생 기금을 통해 협력사 직원에게도 포스코 수준의 장학금을 지급하고 있다.

지역사회 기반 인구 유지와 출산 친화적 환경 조성을 위해 '체인지업 그라운드(Change-Up Ground)'와 같은 벤처 생태계 조성 플랫폼도 구축하고 있다. 이는 포항에 이미 조성되었으며, 광양은 곧 개소 예정이다. 이를 통해 양질의 일자리 창출은 물론 지방 청년층의 정착을 위한 기반 마련에 기여하고 있다. 또한 포스코 1% 나눔재단은 지역 아동·청소년을 위한 교육 프로그램을 운영하고 있으며, 지역 거점 국립대학과의 협력을 통해 ESG 관련 교과목을 개설하는 등 지방대의 경쟁력 강화에도 앞장서고 있다.

포스코는 이러한 활동이 기업 내부에서만 머물지 않고, 사회 전반으로 확산될 수 있도록 2020년부터 외부 전문가들과 함께 저출산 관련 세미나를 정기적으로 개최하고 있다. 더 나아가 육아기 재택근무제와 같은 제도가 공공정책으로 제도화될 수 있도록 입법부와의 협력도 추진하고 있다.

이러한 활동들은 자연스럽게 사회적 관심을 불러일으켰다. 다섯 쌍둥이를 출산한 군인 가족에게 차량을 지원하거나, 자사 직원 중 네 쌍둥이를 출산한 가정에 추가 지원을 제공한 사례는 언론의 주목을 받았고, 출산 친화적인 기업 이미지를 형성하는 데 기여했다.

포스코는 자신들의 역할을 단지 모범적 기업에 그치지 않고, 사회적 변화의 마중물로 자처하고 있다. 삼성, LG, 현대 등 다른 대기업들과 함께 정책을 공유하고, 실천 방안을 교류하며, 민간 부문에서 저출산 대응의 중심축을 형성해나가고 있다. 포스코는 앞으로도 인재를 존중하는 기업문화 속에서 출산과 육아를 조직이 함께 책임질 수 있도록 지속적으로 확산해나갈 계획이다.

롯데그룹,
대기업 최초 여성 자동 육아휴직제

롯데그룹은 국내 약 11만 명, 해외 약 4만 5,000명 등 총 15만 6,000명(2023년 기준)에 이르는 임직원을 보유한 대규모 기업이다. 국내 정규직 인력만 해도 5만 6,000여 명이며, 이 중 55.6%가 기혼자이다. 기혼 직원의 평균 자녀 수는 1.5명으로, 이는 우리 사회의 저출산 흐름을 그대로 반영하고 있다. 이러한 인구구조 변화는 기업의 지속가능성과 직결되며, 인력 기반의 장기적 경쟁력을 위협할 수 있다는 점에서, 롯데는 비교적 이른 시기부터 가족친화정책에 대한 고민을 시작했다.

2013년 롯데그룹은 국내 대기업 최초로 '다양성 헌장'을 선포하며 가족친화경영의 기틀을 마련하였다. 이 헌장은 성별, 문화, 신체적 조건, 세대 간의 차이를 존중한다는 내용을 담고 있으며, 여성 인재 채용 확대, 유리천장 해소, 근무환경 개선 등 다양한 변화를 수반했다. 이후 2015년에는 '기업문화위원회'를 신설해 가족친화정책과 다양성 포용 전략을 그룹 차원의 문화로 정착시키는 데 주력하였다. 이 위원회는 남성 육아휴직 의무화, 근로시간 저축휴가제, 직장어린이집 확대, 출산축하금 지급 등 주요 제도들의 시행과 운영을 결정하는 중심적 역할을 해왔다.

롯데의 가족친화정책은 단순한 복지 제공을 넘어서 임신부터 육아, 교육에 이르기까지 전 생애주기를 아우르는 포괄적 지원 체계로 발전해왔다. 대표적인 사례로는 2012년 대기업 최초로 도입된 '여성 자동 육아휴직제'가 있다. 이 제도는 출산 후 별도의 신청 절차 없이 자동으로 육아휴직에 돌입하도록 함으로써, 여성 직원의 경력단절을 방지하고 육아 부담을 조직이 분담하겠다는 의지를 담고 있다. 이어 2016년부터는 유연근무제를 시행하여 근무시간과 방식을 직원이 자율적으로 조정할 수 있도록 하였고, 2017년에는 '남성 육아휴직 의무화' 제도를 통해 최소 1개월 이상 육아휴직 사용을 강제하였다. 이 제도는 특히 경제적 이유로 육아휴직을 꺼리던 남성 직원들을 배려해 첫 달 급여를 100% 보전하는 방식으로 설계되었다.

이와 함께 롯데는 직장어린이집의 지속적 확대, 초등학교 입학 자녀를 둔 직원 대상의 '자녀돌봄휴직제', 둘째 자녀 이상 출산 시 축하금 지급 등도 시행하며 돌봄과 경제적 부담을 동시에 덜어주는 방향으로 정책을 확장해나갔다. 이러한 제도는 선택이 아닌 '자동' 혹은 '의무화' 형태로 설계되어 실질적인 활용을 촉진하는 데 기여했다. 또한 'PC-OFF', 'Mobile-OFF' 제도를 도입해 퇴근 이후에는 업무로부터 자유롭게 가족과 시간을 보낼 수 있도록 하는 등 조직문화 전반에도 변화를 주었다.

그렇다면 이러한 정책들이 실제 출생률에 긍정적인 영향을 주었을까? 롯데그룹은 자사 임직원의 출생률을 2013년부터 2022년까지 장기적으로 분석하였다. 분석 결과, 해당 기간 동안 롯데 임직원의 출생률은 2.5명에서 2.05명으로 소폭 감소했지만, 연평균 감소율은 −2.2%에 그쳤다. 같은 기간 대한민국 전체 출생률이 1.42명에서 0.81명으로 급락하며 −6.1%의 연평균 감소율을 기록한 것과 비교하면, 롯데그룹의 출생률은 상대적으로 안정적인 수준을 유지한 셈이다.

특히 2016년 이후, 대한민국 전체 출생률이 급격히 하락한 시점에도 롯데그룹의 출생률은 오히려 상승세를 보이기도 했다. 자체 분석에 따르면, 만약 롯데가 별도의 노력을 기울이지 않고 국가 평균 하락 추세를 그대로 따랐다면, 그룹의 출생률은 1.43명까지 떨어졌을 것이라는 시뮬레이션 결과도 나왔다. 이는 롯데의 가족친화정책이 평균적으로 직원 1인당 0.48명의 출생을 추가로 유도한 것으로 해석할 수 있다.

정량적 효과 외에도 제도의 질적 성과 역시 주목할 만하다. 롯데그룹은 주요 26개 계열사를 대상으로 가족친화정책의 수준을 16개 항목으로 나눠 5점 척도로 평가하였으며, 이를 출생률 변화와 연계하여 분석하였다. 그 결과, 가족친화정책 실행 수준이 높은 계열사일수록 출생률 감소폭이 작았고, 일부 기업은 오히려 출생률이 증가하기도 했다. 상위 30% 그룹사는 평균 0.07명의 출생률 상승을 보인 반면, 하위 30% 그룹사는 평균 1.14명 감소한 것으로 나타났다. 이 데이터를 통해 롯데그룹은 잘 설계된 제도를 꾸준히 실행할 경우, 실제 출생률 방어에 효과가 있음을 내부적으로 입증하였다.

이러한 성과는 정부가 주관하는 가족친화인증에서도 반영되고 있다. 롯데그룹은 대기업 중 가장 선도적으로 인증을 받고 있으며, 특히 남성 육아휴직의 사용 실적에서도 두드러진 수치를 기록하고 있다. 2023년까지 누적 7,538명의 남성 직원이 육아휴직을 사용했으며, 이는 국내 전체 남성 육아휴직자 10명 중 1명이 롯데 직원이라는 의미 있는 수치다.

롯데는 이러한 성과에 만족하지 않고, 향후 더욱 강화된 방향으로 가족친화정책을 운영할 계획이다. 우선 임신, 출산, 육아 등 엄마가 필요한 순간을 함께하기 위해, 휴직제도와 근로시간 단축제도의 사용 가능 기간을 확대하고 직장어린이집의 운영을 더욱 내실화할 예정이다. 동시에 아빠의 육아 참여를 더욱 적극적으로 유도하고, 부모가 함께 돌봄에 참여하는 문화를 지속적으로 확산시킬 방침이다. 기존에는 여성에게 집중되었던 출산 및 육아 관련 제도를 남성 직원에게도 동등하게 적용하여, '부모 맞돌봄'이라는 새로운 문화가 조직 전반에 자리 잡을 수 있도록 노력하고 있다.

롯데그룹은 향후에도 '아이가 행복한 시간이란 부모와 함께하는 시간'이라는 가치를 중심에 두고, 가족친화정책을 더욱 발전시켜 나갈 계획이다. 진정성과 지속성 있는 정책 운영이야말로 저출산 시대를 극복할 수 있는 가장 확실한 대안임을, 롯데그룹의 사례는 분명하게 보여주고 있다.

SK그룹, '행복경영'을 기반으로 한 유연한 가족친화 전략

SK그룹은 '행복경영'을 핵심 철학으로 삼고, 구성원의 삶의 질 향상을 기업 경쟁력의 출발점으로 바라보고 있다. 이러한 철학은 저출산 문제를 해결하기 위한 접근에도 고스란히 반영되고 있다. SK는 일과 가정이 조화롭게 공존하는 문화를 만들기 위해 근무환경의 유연화, 돌봄 단계별 지원, 남녀 구성원의 동등한 참여를 골자로 한 가족친화정책을 지속적으로 추진해왔다.

그룹 차원에서 가장 눈에 띄는 변화는 '근무지 유연화'와 '워케이션 제도' 도입이다. 재택근무, 거점 오피스, 원격 근무가 자유롭게 병행되는 시스템을 통해 업무의 효율성을 유지하면서도 직원 개개인의 삶의 여건에 맞춰 일할 수 있는 방식이 가능해졌다. 일부 계열사에서는 '해피 프라이데이' 제도를 도입해 월 1~2회 금요일에 전사 휴무를 시행하는 등 주 4일 근무 형태도 현실화하고 있다. 이는 구성원 만족도 제고와 더불어 출산과 육아를 위한 시간 확보에도 실질적으로 기여하고 있다.

특히 SK하이닉스는 저출산 대응에 보다 체계적이고 선제적인 접근을 시도한 계열사로 꼽힌다. 이 회사는 임신에서 육아까지 생애주기별로 세분화된 정책을 설계하여, 임직원들이 각 단계에서 필요로 하는 지원을 실질적으로 제공하고 있다. 난임 치료를 위해 시술 1회당 50만 원을 지원하고, 난임휴가는 기존보다 확대된 5일간 제공한다. 임신·출산 이후 육아 단계에 접어든 직원에게는 '단축 근무제'가 적용되는데, 특히 유아기 자녀를 둔 경우 주 30시간 근무만으로도 기존 고용관계가 유지된다. 이 제도는 육아기 경력단절을 방지하는 데 있어 실질적인 효과를 보이고 있다.

SK이노베이션 또한 가족친화적 조직문화를 형성하기 위한 다양한 제도를 운영 중이다. 출산을 앞둔 직원에게는 출산 전 최대 3개월간의 휴직이 가능하며, 출산 후에는 자동 육아휴직으로 전환된다. 특히 9세 이하 자녀를 둔 직원은 자녀 1인당 최대 1년간, 하루 4시간 근무로 조정할 수 있는 '육아기 근로시간 단축제'가 적용되어, 자녀돌봄의 실질적인 시간을 확보할 수 있다.

SK온은 법정 출산휴가 외에도 '출산 전 휴직' 제도를 별도로 마련해 임신 중일 때부터 충분한 휴식을 취할 수 있도록 하고 있다. 임신 중이거나 만 8세 이하 자녀를 둔 직원에게는 최대 2년까지 육아휴직이 부여되며, 이는 선택이 아니라 필요에 따른 기본 권리로 존중된다.

SK텔레콤은 임신 기간 동안 근로시간 단축이 가능하며, 자녀가 초등학교에 입학하는 해에는 성별에 관계없이 최대 90일간의 무급 자녀돌봄 휴직을 사용할 수 있도록 하고 있다. 이 휴직은 육아휴직과 별도로 사용할 수 있으며, 휴직기간 동안에도 재직기간으로 인정되어 경력단절에 대한 부담을 줄이는 데 기여하고 있다. 이처럼 각 계열사는 조직의 직무 특성에 맞춘 탄력적인 제도를 운영하면서도, 공통적으로 '돌봄과 일의 양립'이라는 가치를 실현하고 있다.

눈에 띄는 점은, 몇몇 SK 계열사에서는 남성의 육아휴직 비율이 여성보다 높게 나타나고 있다는 사실이다. 이는 단지 제도의 유무를 넘어서 구성원 간 성별 구분 없이 가족을 위한 시간이 조직 내에서 자연스럽게 존중되고 있음을 보여주는 지표라 할 수 있다. SK는 남성의 육아 참여를 장려하는 기업문화 조성을 위해 휴직의 '권장'을 넘어 '당연한 선택'으로 받아들여질 수 있는 분위기를 형성해왔다.

전반적으로 SK그룹의 가족친화정책은 '강제성'보다 '신뢰'와 '자율'을 기반으로 하면서도, 구체적인 정책 설계에 있어서는 철저한 생애주기 관점을 기반으로 한다. 임직원의 삶의 변화에 따른 지원수단을 미리 준비하고 안내하는 이 구조는, 복지 혜택이 '활용되는 제도'로 실현되기 위한 중요한 토대가 된다.

또한 SK그룹은 유연근무 운영에 있어 국내 가장 모범적인 사례로 손꼽히고 있다. 그룹 차원에서 '근무방식의 유연화'를 선언한 이후, 여러 계열사들이 조직 특성에 맞는 형태로 제도를 실험하고 정착시켜왔다. 이는 단순한 일·가정 양립을 넘어 인재 유지와 기업 생산성 제고에도 긍정적인 영향을 미치고 있다.

SK그룹의 전략은 명확하다. 단순히 저출산 시대를 '견뎌내는' 것이 아니라, 구성원의 행복을 중심에 두고 제도와 문화를 혁신함으로써 조직의 지속가능한 경쟁력을 확보하는 것이다. 제도적 장치와 유연한 근무환경이 일상의 선택지가 되고, 남녀 구분 없이 부모로서의 삶을 존중받을 수 있는 환경이 마련될 때, 진정한 가족친화 문화가 완성된다는 점을 SK는 실천으로 증명해보이고 있다.

LG의 계열사별
지원 전략

_____ LG그룹 역시 저출산 문제에 대응하기 위해 각 계열사의 상황에 맞는 다양한 제도를 적극적으로 도입하고 있다. LG전

자는 2022년 육아휴직 기간을 2년으로 확대해 초등학교 2학년 이하 자녀를 둔 임직원에게 제공하고 있다. 부부가 함께 육아휴직을 사용하는 것도 가능하고, 육아휴직을 1년만 사용하고 복직한 경우에는 남은 1년을 근무시간 단축제도로 활용할 수도 있게 했다. 특히, 육아휴직 사용이 어려운 임직원을 위해 1일 최대 5시간 내, 1시간 단위로 근무시간을 조정할 수 있는 '육아기 근무시간 단축제도'를 운영하고 있으며, 이 제도를 사용하더라도 연차휴가가 삭감되지 않는 점이 눈에 띈다. 또한 임직원 배우자에 대한 종합검진을 매년 지원하고, 난임치료를 위한 3일간의 특별 휴가를 제공하는 등 법정 기준을 넘어서는 다양한 복지제도를 마련하고 있다.

또한 LG에너지솔루션은 업계 최초로 자녀 입양 시 5일간의 휴가를 제공하는 '입양휴가제'를 시행하고 있으며, 육아휴직 기간도 2년으로 확대했다. 난임치료비 지원과 임신 및 난임 휴직제도 역시 마련하여 임직원의 생애주기별 다양한 상황을 지원하고 있다.

LG이노텍은 2020년부터 '자동 육아휴직제'를 선제적으로 도입했으며, 육아휴직 기간 역시 2년으로 확대하였다. 더불어 '시차 출퇴근제'와 '선택적 근로제' 등 다양한 유연근로제를 통해서 일·가정 양립을 위한 환경을 조성하고 있다.

LG디스플레이는 2021년부터 초등학교 6학년 이하 자녀를 둔 직원이라면 누구나 출퇴근 시간과 근무장소를 자유롭게 선택할 수 있는 '육아기 자율근무제'를 시행하고 있다.

LG화학 또한 하루 8시간의 근무시간만 지키면 자유롭게 출퇴근

시간을 조정할 수 있도록 하는 유연근로제를 도입해 직원들의 근무 자율성을 높였다.

이처럼 LG그룹은 계열사별로 각기 다른 현실을 반영하면서도 공통적으로 육아휴직 확대, 유연근로제 강화, 난임 및 입양 지원 등 가족친화적 제도를 적극적으로 확산시키고 있다. 이는 단순한 복지 차원을 넘어 우수한 인재를 안정적으로 확보하고, 지속가능한 성장을 도모하려는 전략적 대응이라고 할 수 있다.

대기업의 가족친화경영, 그러나 남겨진 과제

_____ 모든 기업이 선진적인 일·가정 양립 제도를 갖추기는 쉽지 않다. 이러한 제도에는 상당한 비용이 수반되기 때문이다. 실제로 앞서 소개된 성공 사례들은 대부분 한국의 대표 대기업들로, 중소기업과는 현실적인 여건에서 큰 차이를 보인다.

예를 들어, 중소기업에서는 육아휴직자 10명 중 3명이 1년 이내 회사를 떠나 대기업 대비 3배에 달하는 이직률을 기록하고 있다. 통계청 자료에 따르면, 2022년 기준 출생아 부모 중 육아휴직을 사용한 비율도 300인 이상 기업 종사자가 남성 65%, 여성 59%로 대기업 중심임을 알 수 있다. 근로자 1,000명당 육아휴직자 수도 대기업은 12.4명인 반면, 중소기업은 절반 수준에 불과했다. 이는 기업 규모에 따라 육아휴직 제도의 실제 이용에 큰 차이가 있음을 보여준다.

여성 육아휴직 활용도

(N=180, 단위: 명, %)

	50인 미만 기업		50~300인 기업		300인 이상 기업	
	응답자	응답비율	응답자	응답비율	응답자	응답비율
전혀 활용 없음	10	16.7%	4	6.7%	4	6.7%
별로 활용 없음	11	18.3%	5	8.3%	4	6.7%
간혹 활용함	14	23.3%	6	10.0%	4	6.7%
많이 활용함	19	31.7%	44	73.3%	48	80.0%
제도 없음	6	10.0%	1	1.7%	-	0.0%
합계	60	100.0%	60	100.0%	60	100.0%

자료: 한국경제연구원(2025), 「저출산·고령화에 대한 두 개의 렌즈, 전문가와 대중의 인식조사」

국회미래연구원의 분석에 따르면, 육아휴직 사용률은 꾸준히 증가했으나 2022년에도 전체 평균은 30.2%에 그쳤다. 특히 사업체 규모별 격차는 더욱 뚜렷했는데, 육아휴직 가능 비율이 대기업은 74.4%인데 비해 4인 이하 사업체에서는 15.6%에 그쳤다. 중소기업은 대체인력을 구하기 어렵고, 남은 동료들에게 업무가 전가되는 문제가 심각해 육아휴직 사용 자체가 어려운 실정이라는 것을 알 수 있다.

한국경제연구원의 2025년 설문조사에서도 같은 결과를 확인할 수 있다. 300인 이상 규모의 기업은 80%가 여성 육아휴직을 많이 활용한다고 응답했으나, 50인 미만 기업의 경우 31.7% 정도만 여성 육아휴직을 많이 활용한다고 답했으며, 그 가운데 10%는 육아휴직

육아기 유연근무 활용도

(N=180, 단위: 명, %)

	50인 미만 기업		50~300인 기업		300인 이상 기업	
	응답자	응답비율	응답자	응답비율	응답자	응답비율
전혀 활용 없음	18	30.0%	7	11.7%	8	13.3%
별로 활용 없음	17	28.3%	7	11.7%	5	8.3%
간혹 활용함	5	8.3%	8	13.3%	6	10.0%
많이 활용함	9	15.0%	33	55.0%	38	63.3%
제도 없음	11	18.3%	5	8.3%	3	5.0%
합계	60	100.0%	60	100.0%	60	100.0%

자료: 한국경제연구원(2025), 「저출산·고령화에 대한 두 개의 렌즈, 전문가와 대중의 인식조사」

제도가 없다고 응답했다.

같은 조사에서 육아기 유연근무 활용에 대해 묻는 질문에서는 대기업과 중소기업 간의 격차가 더 뚜렷하게 나타났다. 300인 이상 규모 기업의 응답자 중 63.3%가 유연근무를 활용한다고 답한 반면, 50인 미만 기업에서는 58.3%가 활용하지 않는다고 응답했다.

고용노동부의 '2022년 일·가정 양립 실태조사'에서도 20.4%의 기업이 '육아휴직 제도를 이용할 수 없다'고 응답했다. 사용 불가능한 주요 이유로는 '동료 및 관리자 업무가중'(42.6%), '직장 분위기·문화'(24.2%), '대체인력 부족'(20.4%) 등이 꼽혔다. 단순히 인건비 문제를 넘어 기업 내부의 조직문화와 업무구조가 제약 요인으로 작용하고 있음을 보여준다.

이러한 현상은 노동시장의 구조적 문제와도 맞닿아 있다. 통계청 자료에 따르면, 500인 이상 대기업의 인력 부족률은 0.4%에 불과한 반면, 30~99인 규모의 기업은 3.1%, 29인 이하 기업은 3.8%에 이르러 중소기업의 인력난이 상대적으로 심각한 상황임을 보여준다. 이처럼 대체인력을 구하기 어려운 여건에서는 정부의 제도적 지원만으로는 한계가 있을 수 있으며, 보다 근본적으로는 노동시장 이중구조 개선과 같은 구조적 접근이 함께 이루어질 필요가 있다.

정책 실효성을 높이기 위해서

_____ 덴마크는 중소기업에서도 육아휴직 공백을 효율적으로 메꿀 수 있어서 추가 비용이 크지 않다고 한다(Brenoe et al, 2024). 이는 육아휴직이 사전에 계획 가능한 특성이 있기 때문이다. 그러나 기업 규모가 매우 작거나 대체 근로자가 없는 경우에는 조정 비용이 발생할 수 있다고도 지적했다. 한국 중소기업의 현실과 비교하면, 육아휴직으로 인한 부담은 단순한 임금 문제가 아니라 채용, 훈련, 업무 재조정 등 광범위한 비용 문제로 이어질 수 있음을 알 수 있다.

이러한 문제는 육아휴직뿐 아니라 배우자 출산휴가, 육아기 근로시간 단축제 등 다른 가족친화정책에서도 마찬가지로 나타난다. 특히 최근 육아휴직 분할 사용 확대 정책은 긍정적 취지에도 불구하고, 기업 입장에서는 추가적인 업무조정 비용을 발생시킬 수 있다. 따라서 중소기업의 일·가정 양립에 관한 정책 실효성을 높이기 위해서는 임금 보조를 넘어 대체인력 지원, 업무 재조정 컨설팅 등 종합적이고 체계적인 지원책이 마련되어야 할 것이다.

직장어린이집 설치 의무도 비슷한 맥락을 보여준다. 정부는 2012년부터 매년 설치 이행률을 발표하고, 미이행 사업장의 명단을 공표하며 설치를 독려해왔다. 이행명령을 따르지 않을 경우 최대 1억 원의 이행강제금이 부과된다. 그러나 사업장의 위치가 외진 경우나 외근이 많은 업종 등에서는 설치가 현실적으로 어렵다는 지적도 나온다. 실제로 "벌금을 내고 말겠다"는 기업들의 해명이 이어지고 있다.

이와 관련하여 스웨덴은 보육서비스를 공공이 직접 지원해 부모의 경제활동 지속을 돕고 있다. 사회보장번호를 가진 거주자는 모두 보육수당을 받을 수 있고, 공공기관을 통해 주당 30시간까지 보육서비스를 이용할 수 있다. 보육시간은 부모의 근로상황에 따라 유연하게 조정되며 특수보육도 지원된다. 이러한 시스템과 함께 시간제 일자리가 보편화되어 있어, 여성의 경력단절을 줄이고 고용의 유연성을 높이는 데 기여하고 있다.

한국 역시 단순히 육아휴직 장려금 지급에 그치지 않고, 보육 인프라 확충과 근로 유연성 제고를 병행하는 정책이 추진되어야 한다. 그래야만 더 많은 기업, 특히 중소기업까지 아우를 수 있는 일·가정 양립 정책이 실질적으로 작동할 수 있을 것이다(구체적인 내용은 4장에서 설명한다).

06 인구감소, 해외 기업들은 어떻게 대응하고 있을까?

저출산과 인구감소가 본격화되면서 기업의 인사·복지 전략도 근본적인 전환점을 맞이하고 있다. 더 이상 출산과 육아는 개인의 선택이나 부담으로만 여겨질 수 없으며, 기업이 인재 확보와 생산성 유지를 위해 적극적으로 개입해야 할 경영 과제가 되었다. 이번에는 해외 주요 기업들이 출산·육아 친화적인 제도를 어떻게 설계하고, 이를 조직문화 속에 실효성 있게 정착시켜 나가고 있는지를 살펴보자. 특히 일본, 미국, 영국의 사례를 중심으로 육아휴직 확대, 유연근무제 도입, 보육비 지원, 생식 건강 복지 등 다양한 접근방식을 조명하고, 이를 가능하게 만든 정부의 정책적 지원과 민관 협력의 방식 또한 함께 살펴본다. 이는 우리 사회와 기업이 저출산 시대를 어떻게 준비해야 할지에 대한 실질적 시사점을 제공할 것이다.

세계 최초 초고령사회에 진입한 일본

_____ 2005년 일본은 세계에서 가장 먼저 '초고령사회'에 진입했다. 전체 인구의 20% 이상이 65세 이상이 되면서 '인구감소 → 경제 축소 → 국력 쇠퇴'의 악순환이 시작되었다는 경고가 현실이 되었다. 일본의 출생률은 1994년 '1.5 쇼크'를 시작으로 2005년에는 1.26까지 떨어졌고, 2023년에는 1.20으로 다시 하락했다. 결혼하지 않는 청년층, 미혼의 증가, 불안정한 일자리, 그리고 무엇보다 '일과 가정을 병행할 수 없는 사회'가 문제였다. 특히 남성이 장시간 일하고 여성이 육아를 전담하는 뿌리 깊은 문화는 출산을 망설이게 만들었다. 이에 일본 정부는 저출산 대응의 핵심을 '일하는 방식의 개혁'으로 설정했다. 더 이상 근로자 개인의 노력만으로는 출산과 육아를 병행할 수 없는 사회구조에서, 기업과 정부가 구조적 해법을 모색하기 시작한 것이다.

이러한 배경 속에서 일본의 주요 기업들은 자발적이면서도 창의적인 방식으로 저출산 문제를 돌파하고 있다. 그 중심에는 '워라밸', 즉 일과 삶의 균형을 통해 직원의 만족도와 생산성을 높이는 전략이 자리 잡고 있다.

눈치 보지 않고
사용하는 남성 육아휴직

_____ 일본의 대표 제지업체 다이오제지는 남성 육아휴직에 매우 소극적인 기업으로 알려져 있었지만, 불과 몇 년 사이 놀라운 변화를 일궈냈다. 2018년까지만 해도 남성 직원의 육아휴직 사용률이 5%에 불과했지만, 2022년에는 무려 83%까지 급증했다. 이 변화의 중심에는 '일하는 방식의 개혁'을 강조한 신임 사장이 있었다. 그는 남성 육아휴직 100%를 회사의 핵심 목표로 삼고, 다이버시티(다양성) 전담 조직을 만들었다. 더불어 '아버지의 날(8월 8일)'과 '부부의 날(11월 22일)'에는 사내 SNS를 통해 직원들의 육아휴직 사용을 독려하는 등 분위기 개선에도 힘썼다. 또한 갑작스러운 휴직으로 인한 업무 공백을 막기 위해 출산 3개월 전에 육아휴직 계획을 보고하는 내부 규칙을 마련했다. 제도는 단지 '있는 것'이 아니라 직원들이 '실제로 사용할 수 있는 것'이어야 한다는 원칙 아래 운영되었다. 특히 다이오제지는 "3일짜리 육아휴가는 의미 없다"는 판단 아래 최소 14일 이상 휴직을 권장했다. 실제로 2022년에는 남성 육아휴직자의 평균 사용 일수가 32일에 달했으며, 6개월이나 1년간 휴직한 사례도 나왔다. 정부와 컨설팅업체의 지원, 그리고 경영진의 결단이 어우러지자 '보수적'이던 다이오제지는 어느새 일본에서 남성 육아휴직 신장률 1위 기업으로 거듭났다.

일본의 대표적인 종합건설회사 중 하나인 토다건설은 이미 10여년 전부터 젊은 세대의 입사자 수가 줄어드는 현실을 체감하며, 일과 삶의 균형을 이룰 수 있는 조직문화의 필요성을 절감했다. 이에 따라 토다건설은 남녀 사원 모두가 좋은 환경에서 근무할 수 있도록 사내 제도를 정비하고, 특히 젊은 사원의 정착과 성장을 지원하는 다양한 노력을 기울이기 시작했다. 특히 주목할 만한 점은, 남성 직원의 육아휴직 사용을 적극 장려한 것이다. 일본의 많은 기업에서 여전히 남성의 육아휴직이 관행화되지 못한 현실 속에서, 토다건설은 다이버시티추진부(다양성과 포용을 담당하는 부서), 상사, 당사자가 필요시 함께 소통하고 제도의 취지를 충분히 이해시킴으로써, 남성 사원이 심리적 부담 없이 육아휴직을 선택할 수 있도록 제도와 분위기를 함께 조성해나갔다.

그 결과, 2020년 토다건설의 남성 직원 육아휴직 사용률은 100%를 기록했다. 이는 일본의 종합건설회사 중에서도 매우 드문 성과로, 조직 차원의 확고한 지원 없이는 달성하기 어려운 수치다.

정부의 제도 변화에 발맞춘 대응도 눈에 띈다. 2022년 4월, 일본 정부가「육아·간병휴직법」을 개정하자, 토다건설은 이에 발맞춰 '산후파파 육아휴직' 제도를 도입했다. 최대 4주까지 육아휴직을 유급으로 보장하는 방식으로, 제도를 단순히 도입하는 데 그치지 않고 실효성을 확보하는 데 초점을 맞췄다. '산후파파 특별휴직'이라는 별도의 제도를 신설해 기존 법에서 요구하는 '2주 전 사전 신청' 요건을 없애고, 상사의 승인만으로도 휴직이 가능하도록 절차를 간소화했다. 이는 직원의 실질적인 권리 보장을 위해 기업이 법적 기준을 넘어선 조치를 취한 모범 사례로 평가받는다.

　이러한 변화는 직원 만족도와 조직의 지속가능성에도 긍정적인 영향을 미쳤다. 2023년 4월 기준, 신입 여성사원의 3년 후 정착률은 94%를 넘어섰으며, 2020년 당시 신입사원 중 여성의 비율은 23%에 달했다. 이는 여전히 남성 중심으로 인식되는 건설업계에서 상당히 높은 수치로, 토다건설이 여성 인재 유입과 유지를 위해 얼마나 진지하게 노력해왔는지를 보여주는 지표다.

잔업 없는 직장,
이토추상사의 '아침형 근무제'

──────── 일본은 장시간 노동문화로 오랫동안 고통받아왔다. 이를 극복하기 위해서 정부는 시간외 근로시간 상한 규제를 도입했고, 많은 기업이 이에 호응했다. 대표적인 사례가 사카타제작소이다. 대표가 잔업 철폐를 선언하고 실천하면서, 직원들의 육아휴직 사용률과 출산율이 크게 향상되었고 생산성 역시 오히려 증가했다.

　일본의 대표 종합상사 이토추상사는 2010년부터 '일하는 방식의 개혁'을 사내 전략으로 채택했다. 2013년 도입한 '아침형 근무제'는 오전 5시부터 8시 사이에 근무를 시작하고, 오후 8시 이후의 잔업을 원칙적으로 금지하는 방식이다. 아침 일찍 근무를 시작하는 사원에게는 할증임금, 조식 등의 인센티브를 제공함으로써 아침형 근무제 도입의 목적이 시간외 근무수당의 삭감에 있는 것이 아님을 증명

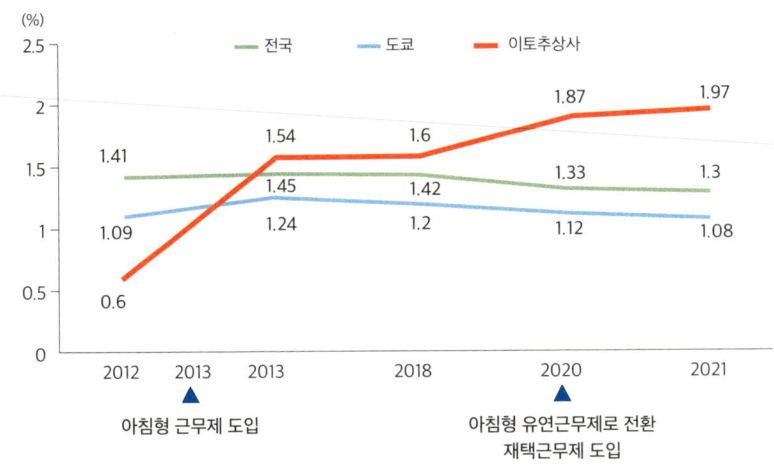

주: 기업이 일하는방식을 바꾸면 출산율도 오른다는 사실을 데이터로 보여줌으로써 기업은 물론 일본 사회에 충격을 안겨주었다는 점에서 이토추쇼크라 부른다.
자료: 이토추상사 홈페이지

하고자 노력했다. 이 제도는 많은 사원들로부터 훌륭한 제도라고 평가받고 있으며, 출산 후 여성의 회사 복귀율을 획기적으로 높였다. 2021년 사내 출생률은 전국 평균(1.3)을 훨씬 상회하는 1.97을 기록했다. 이토추상사가 일하는 방식 개혁에 나선 것은 여성사원이 출산 이후에도 근무할 수 있는 환경을 조성하여 노동생산성을 제고하기 위함이었으나, 출산율 제고 효과까지 얻을 수 있었던 것이다.

이토추상사의 개혁은 단순한 제도 도입이 아니라 경영철학의 전환이었다. "출산은 부끄러운 일이 아니다"라는 메시지를 임직원에게 명확히 전달함으로써 여성 직원들의 출산과 경력 지속에 대한 심리적 부담을 줄였고, 전체 노동생산성 역시 2010년 대비 5배 이상 증가하는 등 뚜렷한 성과를 남겼다.

유연한 근무시간,
일과 삶의 균형을 위한 선택

_____ 일본에서는 오전 9시 출근~오후 6시 퇴근의 정형화된 근무에서 벗어나 다양한 유연근무제가 확산되고 있다. 일본 기업들은 플렉스타임제, 슬라이드 워크제, 단축근무제 등 직원의 상황에 맞춘 근로시간 선택권을 제공하고 있다.

앞서 언급했던 이토추상사는 아침형 근무제에 선택지를 더 넓혀 2022년 플렉스타임제(아침형 유연근무제) 및 재택근무제를 도입하였다. 아침형 유연근무제는 아침형 근무제도의 취지는 이어가지만, 오후 8시 이후의 잔업(시간외 근무)을 원칙상 금지하며, 오후 10시 이후에는 아예 금지하였다. 그리고 오전 9시부터 오후 3시를 코어타임으로 설정하여 오후 3시 퇴근도 보장하였으며, 주 2회까지의 재택근무제도도 함께 확립하였다.

신코메탈리콘은 육아중인 직원에게 출퇴근 시간을 조정할 수 있는 '슬라이드 워크제'를 도입하였다. 이는 중학생 이하의 자녀를 둔 직원은 오전 8시 30분부터 오후 5시 15분의 근로시간 전후로 1시간 정도 앞당기거나 늦추는 제도이다. 통상 육아중 단축근무제도는 근무를 하지 않는 시간만큼 급여가 줄어들기 때문에 직원들은 슬라

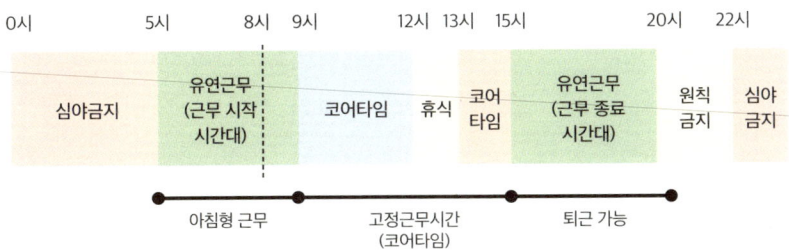

*아침 7시 50분 이전에 근무를 시작하는 경우 인센티브로서 심야근무와 동일한 할증임금(25%)을 지급

자료: 이토추상사 홈페이지

이드 워크제에 대한 선호도가 높은 것으로 나타났다. 그 외에도 신코메탈리콘은 2012년 '육아휴직 출근제도'를 도입하였는데, 이는 육아휴직중인 여성사원이 자녀를 회사에 데리고 와서 1시간 정도 사장이나 사원과 담소를 나누는 제도이다. 이 제도는 여성 직원의 복직 후 불안감을 해소하고 적응할 수 있게 한다는 점에서 긍정적인 평가를 받았다. 그 결과, 여성 직원을 포함한 전체 이직률 저하, 직원의 평균 연령 하락(2024년 기준 37세), 신입직원의 수준 향상, 매출액 증대 등 경제적 효과가 크게 나타났다.

또 다른 일본 기업 사례는 광고회사 유메디아다. 2003년 콘노 히토시(今野均) 사장이 경영 후계자로 입사했을 당시, 그는 조직이 안고 있는 문제들을 누구보다 명확히 인식하고 있었다. 장시간 노동에 지친 직원들, 결혼과 출산을 계기로 회사를 떠나는 유능한 여성 인재

들…, 이러한 구조적 문제들은 곧 회사의 성장과 신사업 개척을 위한 인재 확보에 큰 걸림돌이 될 수 있었다.

그가 가장 먼저 착수한 일은 '일하는 방식'의 근본적인 전환이었다. 유메디아는 결혼, 출산, 육아 등 각자의 라이프스타일을 존중하면서도 일과 커리어를 지속할 수 있는 제도의 롤모델을 만드는 데 집중했다. 특히 육아로 인해 시간 제약이 심한 사원도 경력을 단절하지 않도록 유연한 근무방식을 다양하게 도입했다.

하지만 제도만으로는 충분하지 않았다. 일·생활 균형 정책이 실질적으로 작동하기 위해서는 동료 남성과 상사의 인식 변화뿐 아니라 적극적인 협력이 필요하다는 점을 회사는 간파했다. 이에 따라 2015년 '워크 이노베이션 위원회'를 설치하고, 기존의 톱다운 방식에서 벗어나 전 사원이 참여하는 바텀업(bottom-up) 개혁 체제로 방향을 전환했다.

그 결과, 유메디아는 재택근무와 출근을 혼합한 '하이브리드 워크' 체제를 실현하며 다양한 라이프스타일에 대응하고 있다. 특히 월초에 각 사원이 정한 정시 퇴근일을 표시한 배지를 착용하는 '이쿠멘 뱃지' 제도는 사내 인식을 전환시키는 상징적 장치가 되었다. 이런 노력들이 쌓여 여성 직원의 육아휴직 사용률은 100%를 기록했고, 여성의 평균 근속연수는 2003년 4년에서 2022년에는 9.4년으로 두 배 이상 늘어났다. 단지 제도를 만든 것에 그치지 않고 일하는 문화를 바꿔 일궈낸 변화였다.

이러한 일본 중소기업의 워라밸을 위한 혁신 뒤에는 정부의 든든한 지원이 있었다. 일본은 저출산 문제를 해결하기 위해 중소기업의 역할을 중시해왔다. 그러나 현실적으로 인력과 자원이 부족한 중소기업이 자발적으로 육아지원 제도나 유연근무제를 도입하는 데는 한계가 있었다. 이를 보완하기 위해 일본 정부는 중소기업의 일·가정 양립 노력을 뒷받침하는 재정적 지원 제도를 체계적으로 운영해왔다.

가장 대표적인 제도는 2005년 「차세대육성지원대책추진법」 제정과 함께 도입된 '일과 가정의 양립지원 조성금'이다. 이 제도는 중소기업이 직원의 육아, 간병, 불임치료 등 개인의 삶과 직장생활을 조화롭게 병행할 수 있도록 다양한 제도를 도입하고 실제로 운영했을 때, 정부가 그 실적에 따라 보조금을 지급하는 방식이다. 예를 들어, 남성 근로자가 자녀 출산 후 8주 이내에 일정 일수 이상의 육아휴직을 사용하면 기업은 최대 수십만 엔의 조성금을 받을 수 있다. 뿐만 아니라 회사 차원에서 향후 남성의 육아휴직 사용률을 높이기 위한 목표를 세우고 실적을 달성하면 추가 인센티브도 제공된다. 이는 기업이 남성의 육아참여 문화를 선도적으로 확산시킬 수 있도록 유도하는 장치다.

여성 근로자의 경우에는, 3개월 이상 육아휴직을 사용한 경우와 복직 후 6개월 이상 근속했을 때 각각 보조금이 지급된다. 단순히 육아휴직을 허용하는 것에 그치지 않고, 복직 후에도 안정적으로 근무할 수 있는 환경을 조성하려는 정책적 의도가 담겨있다.

또한 육아휴직으로 인해 발생하는 인력 공백을 해소하기 위한 '업무대체인력 지원'도 중요한 항목이다. 기업이 휴직자를 대신할 인력을 새로 채용하거나, 기존 인력을 단축근무제로 전환하는 경우에도 정부는 비용을 보조한다. 또한 육아휴직자를 장기적으로 대체할 인력을 새로 고용한 경우에는 보조금이 추가로 늘어난다.

최근에는 재택근무, 시차출근제, 선택적 근무시간제 등 유연하게 일하는 방식을 도입하고, 이를 실제로 일정 기간 운영한 중소기업에게도 지원금이 제공되고 있다. 단순한 제도 도입이 아니라 실사용을 기준으로 지원 여부를 판단하기 때문에 현장 중심의 제도 운영이 촉진되고 있다.

이뿐만이 아니다. 가족 간병으로 인한 이직을 막기 위한 조치도 마련되어 있다. 간병이 필요한 근로자에게 시간제 근무나 재배치 등을 제공하고, 그 실적이 있을 경우 기업은 일정액의 보조금을 받을 수 있다. 이외에도 난임치료와 직장생활의 병행을 돕기 위한 제도도 존재한다. 근로자가 치료를 위해 유급휴가나 시차출근제를 일정 기간 이상 활용한 경우, 해당 기업은 정부로부터 지원을 받게 된다.

이처럼 일본의 조성금 제도는 단순한 복지정책이 아니다. 기업이 가족친화적인 직장문화를 '실행'하도록 유도하고, 그에 따른 비용을 함께 분담함으로써 일과 삶의 균형을 사회 전반으로 확산시키는 기반 역할을 하고 있다. 일본에서는 이러한 정책적 뒷받침 덕분에, 자원이 열악한 중소기업들도 워라밸 실현의 주체가 될 수 있었던 것이다.

구글, MS, 넷플릭스도 선택한
유연한 근무환경

_____ 미국 기업들도 유연한 근무환경을 도입하고 있다. 그들은 일·가정 양립을 위한 정책의 일환으로 재택근무 등 근무장소를 유연하게 선택할 수 있도록 할 뿐만 아니라 근무시간 또한 유연하게 운영할 수 있는 환경을 제공하고 있다. 코로나19 이후 더욱 확대되는 추세인 유연한 근무환경은 근로자의 워라밸 향상에 기여할 뿐만 아니라 생산성 증대와 이직률 감소를 통해 기업 수익에도 긍정적인 영향을 미칠 수 있다. 실제로 S&P Global의 분석에 따르면, 유연한 근무장소 제공과 낮은 이직률 간에는 상관계수 0.3의 유의미한 상관관계가 존재하는 것으로 나타났다.[26]

취업정보 사이트 인디드(Indeed)에 따르면, 인튜이트(Intuit), 구글, 애플, 델, 마이크로소프트 등 글로벌 IT 기업들을 중심으로 근로자가 근무장소와 시간을 자유롭게 설정할 수 있는 유연한 근무환경을 제공하고 있으며(2024), 구글의 CEO 순다르 피차이는 2021년 직원들에게 보낸 이메일에서 "일의 미래는 유연성이다(The future of work is flexibility)"라고 언급하며, 직원들이 주 3일은 사무실에서, 2일은 원하는 장소에서 근무하고, 연 4주간은 사무실 외 장소에서 일할 수 있는 등 유연한 근무제도를 확대해나갈 것이라고 밝혔다.

---

[26] S&P Global, "Something's Gotta Give, COVID-19 could rapidly expand family-leave policies; It could also deal a serious blow to women in the workforce", 2020.10.19.

또한 마이크로소프트도 '하이브리드 업무환경 유연성(hybrid workplace flexibility)' 정책으로 100% 재택근무, 50% 재택근무 등을 선택할 수 있도록 했다. 아메리칸익스프레스 역시 유연한 근로시간 및 장소를 제공하는 기업 중 하나로 꼽히는데, 재택과 오피스 근무를 자유롭게 근로자가 설정하는 아멕스 플랙스(Amex Flex) 프로그램을 운영하고 있으며 40% 이상의 근로자가 전적으로 재택근무를 시행 중이다.

미국은 연방정부 차원의 유급 육아휴직이 제공되지 않기 때문에 기업에서 일·가정 양립을 지원하기 위해 육아휴직 제도가 복지혜택의 일환으로 포함되는 경우가 많다. 그 예로 미국에서 가장 관대한 유급 육아휴직을 제공하는 기업으로 꼽히는 넷플릭스는, '아이와 자신을 돌보라(Take care of your baby and yourself)'라는 슬로건을 바탕으로 자녀를 출산한 직원에게 성별 또는 정규직 여부 등에 관계없이 52주의 유급 육아휴직을 제공하고 있다.

또한 미국의 스포티파이(Spotify)에서는 자녀가 만 3세가 되기 전까지 언제든 사용할 수 있는 6개월의 유급 육아휴직을 제공하고 있으며, 육아휴직을 신청하기 위한 자격 요건이 별도로 없어 입사 직후에도 사용할 수 있다. 또한 육아휴직 사용 근로자들의 복직을 지원하기 위해 복직 후 한 달 동안은 유연 근무제도를 시행하고 있다. 미국 아마존에서는 최소 1년 이상 근무한 근로자들을 대상으로 출산 전 4주, 출산 후 16주를 포함한 총 20주의 유급 육아휴직을 제공하고 있다. 또한 복직하는 근로자에게 8주에 걸쳐 파트타임 등 근로시간을 유연하게 할 수 있는 '램프 백 프로그램(Ramp Back program)'을 운영하여 근로자들의 적응에 도움을 주고 있다.

미국 기업들은 직원들의 자녀 양육을 돕기 위해 데이케어센터를 운영하거나 양육비를 지원하는 등 다양한 제도를 운영하고 있다. 예를 들어, 샌프란시스코에 본사를 둔 소프트웨어 기업 세일즈포스(Salesforce)는 지역 내 근로자들을 위해 브라이트 호라이즌스(Bright Horizons) 보육센터와 협약을 맺고, 자사 직원들이 우선 입소할 수 있도록 하며 할인된 보육료를 적용받을 수 있도록 지원하고 있다. 또한 시스코는 브라이트 호라이즌스의 백업 보육 서비스를 통해 직원들이 자녀를 보육 시설에 보내거나, 필요시 보육 서비스를 제공하는 인력을 가정으로 불러 이용할 수 있도록 하고 있으며, 2020년에는 무료 보육 서비스 이용 옵션도 제공한 바 있다.

영국의 보조생식기술 시술비용 지원

반면 유럽 주요국들은 정부 주도의 보편적인 출산지원 정책을 펼치거나 여성의 경제활동 참여율이 낮은 편이라, 기업이 중심이 되는 출산지원 정책 사례는 많지 않다. 그러나 영국은 상대적으로 정부의 가족 지원이 제한적이고 시장 의존도가 커, 기업 주도의 복지제도가 도입될 여지가 크다는 평가를 받아왔다. 실제로 영국에서는 보조생식기술 시술 비용 지원과 같은 직원들의 생식 관련 복지제도가 확산되고 있다. 특히 시험관아기(IVF) 등 보조생식기술 시술 비용을 기업이 지원하는 사례가 확산되고 있다. 출산 시기가 늦어지는 추세 속에서 일정 연령 이후에는 자연 임신 가능성이 급격히 떨어지기 때문에, 관련 수요가 빠르게 늘어나고 있다. 하지만 시술의 성공률이 50%에 못 미치고, 1회 비용도 6천 파운드(약 1천만 원)에 달해 경제적 부담이 상당하다. 이에 따라 기업들이 시술 비용을 지원하는 제도를 도입하고 있다.

내셔널웨스트민스터 은행(NatWest, 금융), 센트리카(Centrica, 에너지), 클리포트 챈스(Clifford Chance, 법률), 쿨리(Cooley, 법률), 링크드인(LinkedIn, 채용), 블랙록(BlackRock, 금융) 등 주요 기업들이 직원 1인당 최대 4만 5,000파운드(약 7,800만 원)까지 지원하고 있으며, 이는 기업의 생식복지 제도 확대의 대표 사례로 꼽힌다.[27]

영국에는 이런 복지제도의 설계와 운영을 위탁받아 운영하는 전문기관도 출현하였다. 2019년 설립된 페르티파(Fertifa)는 생식 건강 전문 서비스 기관으로 난임, 불임, 폐경 등 생식 관련 문제에 대한 종합적인 솔루션을 기업에 제공하고 있다. 페르티파는 고객사 직원 교육, 제도 설계 자문, 자체 의료진에 의한 진단·처방·치료까지 담당하며, 아비바(Aviva), 테슬라, 스포티파이, 메타, 디아지오(Diageo), 막스앤스펜서 등 다양한 업종의 기업들이 고객사로 참여하고 있다.[28] 페

---

[27] 파이낸셜타임스, "Employers expand benefits to include cost of fertility treatment", 2021.9.1.
[28] 영국 정부 웹사이트(GOV.UK), "FERTIFA LIMITED"

르티파 외에도 캐롯(Carrot), 페피(Peppy) 등 유사한 서비스를 제공하는 업체들이 활동 중이다.[29]

영국의 생식 건강 관련 복지제도는 단순한 금전적 지원을 넘어서, 직원들이 보조생식기술 시술과 업무를 병행할 수 있도록 장려한다는 점에서 더욱 큰 의미를 지닌다. 이러한 메시지는 출산이나 육아가 업무와 양립할 수 있다는 인식을 확산시키고, 나아가 '출산·육아와 근로의 병행이 직장 내 문화이자 사회적 규범(social norm)'으로 자리 잡는 데 기여할 수 있다. 즉, 출산, 육아 및 관련 절차를 근로와 병행할 수 있다는 신호(signal)를 줌으로써 출산 및 퇴사(이직 포함) 관련 의사결정에 영향을 미치는 것이다. 왜냐하면 보조생식기술 시술 시 비용만 걸림돌인 것이 아니라 근무시간 조정, 컨디션 난조에 따른 직장 내 낙인 등이 또 다른 장애물이 될 수 있는데, 기업이 제도적으로 시술 비용을 지원할 경우, 해당 치료가 개인의 선택이나 예외적인 상황이 아니라 정당한 권리로 받아들여지게 된다. 이를 통해 직원들은 심리적 부담을 줄이고 보다 안정적으로 시술과 업무를 병행할 수 있다. 결국 이러한 환경이 조성될 때, 출산과 육아가 경력단절로 이어지지 않는 사회적 분위기가 형성되며, 이는 장기적으로 출산율 제고에도 긍정적인 영향을 미치는 요인이 될 수 있다.[30]

---

29 Carrot 웹사이트, Peppy 웹사이트
30 Bloom, Kuhn and Prettner, 2023.

기업은 왜 일·가정 양립을 선택하는가?

_____ 기업들로부터 이러한 복지를 제공하게끔 유인하는 이유는 무엇일까? 페르티파에 따르면, 보조생식기술 시술 중인 근로자 중 38%가 상기한 어려움으로 퇴사를 고려하고 있다. 이에 대한 직원 대체 비용(영국 평균 1인당 3만 파운드, 한화 약 5,200만 원)을 고려할 때, 보조생식기술 시술 비용 지원으로 퇴사율을 충분히 낮출 수 있다면 기업에 금전적인 이익도 될 수 있다는 판단이다.[31]

또한 육아휴직 제도는 여성 인력의 이탈을 줄이고 우수한 인재를 기업 내에 안정적으로 유지하는 데 도움이 되며, 이는 장기적으로 기업의 생산성 향상으로 이어질 수 있기 때문에 기업 입장에서도 이를 확대할 유인이 존재한다. 실제로 육아휴직 확대가 여성 이직률을 낮추고, 총자산수익률(ROA)이나 1인당 매출액 등으로 측정되는 기업의 생산성에 긍정적인 영향을 미친다는 연구결과도 보고된 바 있다(Bennett et al., 2022 ; 곽은혜·김민희, 2023). 유튜브 전 CEO 수잔 보이치키(Susan Wojcicki)는 자사에서 유급 육아휴직을 12주에서 18주로 확대한 결과, 여성 직원의 퇴사율이 50% 감소했으며, 이로 인해 숙련된 인재의 이탈을 막고 기업의 손실도 줄일 수 있었다고 언급한 바 있다. 또한 미국 내 일부 주정부에서 추진한 유급 육아휴직 제

---

[31] Fertifa 웹사이트, "HR Guide to Fertility Benefits: 15 companies that are offering actually impactful fertility benefits", 2023.

도 확대는 우수한 여성 인력의 채용과 이탈 방지에 기여했으며, 이는 기업의 혁신 역량 제고에도 긍정적인 영향을 미쳤다는 연구결과도 제시되고 있다.[32]

이러한 기업 사례들은 단순히 '좋은 기업'이 되기 위한 이미지 개선을 넘어, 기업이 스스로 저출산 문제 해결의 주체로 나서게 된 배경을 잘 보여준다. 기업들은 일·가정 양립을 위한 제도 도입이 단기적으로는 비용처럼 보일지라도, 장기적으로는 우수 인재의 유입과 정착, 조직문화의 개선, 그리고 생산성의 향상이라는 실질적 이익으로 되돌아온다는 사실을 경험을 통해 체감해왔다.

무엇보다 중요한 것은, 이러한 변화가 정부의 정책적 유인과 재정적 지원 없이 기업의 자발성만으로는 이루어지기 어렵다는 사실이다. 일본 정부는 단순한 제도의 '존재'보다 '실효성'을 강조했으며, 실제 운영 실적에 따라 보조금을 차등 지급하는 방식으로 기업의 행동 변화를 유도했다. 이처럼 정교한 제도 설계와 현장 중심의 접근은 민간의 자발성을 촉진하면서도, 정부가 책임 있는 조력자로 기능할 수 있음을 보여준다.

결국 저출산 시대에 기업과 정부는 서로 대립하는 주체가 아니라 함께 해법을 만들어가는 '공동의 책임자'로서의 역할을 분담해야 한다는 시사점을 던져준다.

---

[32] Jin and Zhu, 2021.

4장

정부와 기업이
함께 설계하는 미래

인구비상사태, 저출산·고령화의 파고를 넘어

한국의 인구구조가 정치와 경제의 화두로 등장한 것은 출산율의 하락 경향이 두드러졌기 때문이다.[33] 수명이 일정하다면 인구가 일정수준으로 유지되기 위해서는 합계출산율이 2.1 수준이어야 하는데, 한국의 합계출산율은 1980년대 이후 2.1을 넘은 적이 없었다. 하지만 한국인의 평균 수명이 지난 60년간 29.1세가 증가할 정도로 급속히 증가한 탓에 인구증가는 지속되어왔다. 합계출산율은 외환위기 이후 1.5 미만으로 떨어지더니 2005년에는 급기야 일시적이

---

[33] 통상 출산율은 합계출산율을 가리킨다. 합계출산율은 가임기(15-49세) 여성 1명이 가임기간 동안 낳을 것으로 예상되는 평균 출생아 수로 정의된다.

나마 1.09수준까지 떨어졌고, 그 이후 1.2 주변에서 등락을 거듭하다가 2017년 1.05 이후에는 2023년까지 해마다 최저 수준을 갱신했다. 이러한 일련의 상황이 2024년 저출산고령사회위원회가 중심이 되어 인구비상사태를 선언한 배경이자 인구비상대책회의를 매달 열면서 부처 간 정책 조율을 하고 이행 점검을 하게 된 이유다.

인구구조 변화에 대한 대처가 필요하다는 문제의식은 20여 년 전에도 있었다. 그것은 대통령을 위원장으로 하는 저출산고령사회위원회가 출범하는 계기가 되었다.[34] 당시에는 1.5에 현저하게 미치지 못하는 합계출산율을 위기로 보는 정도였다. 하지만 합계출산율이 1.0을 하회하는 상태에서 해마다 더 감소하는 상황은 이제 국가 존망의 문제라고 할 수 있다. 영국 옥스퍼드대학 인구학 명예교수인 데이비드 콜먼(David Coleman)은 "한국이 지구상에서 사라지는 최초의 나라가 될 것"이라고 할 정도로, 그 이전보다 더 비상사태로 대응을 하지 않으면 안 되는 상황에 놓여있다.

국가 인구비상사태의 선언

─────── 높은 산업화 수준을 달성한 국가들에서는 고령화가

---

[34] 2004년에는 대통령자문 고령화 및 미래사회위원회가 먼저 설치되었고, 2005년에 「저출산·고령사회기본법」이 제정되면서 저출산고령사회위원회가 법적 근거를 마련하고 본격적으로 운영을 시작했다.

예전부터 지속되어왔다. 고령화는 이제 세계적인 현상이 되어있다. 유엔 등 국제기구에서 예측한 바에 의하면, 21세기 말에는 대부분의 개발도상국에서도 인구성장이 멈추고 세계 인구도 더 이상의 증가를 멈출 것으로 예상하고 있다.

한국이 겪고 있는 저출산·고령화는 무엇보다 빠른 속도로 인해 개인, 가족, 기업, 사회에 일찍이 경험해보지 못한 영향을 미칠 것으로 전망된다. 사소하게는 아파트 단지 내 놀이터의 유용성에 관한 논란부터 학령아동의 감소가 낳는 학교시설과 교사의 수와 역할 조정 필요성, 국방능력을 유지하기 위해서 장비현대화를 넘어 복무기간을 연장하고 여성까지 병역의무 대상으로 할지의 여부, 사회보장 재정의 지속가능성 확보, 증가일로를 걸었던 인구와 그에 상응하는 행정서비스 공급방식을 인구축소 시대에 적응시키는 방식, 점점 감소하는 성장률과 노동시장 참여자의 일자리 욕구 조화, 재정 확충의 어려움과 늘어나는 재정수요 등 우리 일상의 많은 분야에서 변화가 요구된다.

우리가 겪고 있는 저출생, 고령화 속도가 지나치게 빨라서 고령화를 먼저 겪은 다른 어느 나라보다도 신속한 이해조정과 의사결정이 필요하고, 실행에 있어서도 훨씬 신속해야 한다. 하지만 현실의 이해조정은 과거 그 어느 때보다도 어려운 상황에 놓여있다. 의사결정 과정에 갈등이 수반될 가능성이 높기 때문이다. 비록 인구구조 변화가 예측가능성이 높은 영역이더라도 이해조정이 안 되면 속수무책일 수도 있다. 그런 때일수록 신뢰도 높은 정부가 필요하다. 시장경제에서 정부가 해야 하는 역할 중 하나는 충격을 완화해서 연착륙을 유도하는 것이기 때문이다.

인구가 줄어드는 것은 커다란 문제가 아니며 오히려 좋은 일일 수 있다는 견해도 존재한다(우치다 다쓰루, 2020 ; 조선일보, 2023). 하지만 이런 주장은 마치 연령계층별 인구구조가 적절한 형태로 유지되는 상태에서 인구감소가 진행되는 것을 전제로 하고 있기 때문에, 한국 사회가 당면한 문제의 본질을 흐리고 있다. 한국에서 일어나고 있는 인구변화는 단순히 인구 규모의 축소가 아니다. 제반 사회운영 시스템의 수정을 요하는 형태로 변화하는 인구의 연령계층별 구조 변화이다. 게다가 그 속도가 세계적으로, 역사적으로 유례가 없을 정도로 빠르다.

이러한 변화가 갖는 문제점은 다음과 같은 현상을 생각해보면 쉽게 짐작할 수 있다. 최근 5년간 어린이집 9,100여 곳이 감소했다. 요양원과 요양병원은 늘어났다. 그러나 어린이집을 요양원이나 요양병원으로 전환할 수 있는 것은 아니다. 그 변화 과정은 많은 비용과 쉽지 않은 적응을 요구한다. 어린이집이 요양원 시설로 전환될 수 없고 육아전문가, 유아교육전문가가 요양사로 쉽게 전환되기 힘들기 때문이다.

고령화의 속도와 그것이 자아낼 파급효과를 예측해보면 인구를 늘리지는 못하더라도 고령화와 인구감소 속도를 늦추기 위해 저출산을 완화시키려는 노력을 하지 않을 수 없다는 결론에 이르게 된다. 저출산을 지금보다 완화시키지 않으면 사회적 적응 비용이 더

걷잡을 수 없이 늘어날 것이다. 정부가 재정이나 다른 국가적 자원을 투입하고 있는 것도 그런 관점에서이다.

저출산의 원인 진단과 정책 방향

_____ 한국에서 출산율이 낮아진 이유는 결혼한 부부가 낳는 아이의 수가 감소한 것보다, 비혼자가 늘어나고 결혼연령이 늦어지는 것이 지배적인 원인이다. 그 이유로는 지난 60년 동안 374배 증가한 1인당 국민소득이 상징하는 비경제활동의 기회비용, 육아기에 경제활동을 그만두고 육아에 전념하는 기회비용, 교육·주거·양육을 위한 예상 비용과 기대소득 사이의 괴리, 일과 가정의 양립이 어려운 기업문화, 서울 및 수도권의 높은 인구밀도, 극심한 경쟁, 여성에 집중되어 있는 육아 부담과 성역할의 더딘 변화 등을 들 수 있다. 10여 년간 30대 여성의 경제활동참가율은 과거에 비해 현격하게 증가했다. 이 현상과 출산율이 급전직하한 현상을 결합해보면, 지난 10여 년간 우리 사회는 일과 가정 사이의 균형을 도모하기보다 과감하게 일과 경력을 선택한 것으로 보인다.

30대 여성 고용률 증가 양태를 무자녀 여성과 유자녀 여성으로 나누어 살펴보면, 두 집단 모두 고용률이 상승하고 있지만, 여전히 무자녀 여성의 고용률이 더 높은 수준을 유지하고 있다. 여기에 연령계층까지 고려해 살펴보면 2016~2022년간 30~34세 무자녀 여

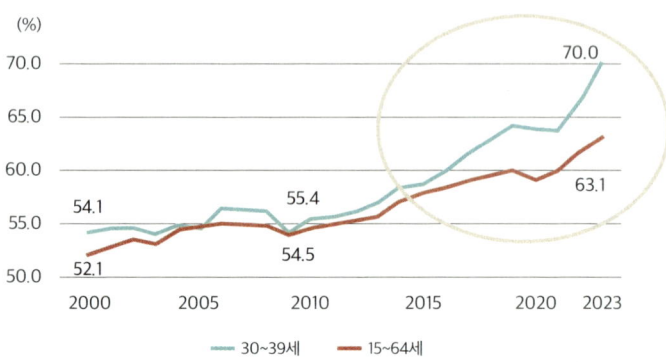

2000~2023년간 여성경제활동 참가율의 변화

자료: 통계청, 경제활동인구조사

성 고용률은 63.3%에서 72.0%로 증가한 반면, 같은 연령대 유자녀 여성의 고용률은 43.9%에서 51.0%로 증가하였다. 35~39세 무자녀 여성 고용률은 62.5%에서 65.2%로 증가하였고, 같은 연령대 유자녀 여성의 고용률은 50.9%에서 53.5%로 증가하였다.

    이는 단순히 출산장려금이나 아동수당, 대학 장학금 확대와 같은 금전적 지원만으로는 저출산 상황을 극복하기 어렵다는 얘기이기도 하다. 가장 기본적으로 돌봄에 대한 지원이 제도화되어야 하고, 일하는 과정에서도 가정을 돌볼 수 있도록 노동시장 규범과 관행도 바뀌어야 함을 시사한다. 가임기에 있는 젊은층이 내 자식을 나만큼 살 수 있게 할지 모르겠다는 자신감을 잃지 않도록 주택마련에 대한 비전도 제시해야 한다.

저출산 결정 요인과 출산율 변화

항목(한국/OECD 평균)	출산율 변화
가족 관련 정부 지출(1.4%/2.2%)	0.055
육아휴직 실이용기간 확보(10.3주/61.4주)	0.096
15~39세 청년층 고용률(58.0%/66.6%)	0.119
도시 인구집중도(431.9/95.3)	0.414
혼외 출산 비중(2.3%/43%)	0.159
실질주택가격지수 2015년 수준 하락	0.002

자료: 한국은행

한국은행은 출산율 개선 시나리오를 통해 출산 및 가족지원 관련 각종 사회·경제적 지표가 OECD 평균 수준으로 개선되면 합계출산율이 0.845 높아질 것이라는 보고서를 발표한 바 있다(성원·정종우 2023). 출산율에 영향을 미치는 개별 요인들이 OECD 평균치에 도달한다고 가정할 때 일어날 출산율 변화를 개별 결정요인별로 정리하면 위의 표와 같다.

실질주택가격지수와 같은 결정요인이 미치는 영향은 기준연도를 어느 시점으로 잡느냐에 따라 크기가 상당히 달라질 수 있으므로 해석과정에서 0.002라는 수치에 지나치게 큰 의미를 부여할 필요는 없다. 위의 표는 가족 관련 정부 지출, 노동시장 규범과 관행, 한국의 청년층 일자리 사정, 도시집중, 비혼 출산에 대한 가치관, 주택구입 가능성에 대한 기대에서 청년층의 욕구를 충족시켜야 함을 시사하고 있다.

고령화 전망과
정책 방향

한국인의 평균 수명은 지난 60년간 29.1세 증가했다. 고령화와 저출산이 얼마나 밀접한 관련성이 있는지를 알아보기 위해 인구구조 고령화의 원인을 분석해보면 저출산이 70%, 기대수명 연장이 30% 기여한 것으로 나타난다.

우리나라의 65세 이상 인구는 2020년에 15.7%였다. 2040년에는 32.8%가 된다. 유엔의 인구전망을 보면, 우리나라의 65세 이상 인구 비중은 2046년부터 일본을 넘어서 OECD 국가 중 가장 높은 수준에 도달할 것으로 전망된다. 2062년에는 홍콩을 제치고 전 세계에서 가장 고령인구 비중이 높은 나라가 된다.

그에 따라 노년부양비는 2020년 20.4%에서 2030년에는 38.0%, 2040년에는 59.1%로 늘어난다. 즉 65세 이상자가 일을 하지 않는다고 가정하면, 2036년에는 청장년 1인이 2명의 노인을 부양하는 상황이 된다는 얘기이다. 물론 65세 이상자의 경제활동이 늘어나 현실적인 부양비는 통계상으로 정의된 수치보다는 낮아질 수 있겠지만 그 시사점은 명확하다. 앞으로 10년 후에는 현행의 경제활동인구 구조, 조세 부담 구조, 지출구조로는 생산활동과 재정이 지속가능하지 않게 될 수 있다.

고령화 과정에서 운신의 폭을 넓히기 위해서는 성장 잠재력을 최대한 제고해야 한다. 성장 잠재력은 노동공급 및 생산성 향상에 의해 규정된다. 양적으로는 젊은 노동력 공급이 줄어드는 만큼 여성과

노년부양비의 증가

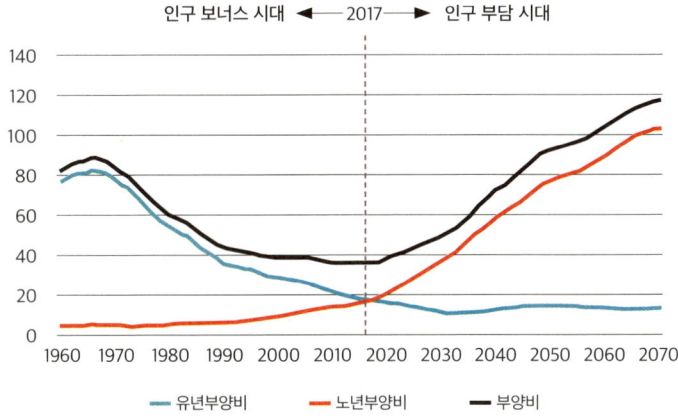

자료: 통계청, 장래인구추계 2023.12

고연령자의 경제활동이 증가해야 하고, 질적으로는 생산과정을 효율적으로 조직하고 기술력을 확보해서 주어진 자원으로 최고의 효율을 발휘할 수 있도록 기술경쟁력을 증진하는 기업 생태계를 만들고, 기업가정신을 고양해야 한다.

이를 통해 조세 기반을 확충하는 한편, 65세 이상자로 되어있는 고령자 혹은 노인연령을 바꾸어 재정의 지속가능성을 높여야 한다. 기대수명이 60대였던 1980년대에 설계된 국민연금도 20년 이상 증가한 기대수명에 맞게 재구조화해야 하고 수급개시연령을 늦추는 방안도 고려할 필요가 있다. 나아가 정년의 개념도 바뀌어야 하고, 사회보험의 가입과 혜택을 받는 연령의 조정도 필요하다.

자료: 통계청, 경제활동인구조사

한국의 고령자 노동시장 참여가 높은 이유는 사회보장제도, 특히 노후소득보장제도의 충실도가 낮고 또 아직 성숙하지 못했기 때문이라고 해석하는 것이 일반적이다. 그러나 노후소득보장제도 충실도가 높아지고 성숙도가 진행됨에도 불구하고, 최근 10년 가까운 기간 동안 65세 이상자의 경제활동참가율이 과거에 비해 현격한 증가 추이를 보이고 있다.

저출산과 고령화에 대응하는 정부의 노력

지난 20년간 저출산고령사회위원회를 중심으로 추

진된 저출산·고령화 대응 정책은 출산율을 어느 정도 제고할 수 있다는 기대 하에 저출산을 완화하기 위한 정책에 집중했던 경향이 있다. 그것도 여성경력단절 예방을 위해 육아휴직을 늘리고 사용률을 높이는 데 많은 노력을 기울였다. 당연하게도 출산율을 규정하는 요인이 복합적인 까닭에 종합적이지 못한 이러한 접근은 출산율 제고로 이어지지 못했다. 나아가 출산율 1.0 미만이 뉴노멀이 될 것으로는 전혀 예상하지 못했기 때문에 과거 성장과 인구증가 시대의 유산을 손보는 데에도 그다지 적극적이지 않았다.

급기야 1.05(2017년)부터 0.78(2022년)까지 초저출산율이 해마다 갱신되는 6년간의 경험에서 상황의 심각성을 깨닫고 저출산·고령사회 대응 노력을 재평가하고 계획과 추진방식을 전면적으로 수정하였다. 저출산과 고령화를 구분하지 않고 개별 대책을 추진하거나 추상적 접근을 하던 데서 벗어나 종합적 접근과 체감도 높은 정책 추진 방식으로 돌아섰다. 이러한 의지가 4차 기본계획 등에 반영되었고 5차 기본계획에도 반영될 예정이다.

돌봄서비스를 보완하는 한편, 결혼 시 주택청약 등에서 불이익이 없도록 하고, 행복의 구성요소 가운데 가정을 이루는 것이 중요하다는 인식, 그리고 가정의 행복에는 아이와 함께하는 것이 필수적이라는 인식을 확산시키기 위해 종합적 시각에서 이행 프로그램을 마련하였다. 소득세 부과과정에서 자녀공제를 늘리고 다둥이 가족에게는 공원이나 주차장 할인은 물론 은행에서 대기하는 시간도 줄여주는 등 "한 아이를 키우는 데에는 온 동네가 필요하다"는 분위기를 진작하기 위한 총체적 프로그램들이 도입되었다. 기업들에게 가족친화경영을 요청하는 한편, 가족친화경영을 하는 기업들을 위한 세무조사 면제와 같은 프로그램도 도입되었다.

고령화 대응에 관해서도 저출산 대응 방안처럼 종합적이고도 체감도 높은 정책이 추진되어야 한다. 주요 방안으로는 주된 일자리에서 보다 오래 일하게 하고, 그에 맞는 기초연금, 국민연금, 퇴직급여를 근간으로 하는 노후소득보장제도를 개선하는 일이 중요하다. 자유로운 근로계약에 입각한 정년 후 재고용으로 일자리에서 일하는 기간을 늘림과 동시에 정년 후 노동시장의 유연성과 생산성을 증진하고 장기적으로 의무적 재고용과 정년 연장의 조건을 마련하는 것은 핵심 사안이다. 그래야만 노인연령을 상향하여 기초연금과 국민연금수급 개시연령을 함께 조율해나가는 것이 가능하고 재정안정성도 증진할 수 있기 때문이다.

고령화 대응은 거기에 그치지 않는다. 영유아 돌봄과 마찬가지로 노인돌봄을 위한 인력, 시설문제를 해결하고 체감도 높은 서비스를 공급하기 위한 이니셔티브가 필요하다. 부동산 위주의 노후자산을 유동화할 수 있는 여지를 넓히고, 치매노인 소유의 재산이 당사자를 위해서 사용될 수 있도록 성년후견제도를 개선하고 유언신탁을 활성화하는 조치 등 매우 다양한 영역에서 과제들이 기다리고 있다.

인구구조의 변화 대응은 경제·사회의 모든 영역에서 고령화의 파급효과를 가늠하고 그에 대비한 정책을 입안하고 수립하는 일이다. 교육, 국방은 물론이고 행정 영역에서도 필요하다.

수축사회일수록
도시로 몰려든다

늘어나는 지역 간
경제력 격차

　　　　　　우리나라는 수도권 쏠림현상과 함께 지역 간 경제력 불균형도 점차 심화되고 있다. 지방붕괴와 지방소멸을 얘기할 때, 가장 많이 언급되는 부분이 수도권 쏠림현상이며 간혹 '서울 사람'과 '지방 사람' 또는 '수도권에 사는 사람과 비수도권에 사는 사람'으로 나눌 정도로 수도권에 인구집중 현상이 지속적으로 발생하고 있다.

　특히 수도권 집중이 계속되는 이유는 서울 중심으로 행정업무 및 경제활동이 주로 이루어지면서 자연스럽게 대기업의 본사가 몰리게 되고, 주요 대학들도 밀집해있기 때문에 나타난 현상이다. 전체 인구로 보면 서울, 경기, 인천 지역에 우리나라 인구의 절반 정도가 살고 있지만, 실제 총면적으로 보면 비수도권 지역이 88%를 차지하고 있어 지역 불균형이 매우 심각한 상태라고 할 수 있다.

문제는 서울과 수도권에 집중되는 현상이 개선될 가능성이 별로 없어 보이며, 수도권과 비수도권의 격차는 계속 유지되거나 악화될 가능성이 높다는 점에 있다. 이런 상태에서 인구가 급감하게 되면, 가장 먼저 타격을 볼 가능성이 높은 곳이 지방이고, 대학 측면에서 보면 수도권 대학과 비수도권 대학의 격차가 더욱 심화될 수밖에 없을 것이다.

지역 간 경제력 격차도 점차 확대되는 추세에 있으며, 특히 서울과 수도권 중심으로 한 경제규모가 전국의 50% 이상으로 집중되는 추세가 지속해서 나타나고 있다. 통계청이 발표한 2023년 지역내총생산(GRDP)을 살펴보면, 서울 548조 원, 경기 594조 원, 인천 117조 원으로 전국 대비 수도권(서울, 경기, 인천)의 비중은 52.3%를 기록하여, 2016년 이후 계속해서 50%를 넘는 것으로 나타났다. 전국 1인당 개인소득도 2023년 기준 평균 2,554만 원인데, 서울이 2,937만 원으로 전국 1위를 기록하고 있어 수도권 경제집중 현상도 심화되는 것을 알 수 있다. 마찬가지로 전국의 재정자립도(세입과목 개편 후) 현황에서도 2024년 기준 전국 평균은 43.3%인데 반해 서울의 재정자립도는 74.0%로 가장 높고, 경기가 55.1%로 세 번째로 높은 것으로 나타났으며, 인천도 49.6%로 네 번째로 높은 것으로 나타났다.

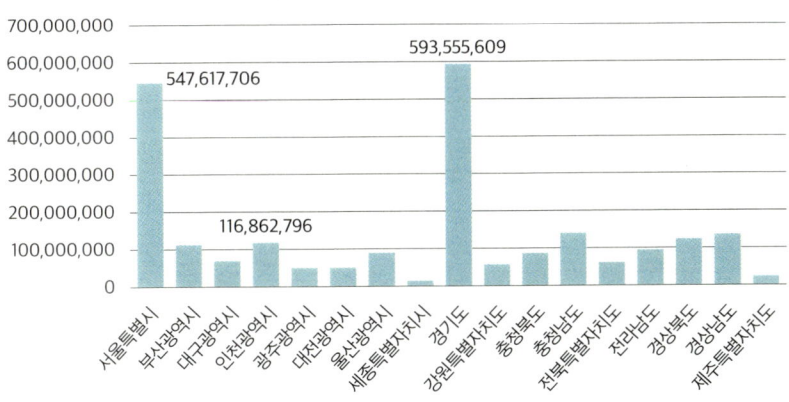

자료: KOSIS

수도권 집중화, 인구절벽과 청년층 감소로 지방소멸 시대 가속화

　　　　　　　　과거에도 서울과 수도권 중심으로 인구집중화 현상이 문제가 되곤 했는데, 지금의 인구감소 시대에는 청년층을 중심으로 더욱 복잡한 사회문제로 전개되는 양상을 보이고 있다. 요즘 우리나라 청년들은 연애, 결혼, 출산, 취업, 주거 등 여러 가지를 포기해야 하는 N포 세대로 불리곤 하는데, 지방 대학에 다니는 대학생들은 여기에 더해서 '문송(문과라서 죄송)'에 빗대어 '지송(지방대라서 죄송)'이라고 하거나, '헬조선'에 빗대어 '헬지방'이라고 할 정도로 수도권 대 지방, 수도권 대학 대 지방 대학 간의 심각한 격차가 더욱

2024년 권역별 순이동자 수(천 명)

	전체(제주 제외)
수도권	43
중부권	16
호남권	-18
영남권	-41

주: 양의 값은 순유입을, 음의 값은 순유출을 의미함
자료: 2024년 국내인구통계 결과 보도자료에서 인용(통계청, 2025)

2024년 권역 간 순이동자 수(천 명)

자료: 2024년 국내인구통계 결과 보도자료에서 인용(통계청, 2025)

심화되는 모습이다.

2024년 국내 인구이동 통계는 전체 인구의 이동현황과 청년의 수도권 집중화 현상이 얼마나 심각한지를 잘 보여주고 있다. 전국을 4

2024년 권역별·연령별 순이동자 수

(단위: 천 명)

권역	계	0-9세	10-19세	20-29세	30-39세	40-49세	50-59세	60세 이상
수도권	45	0	8	54	4	-4	-9	-8
중부권	16	0	0	-5	3	4	6	7
호남권	-18	-0	-3	-17	-2	1	2	1
영남권	-40	-1	-5	-30	-5	-1	1	-0

자료: 2024년 국내인구통계 결과 보도자료에서 인용(통계청, 2025)

대 권역별로 구분할 때, 수도권(서울, 인천, 경기)과 중부권(대전, 세종, 강원, 충북, 충남)은 각각 4만 5,000명과 1만 6,000명의 인구 순유입이 나타난 반면, 영남권(부산, 대구, 울산, 경북, 경남)과 호남권(광주, 전북, 전남)에서는 각각 4만 명과 1만 8,000명이 빠져나간 것을 확인할 수 있다.

특히 전국 권역 간 20대 청년층의 이동을 보면 압도적으로 청년층의 수도권 집중화 현상이 두드러지게 나타나고 있다. 수도권에서는 청년 순유입이 크게 나타나고 있는 반면 영남권, 호남권, 중부권 순으로 청년층의 순유출이 확연하게 드러나고 있는 것이 현실이다. 2024년 통계청의 권역별·연령별 청년층(20~29세)의 순이동자 수 현황을 보면, 수도권은 5만 4,000명이 증가한 것에 반해 영남권(3.0만 명 감소), 호남권(1.7만 명 감소), 중부권(0.5만 명 감소)은 감소한 것으로 나타났다. 지방 위기의 핵심이 인구감소에 크게 영향을 받기 때문에 지방에서의 청년 유출은 앞으로도 지역인구감소와 지역경제

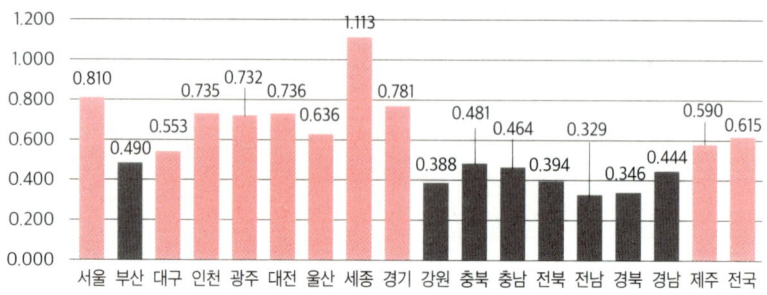

주: 회색으로 표시된 그래프 지역은 소멸위험지역을 의미
자료: 이상호(2024)

침체의 주요 요인으로 국가적 관심 현안으로 등장할 가능성이 높다.

한국고용정보원에서 2016년 처음으로 소멸위험지역을 측정한 이래 매년 소멸위험지역은 늘어나고 있는 것으로 나타나고 있다. 소멸위험지역은 20~39세 여성 인구수를 65세 이상 인구수로 나눈 값으로 측정되는 소멸위험지수를 통해 결정되는데, 소멸위험지수 값이 0.5 미만이면 소멸위험지역에 해당한다. 소멸위험지역은 다시 소멸위험진입단계(소멸위험지수 0.2~0.5 미만)와 소멸고위험단계(소멸위험지수 0.2 미만)로 구분된다.

2024년(3월) 기준 전국 소멸위험지수는 0.615를 기록했는데 17개 광역시도 가운데 8개 지역이 소멸위험지역(소멸위험지수가 0.5 미만인 지역)인 것으로 나타났다. 소멸위험지역은 부산, 강원, 충북, 충남, 전북, 전남, 경북, 경남 등 모두 비수도권으로 나타났으며, 부산의 경우 광역시 중 최초로 2024년에 소멸위험단계에 진입한 것으로 분석되었다.

시군구별 현황에서는 전체 228개의 시군구 가운데 57.0%에 해당하는 130개 지역이 소멸위험지역에 해당하는 것으로 나타났으며, 대부분이 비수도권에 위치하고 있는 것으로 나타나 지방소멸시대가 가속화되고 있는 것으로 보인다.

점차 붕괴되어가는 지방 대학

2021년 기준 대학 신입생 미충원률을 살펴보면, 수도권 일반 4년제 대학은 1만여 명(5.3%)인 것에 비해, 비수도권 대학은 3만여 명(10.8%)이 미충원되어 지방 대학이 더욱 어려움을 겪고 있는 것으로 나타났다. 2022년 기준으로 출생아 수 25만 명, 대학입학정원 47만 명이 그대로 유지될 경우, 2040년 초에는 50% 이상의 대학이 신입생을 채울 수 없을 것으로 전망된다. 따라서 현재의 저출산과 신입생 미충원 추세가 계속될 경우 2040년에는 지방 대학의 최소 50% 이상이 사라질 위기에 처할 가능성이 높은 것이다.

벚꽃 피는 순으로(서울에서 멀수록) 소멸될 수 있다는 '지방 대학 벚꽃엔딩' 속설이 현실화되고 있다. 지방소멸의 실증적 분석을 위해 대학정보공시를 바탕으로 서울(경복궁)에서 전국 모든 대학의 주소지와 위도·경도를 반영한 거리를 산출 후, 거리에 따른 2023년도 대학 신입생 경쟁률, 신입생 충원율, 졸업자 취업률을 분석하였다. 분석 결과, 서울에서 멀어질수록 대학 신입생 경쟁률은 서울지역 대학보다 낮은 것으로 확인되었으며, 이런 경향은 정원 내 신입생 충원율과 졸업자 취업률에서도 유사하게 나타났다. 예컨대 서울지역 대학들의 경쟁률은 최대 20 대 1 내외로 높은 반면, 수도권을 벗어나 충청 및 대전지역에 이르면 경쟁률이 10 대 1 정도를 넘기 어려운 것으로 나타났다.

정부와 지자체의 정책 대응과 특화 전략

_____ 인구감소와 지역소멸 위기에 대응하기 위해 정부(중앙·지방)는 다양한 정책을 추진하고 있다. 크게 인구감소지역 지정 및 재정지원, 지방분권과 균형발전 정책, 지역 특화 발전 전략 측면에서 노력이 전개되고 있다.

인구감소지역 지정

첫째, 인구감소지역 지정 및 법·제도 마련을 추진하였다. 정부는 2021년 10월 전국에서 인구감소가 심각한 89개 시·군·구를 공식적으로 '인구감소지역'으로 처음 지정하였다. 이어서 2022년 5월에는 이러한 지역을 지원하기 위한 「인구감소지역 지원 특별법」이 국회를 통과하여 2023년 1월부터 시행되었다. 이 법은 인구감소지역에 대해 행정·재정적 특례를 부여하고, 지역 주도의 발전 계획을 수립할 수 있는 제도적 기반을 마련하였다. 2025년 3월에는 동 법률 개정을 통해 정주여건 개선, 생활인구 확충을 위한 9건의 특례를 추가 부여하는 등 제도 보완도 이루어졌다.

지방소멸대응기금 등 재정지원

둘째, 재정지원으로 지방소멸대응기금을 설치하였다. 정부는 재정적 지원으로 2022년부터 '지방소멸대응기금'을 조성하여 운영 중이다. 이 기금은 국가균형발전특별법에 근거해 만들어졌으며, 2022년부터 2031년까지 10년간 매년 1조 원 규모로 투입될 예정이다. 지원 대상은 앞서 지정된 인구감소지역 89곳과 인구감소 관심지역 18곳 등 총 107개 기초자치단체이며, 광역 단위에도 일부 배분된다. 기금은 지역이 자율적으로 수립한 투자계획을 평가해 차등 배분되며, 해당 지역의 일자리 창출, 청년 정착, 귀농·귀촌 지원, 생활환경 개선 등의 사업에 활용된다. 예를 들어, 전남의 한 군(郡)은 이 기금으로 지역특화작물 스마트팜 단지를 조성했고, 경북의 한 군은 작은 학교 살리기와 마을 관광자원 개발 사업에 투자하는 등 지역 맞춤형 인구유지 프로젝트가 추진되고 있다.

지방분권과 균형발전 정책

셋째, 지방분권 및 균형발전 정책을 추진하고 있다. 중앙집권적 구조를 개선하고 지역에 더 많은 권한과 자원을 주어 지역 스스로 활로를 찾도록 지원하는 노력도 병행되고 있다. 문재인 정부 시기 추진된 자치분권 종합계획에 따라 2022년부터 지방자치법 개정으로 지자체의 권한이 확대되고, 중앙과 지방이 정례적으로 협의하는 중앙지방협력회의가 출범하는 등 제도적 분권이 진전되었다. 또한 공공기관 지방 이전(혁신도시 사업)을 통해 수도권 소재 공기업·공공기관 150여 곳을 전국 10개 혁신도시로 이전 완료하여 해당 지역의 인구 유입과 경제 활성화를 도모했다. 이러한 균형발전 정책의 대표 사례인 세종특별자치시는 2012년 출범 이후 인구가 10만 명대에서 2023년 38만 명까지 늘어나며 성공적인 정주도시로 성장했다. 현 정부도 2차 공공기관 이전과 광역 거점 육성을 검토하고 있으며, 지방 대학 지원, 지역 혁신플랫폼 구축 등 지역 청년이 떠나지 않도록 여건을 만드는 정책을 추진 중이다.

지방 특화 발전 전략

넷째, 지방 고유의 특화 발전 전략을 추진 중이다. 각 지방자치단체는 지역의 고유자원과 특성을 살린 인구 유입 및 활력 증진전략을 다양하게 펼치고 있다. 단순히 상주인구(주민등록인구)를 늘리는 것뿐만 아니라 생활인구(관계인구) 개념을 도입하여 관광객, 임시거주자 등과 관계 맺는 인구를 확보하려는 노력도 두드러지고 있다.

예를 들어, 부산광역시는 국내 대도시 중 처음으로 워케이션(workation) 사업을 도입하여 생활인구유치를 도모했다. 부산시는 휴양지에서 근무와 휴가를 병행할 수 있는 원격근무 거점센터를 여러 곳 마련하고 기업·단체와 협력해 직장인들을 유치했다.

경상북도도 유휴시설 자원을 활용한 청년 창업 및 정착지원에 힘쓰고 있다. 경상북도는 '유휴자원 활용 지역활력사업'을 통해 각 시·군의 빈집과 폐교 등을 리모델링하여 창업공간, 문화예술공간 등으로 재탄생시키고 있다.

또한 강원특별자치도도 인구 확대를 위한 창의적 시책으로 2023년부터 '강원 생활도민제'를 시행하고 있다. 강원도는 주소지는 다른 시도에 있지만 자주 방문하는 사람들을 위해 모바일 생활도민증을 발급하고, 이를 소지한 이들에게 숙박·관광시설 할인 등 각종 혜택을 제공하기 시작했다. 예컨대 생활도민증을 가진 방문객은 강원 지역 리조트나 음식점을 할인된 가격에 이용할 수 있고, 도에서 주기적으로 지역 행사와 특산품 정보를 제공받는다. 이를 통해 실제 거주하지 않아도 정기적으로 찾아와 소비하고 관계를 맺는 인구를 늘려 지역경제에 보탬이 되도록 하는 전략이다.

제주특별자치도는 청년 및 신혼부부 정착 지원과 출산장려에 집중하여 장기 인구목표를 수립했다. 제주도는 제2차 인구정책 기본계획에서 2029년까지 생활기반인구 85만 명, 청년인구 16만 명 달성을 목표로 하고 있고, 신혼부부 주거 지원(예컨대 임대주택 월 임대료 3만 원 지원)과 출산 보조금 확대 등 전국 최고 수준의 혜택을 제공하고 있다.

지역기업 육성과 지역 일자리 창출을 위한
대응 과제

_____ 앞에서 권역별·연령별 순이동자 수에서 보는 바와 같이 인구이동의 주요 연령층은 청년층이라고 할 수 있다. 청년층 인구의 수도권 이동은 지방인구감소의 주요 요인으로 작용하는데, 청년인구감소는 그 자체로 지방의 인구를 감소시킬 뿐만 아니라, 지방에서 출산을 담당할 미래 자원의 감소로 인해 미래 인구감소를 유발한다는 점에서도 중요성이 크다. 청년층이 지역에 정착할 수 있는 경제환경 조성이 시급하며, 이를 위해서는 지역기업의 육성과 일자리 창출이 중요한 과제이다.

새로운 지역기업의 육성이라는 측면에서 지역 혁신기업의 태동이 중요한데, 이를 위한 밑거름이 되는 벤처투자에서도 지역 간 격차가 뚜렷한 것으로 나타났다. 요컨대 지방 스타트업의 경우, 자금조달 여건이 여전히 열악한 것으로 파악된다. 벤처투자종합포털에 따르면, 2024년 기준 국내 벤처투자의 75.3%가 서울, 경기, 인천 등 수도권에 집중되어 있으며, 5대 광역시의 비중은 14.0%이고 지방의 비중은 10.7%에 불과했다.

지역기업의 육성을 위해서는 지역 벤처스타트업에 투자하는 지역 민간 벤처금융의 활성화가 시급하며, 이를 위해서는 지역 민간 벤처금융 설립을 위한 제도 구축, 투자자금 회수시장 활성화, 기업벤처금융(CVC, Corporate Venture Capital) 육성 등을 모색할 필요가 있다.

또한 지역기업의 육성과 일자리 창출을 위해서는 지역의 산업적

지역별 벤처투자규모(2024년)

구분		금액(억 원)	비중(%)	구분		금액(억 원)	비중(%)
수도권	서울	30,787	51.0	지방	강원	467	0.8
	경기	12,954	21.5		충남	1,506	2.5
	인천	1,694	2.8		충북	1,194	2.0
	소계	45,435	75.3		세종	42	0.1
5대 광역시	부산	1,842	3.1		경남	680	1.1
	대구	998	1.7		경북	1,750	2.9
	광주	872	1.4		전남	174	0.3
	대전	4,263	7.1		전북	383	0.6
	울산	448	0.7		제주	278	0.5
	소계	8,423	14.0		소계	6,474	10.7
합계(국내만, 기타 해외는 제외)				60,332억 원 (100.0%)			

자료: 벤처투자종합포털

특성과 자원을 기반으로 한 지역 특화 산업의 전략적 육성이 필요하다. 지역소멸의 위기가 점증되면서 각 지역들마다 기업을 유치하기 위한 경쟁이 치열해지고 있으며 저마다 입지와 접근성, 세제 인센티브 등을 내세우며 투자를 고민 중인 기업들을 유치하기 위해 총력전을 벌이고 있다. 그럼에도 불구하고 지역에 기업을 유치하고 육성하는 것이 쉽지 않은 만큼 각 지역은 고유한 자연환경, 전통문화, 기술 기반 등을 바탕으로 차별화된 산업 역량을 마련하고, 이를 토대로 경쟁력을 확보할 필요가 있다. 예를 들어, 전남의 해양에너지산업, 강원의 의료산업, 전북의 자동차 부품산업, 충북의 바이오헬스산업 등은 이미 일정 수준의 산업 기반을 갖추고 있으며, 정부의 지원과 지역 대학, 연구기관과의 연계를 통해 고부가가치 산업으로의 발전을 모색하고 있다. 이를 바탕으로 새로운 기업을 유치 및 육성하고 새로운 일자리 창출을 기대할 수 있는 만큼, 지역 특화 산업의 전략적 육성을 위한 제도적 지원을 마련할 필요가 있다.

한편, 지역 내 일자리 창출을 위해서는 새로운 기술을 적극적으로 활용하고 지역 맞춤형 일자리를 적극적으로 발굴할 필요가 있다. 디지털 전환을 통해 원격·비대면 기반의 일자리 창출을 모색하고, 비수도권에서도 수도권 기업과 연계한 원격근무가 가능하도록 지원함으로써 지역 내 소득과 생활 기반을 유지하고 인구 유출을 최소화할 필요가 있다. 해당 일자리 형태를 제공하는 기업들에게는 세제혜택이나 지원금 등의 인센티브를 지원하여 기업들의 참여를 유도해야 할 것이다. 그리고 중소기업이나 소상공인이 지역 경제의 대부분을 차지하는 만큼 이러한 사업체가 경쟁력을 가질 수 있도록 체계적 지원을 마련할 필요가 있다. 급변하는 경제환경 속에서 디지털 전환 지원, 스마트 공장 보급, 마케팅 역량 강화를 통해 중소기업의 회생을 도모하여 지역경제를 살리고 일자리를 창출하는 것이 중요한 과제라고 할 수 있다. 또한 지역 내에서 틈새시장에서의 일자리 창출 기회를 모색할 필요도 있다. 중앙정부 중심의 일률적 일자리 정책에서 벗어나 지역 주민과 지방정부가 직접 기획하고 운영하는 지역 맞춤형 일자리 모델을 장려하고, 지역 수요에 기반한 경제 모델을 통해 지역민의 참여를 촉진하고 지속가능한 일자리를 창출함으로써 지역사회 발전을 도모하여 지역경제 활성화를 모색할 수 있다.

마지막으로는 기업의 지방투자를 확대할 수 있는 근본적인 제도 개선 방안을 마련할 필요가 있다. 지역소멸을 막고 지역경제를 활성화하기 위해서는 기업을 지방으로 유치하고, 이를 통해 양질의 일자리를 창출하는 선순환 구조를 구축하는 것이 핵심이다. 기업 유치 → 일자리 창출 → 인구 유입 → 소비 및 정주 확대 → 추가 기업투자로 이어지는 구조를 정착시키는 것이 지방소멸을 막고 지역경제를 회복시키는 지속가능한 전략이라 할 수 있다.

기업의 지방투자를 확대하기 위해서는 입지·세제·규제·인력·지원체계 등 전반적인 제도 개선이 필요하다. 지방에 투자하는 기업의 경우 세액공제율을 현재보다 추가로 높일 필요가 있으며, 지방으로 이전하는 기업에 대해서는 세액 감면 특례의 종료시점을 현재의 2025년에서 2030년까지 연장할 필요가 있다. 또한 기업의 지방투자를 활성화하기 위하여 입지 선택에 제약을 주는 「산업집적법」과 「국토계획법」의 규제를 완화할 필요가 있으며, 산업단지의 입주 규제를 지역실정에 맞게 유연하게 적용할 필요가 있다. 기업유치를 위한 주거·교육·의료 인프라를 확충하여 정주 여건을 개선할 필요가 있으며, 지방투자 유치 전담 부서의 인력 강화, 투자유치 마케팅 전문 인력의 양성 혹은 외부전문가 활용 등을 통해 지역자치단체의 투자유치 역량을 강화해야 할 것이다.

인구위기 극복, 기업의 역할과 정부의 지원이 중요하다

    우리 사회가 맞이한 저출산과 고령화는 단순히 인구가 줄어드는 문제가 아니다. 이는 곧 노동력이 줄어들고, 소비시장 구조가 바뀌며, 기업의 운영방식마저 재설계를 요구받는 대전환의 시작을 의미한다. 경제의 생산 기반이 축소되고 사회적 부담이 커지는 이 상황에서, 개인이나 정부의 힘만으로는 극복하기 어렵고 기업이 적극적으로 동참하고, 정부는 그 기업이 움직일 수 있도록 제도적 기반과 실질적인 유인을 제공해야 한다.

    특히 앞서 언급했듯이, 중소기업은 인력이 항상 부족한 상황이라서 인사관리가 체계적인 대기업에 비해 인구감소 문제를 스스로 극복하기가 어렵기 때문에 정부의 지원이 필요하다.

다만, 정부는 저출산·고령화에 관한 정책을 도입할 때, 이 정책들이 노동시장에 미치는 영향과 기업의 대응을 고려해야 한다. 루카스 비판(Lucas Critique)에서 지적하듯, 기업은 정부정책에 따라 고용 및 투자 결정 행태를 변화시킬 수 있기 때문이다. 예를 들어, 육아휴직 기간 연장 정책은 기업 입장에서는 휴직자 대체인력 확보 비용, 업무 재조정 비용 등 추가적인 부담으로 작용할 수 있다. 이로 인해 기업은 출산 가능성이 높은 여성 인력의 채용을 기피하거나, 정규직보다 비정규직 고용을 늘리는 등의 대응을 할 수 있다. 또한 정년연장 정책이 기업에게 추가적인 인건비 부담을 주게 되면서, 이를 상쇄하기 위해 청년층 고용감소의 역효과가 발생하기도 한다.

따라서 저출산·고령화 대응 정책은 기업의 자율성과 역할을 존중하면서, 자발적 참여를 촉진하는 방향으로 설계될 필요가 있다. 특히 기업이 사회적 책임을 다하면서도 지속가능한 방식으로 대응에 동참할 수 있도록, 인센티브를 제공하는 지원 중심의 정책이 보다 효과적일 수 있다. 이러한 접근은 정부와 기업이 상호 보완적으로 협력할 수 있는 기반을 마련하는 데에도 도움이 될 것이다.

일과 가정의
양립 제도 실효성 확보

한국의 육아휴직 제도는 OECD 기준으로 보면 충분히 갖추어져 있다고 평가할 수 있다. 출산 후 사용할 수 있는 유급 육아휴직 기간은 1년이 넘고, 부모가 나눠 사용할 수 있는 방식도 마련돼 있기 때문이다. 그러나 실제 현장에서 이 제도가 얼마나 사용되고 있는가를 보면, 출생아 100명당 실제 육아휴직 사용자는 절반에도 못 미치는 약 48.0명으로, 한국은 육아휴직 사용률이 OECD 국가 가운데 최하위이다.

이처럼 제도와 현실 사이에 간극이 생기는 이유는 기업의 대응 여건 때문이다. 특히 중소기업에서는 누군가 휴직을 하면 그 업무를 대신할 사람이 없고 숙련된 인력을 구하는 것도 어렵다. 게다가 전문직이나 고숙련직에서는 대체 자체가 어렵고 업무의 연속성 확보도 어렵기 때문에, 결국 동료에게 업무가 전가되거나 회사 전반의 업무 효율이 떨어지는 결과를 가져온다. 실제 한국경제연구원이 2025년에 진행한 설문조사에서도 출산 및 양육지원제도를 실시할 때 기업이 인식하는 경영상의 어려움에 대해 대체인력 부족이 가장 큰 애로사항이라고 지적했다.

결국 이 문제를 해결하려면, 단순히 제도를 만들고 권장하는 수준을 넘어서 잘 활용될 수 있도록 정부의 실질적 지원이 필요하다고 할 수 있다. 한국경제연구원의 2025년 설문조사에 따르면, 기업이 가장 필요로 하는 정부정책은 대체인력에 대한 지원이다. 기업이 실제로 대체인력을 채용할 수 있도록 인건비 일부를 지원하거나, 행정절차를 간소화해 신속히 채용할 수 있도록 지원할 필요가 있다. 특히 직종별·지역별로 대체인력풀을 만들어 필요할 때 바로 연계해주는 시스템을 구축하는 방안이나 민간 인력 플랫폼과의 협업도 좋은

출산 및 양육지원제도 실시로 인한 경영상의 어려움

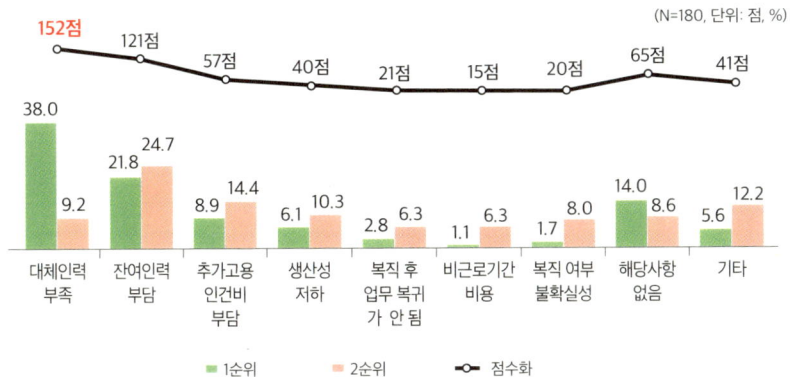

자료: 한국경제연구원(2025), 「저출산·고령화에 대한 두 개의 렌즈, 전문가와 대중의 인식조사」

저출산 극복을 위해 기업의 역할 제고에 필요한 정부정책

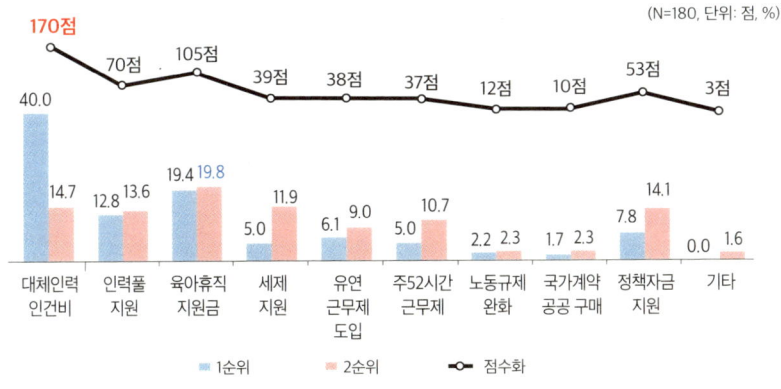

자료: 한국경제연구원(2025), 「저출산·고령화에 대한 두 개의 렌즈, 전문가와 대중의 인식조사」

해법이 될 수 있을 것이다.

더 나아가, 시장에서 대체인력을 공급받을 수 있도록 파견규제와 같은 노동시장 규제도 현실화할 필요가 있다. 현재 육아휴직 대체인력은 법적으로 파견 예외로 인정되지만, 실제로 제조업 등은 파견이 가능한 인력이 한정적이어서 유명무실한 상황이다. 현행 파견 허용 직무인 조리, 청소, 운전 등 32개 업무에서 허용 업무를 확대하거나, 새로운 유형의 단기 계약제 도입 등 유연한 방식이 필요하다고 할 것이다.

파트타임 근무자에 대한 지원 확대

현재 정부의 저출산 및 육아정책은 정규직 근로자를 대상으로 육아휴직과 유연근무제를 중심으로 설계되어 있다. 이러한 정책은 일과 가정의 양립을 지원하는 데 중요한 역할을 하지만, 동시에 기업의 부담을 증가시키는 요인이 되기도 한다. 특히, 정규직 근로자가 휴직하는 동안 대체인력을 찾거나 업무 공백을 관리하는 데 있어 높은 비용과 노력이 필요한데, 이를 감당할 능력이 부족한 중소기업에서 육아휴직 등 관련 제도의 사용이 매우 저조하다는 앞선 통계 결과에서도 보았듯이 비임금 비용의 문제가 반영되어 있다. 하지만 정책의 초점을 파트타임 근로자에게도 확대하면 회사와 근로자 모두에게 긍정적인 효과를 가져올 수 있다.

파트타임 근로자가 육아휴직이나 유연근무제와 같은 제도를 이용할 수 있도록 보장하면, 회사 입장에서도 업무분담에 따른 부담이 줄어들 가능성이 높다. 파트타임 근로자는 근로시간이 상대적으로 짧아 대체인력 확보나 업무조정 비용이 적게 들기 때문에, 이러한 제도의 도입이 기업 운영에 큰 부담을 주지 않는다. 또한 파트타임 근로자의 유연한 활용은 조직의 효율성을 높이는 데 기여하며, 고용 안정성과 유연성을 동시에 확보할 수 있는 방안이 된다.

해당 방안에는 독일의 사례가 참고가 될 수 있다. 독일에서 2015년에 도입된 '부모수당 플러스(ElterngeldPlus)' 제도는 부모가 파트타임으로 근무하면서도 육아수당 혜택을 받을 수 있도록 한 제도이다. 이 제도는 주당 25~30시간 근무하는 부모에게 기존 부모수당(Elterngeld)[35] 혜택 기간을 두 배로 연장하고, 부모가 동시에 파트타임 근무를 할 경우 추가로 4개월의 파트너십 보너스(Partnerschaftsbonus)를 제공한다. 이는 여성의 경력단절을 줄이고, 남성의 육아 참여를 장려하기 위한 목적으로 시행되었다. 이러한 독일의 사례는 정책의 잠재적 효과를 잘 보여준다. 독일에서는 육아가 필요한 시기에 정규직 근로자가 파트타임으로 전환해 일하더라도 경력이 중단되지 않도록 제도가 마련되어 있다. 근로자 입장에서도 이러한 제도는 출산으로 인해 발생하는 기회비용을 줄이고, 특히 여성 근로자가 경력

---

[35] 'Elterngeld'는 독일의 부모수당제도이다. 부모가 육아휴직을 사용할 경우, 한 명당 최대 12개월 동안 월 소득의 65~67%를 지원하며 부모가 모두 육아휴직을 사용할 경우 지원 기간이 14개월로 연장된다.

단절에 대한 두려움 없이 출산을 고려할 수 있도록 돕는다. 이는 정규직 직원의 육아휴직기간 동안 대체인력지원금을 지원해주는 현 정책과는 달리, 생애 주기 중 육아 부담이 큰 시기에도 장기적으로 파트타임을 통해서 경력유지 및 성장이 가능하도록 하여 일과 육아의 양립을 돕고 기업 측에서도 인력 조정비용의 부담을 덜어주는 방편이 될 수 있다. 한국에서도 이와 같이 파트타임 근로자에 대한 지원을 확대한다면 근로자들이 출산과 경력을 모두 유지할 수 있는 환경을 제공하며, 저출산 문제 해결에 긍정적인 영향을 미칠 것으로 기대된다.

출향제도 도입 검토

일본에서 주로 활용되는 '출향(出向)제도'도 고령화 대응 방안으로 주목할 수 있다. '출향'은 노동자가 본 소속을 유지한 채 다른 회사나 기관에 수개월에서 수년간 파견근무한 뒤 복귀하는 인사형태로, 인사 적체 해소와 인적 교류를 위해 활용된다. 유럽에서도 유사한 제도가 존재하며, 국내에서도 기획재정부와 한국은행 간 국·과장급 인사 교류처럼 일부 출향적 요소가 나타난다.[36]

출향제도가 고령화 대응에 유효한 이유는 한국 노동시장의 경직

---

[36] https://www.hani.co.kr/arti/economy/finance/678963.html

성 때문이다. 우리나라 기업들은 연공서열 중심의 임금구조와 해고의 어려움으로 인해 장기근속자에게 생산성과 비례하지 않는 높은 임금을 지급하는 경우가 많다.[37] 실제로 노동시장 자유도 지수가 주요국 평균 대비 절반 수준에 불과하고, 대기업의 절반 이상이 인사 적체를 겪고 있다는 조사 결과도 있다. 이런 구조는 기업이 고령 인력을 부담스러워하는 요인이 된다.

출향은 장기근속자의 고용을 유지하면서도 인사 적체를 해소하고, 노동력을 필요로 하는 기업 간 효율적인 재배치를 가능하게 한다. 또한 기존 직무와 연관된 업무를 수행할 수 있어 근로자의 전문성과 임금 수준을 유지하는 데에도 도움이 된다.

다만, 현행법상 자회사나 타 기업으로의 인력 파견과 인건비 지원이 부당지원[38]이나 「근로자파견법」 위반으로 해석될 수 있어, 제도의 즉각적인 도입은 어려운 실정이다. 제도 악용에 대한 우려 역시 존재한다. 그럼에도 불구하고, 고령화로 인한 노동시장 경직성과 인사 적체 문제를 해결하기 위한 하나의 방안으로 출향제도를 검토할 필요는 있다. 향후 제도적 정비와 사회적 인식 개선이 함께 이루어진다면, 출향제도는 고령 인력을 보다 효율적으로 활용할 수 있는 유용한 대안이 될 수 있을 것이다.

---

[37] 2024년에 보고된 연구(https://www.mk.co.kr/news/economy/10911166 참고)에 따르면, 한국 경제의 노동시장 자유도 지수는 G5 평균 7.7과 비교해 60% 수준인 4.7 정도이며, 미국의 해당 지수 점수인 9의 절반 정도에 불과하다.

[38] https://v.daum.net/v/20241125095445410

임금구조를
유연하게

정부정책이 기업의 최적 수량(optimal quantity)이나 최적 가격(optimal price) 결정에 영향을 미치는 경우, 기업은 추가적인 제약조건을 고려하여 의사결정을 내리게 된다. 이로 인해 정부가 의도한 정책효과가 일부 제한적으로 나타날 수 있다. 예를 들어, 정년연장 정책은 고령 인력의 지속적인 경제활동을 지원하고자 하는 취지를 담고 있으나, 연공서열 중심의 임금체계가 여전히 일반적인 우리나라의 고용구조에서는 기업의 인건비 부담에 대한 우려가 제기되기도 한다.

이러한 부담을 완화하기 위해 일부 기업은 임금구조를 직접 조정하기보다는 고용구성이나 인력 운용 방식을 유연하게 조정하려는 대응을 보일 수 있다. 실제로 일부 연구에서는 정년연장 정책이 고용시장에 다양한 영향을 미칠 수 있음을 지적하고 있다. 예를 들어, 한요셉(2019)과 Lee J. 등(2024)은 특정 조건 하에서 청년층 고용에 영향을 주거나 중·장년층 임금 조정 압력이 발생할 가능성을 제시하였다. 또한 Shim and Yang(2018)은 기업이 임금구조를 쉽게 변경하기 어려운 경우, 고용 조정과 같은 방식으로 반응할 수 있음을 이론적으로 설명하고 있다.

이러한 점을 고려하면, 노동시장 구조 변화에 대응하는 정책은 기업이 고용 및 임금구조를 자율적으로 조정할 수 있는 방향으로 설계될 필요가 있다. 즉, 고령자 고용을 장려하되 기업이 자발적으

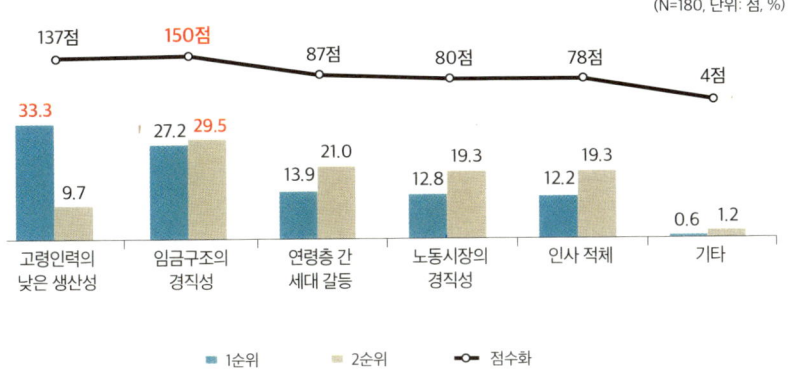

자료: 한국경제연구원(2025), 「저출산·고령화에 대한 두 개의 렌즈, 전문가와 대중의 인식조사」

로 참여할 수 있도록 하는 고령자 고용지원금과 같은 인센티브 기반의 정책이 제도 운영의 실효성을 높이는 데 도움이 될 수 있다.

실제로 한국경제연구원(2025)은, 기업들은 '임금구조의 경직성'이 고령 인력을 계속 고용하거나 재고용하기 가장 어려운 이유라고 인식하고 있음을 밝혔다.

결국 고령화에 따른 대응책을 고민할 때, 임금체계의 점진적 유연화를 고려해야 할 것이다. 현재 한국의 연공서열형 임금구조는 근속연수에 따라 임금이 자동으로 상승하는 방식을 취하고 있어, 고령 근로자의 고용 유인을 약화시키는 한 요인이 되고 있다. 이에 대한 대안으로는 생산성과 연계된 임금체계 도입이나, 임금피크제와 같은 제도적 장치를 통해 기업이 보다 탄력적으로 임금 수준을 조정할 수 있도록 하는 방법이 있다.

　실제로 해외에서도 유사한 방향의 노력이 나타나고 있다. 일본은 고령자의 계속 고용을 촉진하기 위해 임금피크제를 광범위하게 도입하고 있으며, 근로자의 연령이 올라갈수록 임금도 완만하게 조정되도록 유도하고 있다. 독일도 기업 자율에 맡긴 임금 조정과 시간제 근로 확대를 통해 고령 근로자의 경제활동 참여를 장려하고 있다. 이들 사례는 고용을 유지하는 과정에서 임금체계의 경직성을 완화하는 것이 고령화 대응에 있어 중요한 수단이 될 수 있음을 보여준다.

　따라서 고령화 시대를 맞아 기업이 고령 근로자의 고용을 보다 적극적으로 이어갈 수 있도록 하려면, 기업의 자율성을 존중하면서 임금과 고용구조를 유연하게 조정할 수 있는 정책적 여건을 함께 마련해나가는 접근이 필요하다.

기업과 정부가 함께 만드는
지속가능한 미래

──────── 앞서 살펴본 것처럼, 저출산과 고령화는 단순한 인구 감소를 넘어 경제·사회 전반에 걸친 구조적 변화를 요구하고 있으며, 이러한 변화에 대응하기 위해서는 정부와 기업이 각자의 역할을 인식하고 적극적으로 행동해야 한다. 특히 기업이 경영환경 변화에 맞서 능동적으로 대응할 수 있도록 정부가 제도적 기반을 마련하고

실질적 유인을 제공하는 것은, 오늘날 저출산·고령화 문제를 해결하는 데 있어 필수적 요소라 할 수 있다.

이러한 맥락에서, 정부의 정책 접근은 보다 정교하고 체계적이어야 한다. 단순히 고령자 고용이나 육아휴직 확대를 의무화하는 방식은 기업에 추가적인 부담만을 주고, 기대했던 긍정적 효과를 얻지 못할 가능성이 크다. 기업이 자발적으로 고령 인력을 채용하고, 육아친화적 제도를 도입하도록 유도하려면, 구체적이고 실질적인 인센티브 체계가 함께 구축되어야 한다.

앞서 언급했던 정부정책에서 추가로, 육아휴직자의 대체인력 고용에 필요한 인건비를 일정 기간 지원하거나, 직장어린이집 설치, 유연근무제 도입 등 가족친화적 경영을 실천하는 기업에 대해 세제혜택이나 조달 입찰 가점을 부여하는 방안은 기업 입장에서 실질적 동기부여로 작용할 수 있다. ESG 성과 달성 시 우대금리를 제공하는 지속가능연계대출[39] 등에 상응할 수 있도록, 저출산·고령화 정책의 해당 문제들에 대한 대응 수준에 상응할 수 있는 지표를 만든 후 해당 성과를 달성하는 경우 기업 대출 등에 대한 우대금리를 제공하는 정책을 도입하는 것 역시 기업에 대한 인센티브로 작동할 수 있을 것이다. 이처럼 비용 부담을 경감하고, 시장 내 경쟁우위를 제공하는 방식은 정책비용을 최소화하면서도 기업의 행동 변화를 이끌어내는 효과적인 수단이 될 수 있다.

---

[39] https://www.seoulfn.com/news/articleView.html?idxno=524299 기사 참고

아울러 정책 설계에 있어 신뢰와 예측가능성을 확보하는 것은 무엇보다 중요하다. 기업은 장기적인 경영계획을 세워야 하는 존재이며, 정부정책이 자주 바뀌거나 기준이 불명확할 경우 기업은 정책 참여를 기회로 인식하기보다 위험으로 간주하게 된다. 따라서 육아휴직, 정년연장, 유연근무 등 주요 정책들은 최소 5년 이상의 일관된 정책 프레임 하에서 운영되어야 하며, 변경이 필요한 경우에도 충분한 사전 예고와 과도기적 조치가 마련되어야 한다.

결국 기업의 자율성과 책임을 존중하는 정책 방향이야말로 지속가능하고 현실적인 해결책이 될 것이다. 정부는 일방적인 규제자가 아니라 기업이 저출산·고령화 문제 해결에 주체적으로 참여할 수 있도록 돕는 동반자로서 기능해야 한다.

지금 우리는 인구감소라는 거대한 흐름 앞에 서 있다. 이 흐름을 거스를 수는 없지만, 그에 어떻게 대응할 것인지는 선택할 수 있다. 정부와 기업이 각자의 역할을 넘어서 사회를 함께 지탱하는 공동 책임자로서 저출산·고령화 문제에 대응해나간다면, 위기를 성장의 기회로 전환할 수 있을 것이다. 사회 전체의 지속가능성을 위해, 이제는 각 주체가 고립된 대응을 넘어 협력의 프레임으로 전환할 때다. 정부는 기반을 닦고, 기업은 창의적이고 책임 있는 대응을 통해 미래를 설계하는 것, 그것이 저출산·고령화 시대를 준비하는 길이다.

다양성의 사회는 이제 대세다!

저출산·고령화와 외국인력 유치

인구감소에 따른 산업별 노동력 부족 완화를 위해 외국인력 활용이 중요한 정책으로 대두되고 있다. 대통령직속 저출산고령사회위원회는 인구구조 변화 대응을 위해 인구정책 범부처 협의체로 인구정책기획단을 출범하고 그동안 파편화되어 있던 외국인력 관리체계의 일원화를 시도하였다. 외국인 정책은 경활인구 확충을 위한 외국인 정책반에서 수행하였는데, 타 작업반과 비교해 봐도 다수의 관계 부처가 포진된 것을 확인할 수 있다(297쪽 참고). 이는 출입국 심사와 외국인 정책을 주관하던 법무부 출입국외국인정책본부의 업무가 체류 외국인의 유형에 따라 얼마나 다양한 타 부처의 업무와 뒤얽혀 있는지를 보여준다.

실제로 우리나라 농·축산업과 제조업 등에서 나타나는 인력 부족 현상은 내국인 노동력만으로 해결하기 어려운 수준에 도달하였다. 특히 중소규모 제조업체와 농촌 지역 농가의 경우 장기적인 구인난으로 생산활동에 차질을 겪고 있다. 이에 정부는 제조업과 농·축산업 등 인력난이 심한 업종을 중심으로 비전문취업 외국인 근로자(E-9) 쿼터를 기존 2022년 5만 9,000명에서 2023년 11만 명, 2024년 16만 5,000명, 2025년 13만 명으로 크게 확대하였다.

또한 취업 허용 업종을 음식점업과 광업, 임업 등 내국인 기피로 인력 부족이 심한 업종을 포함하였고, 요건을 갖춘 외국인에 대해 장기체류 경로 또한 마련하였다. 비전문취업(E-9)에서 숙련기능인력(E-7-4)으로 이후 거주(F-2), 영주(F-5) 자격을 취득할 수 있도록 유도하여 국내에서 정주하게끔 비자를 설계하였다.

저숙련 근로자뿐만 아니라 숙련 외국인력 유치 노력도 강화하였는데, 인구소멸지역과 인구소멸관심지역을 대상으로 지역특화형 비자사업을 시행하며, 해당지역에서 2년 이상 체류한 비전문취업(E-9)자에게 3년간 지역특화 숙련기능인력 비자(E-7-4R)를 부여하고, 국내 전문학사 이상의 유학생에게는 5년간 지역특화 우수인재 비자(F-2-R, 거주)를 부여하는 등 지역소멸 위기 극복과 지역 균형발전 도모를 위해 노력하고 있다.

또한 법무부는 특정활동 비자(E-7) 발급 규모 확대와 톱티어(Top-

저출산고령사회위원회 산하 인구정책기획단

	인구정책기획단									
	저출산·고령사회 대응 정책 분과 (보건복지부 1차관 주관)					인구구조 변화 대응 정책 분과 (기획재정부 1차관 주관)				
	① 저출산 대응			② 고령사회 대응		③ 축소사회 대응			④ 경활인구 확충	
총괄 작업반	임신· 출산 양육반	일·가정 양립반	주거· 자산 형성반	의료· 돌봄 요양반	노인 주거반	기술 산업반	지역 정책반	교육· 인적 자원반	국방 정책반	외국인 정책반	고령자· 여성 고용반
저고위 기재부 복지부 국조실	복지부 교육부 여가부	고용부 여가부	국토부 금융위	복지부	국토부 복지부	과기부 산업부 복지부	행안부 국토부 기재부 문체부 교육부 고용부 농림부 해수부 지방위	교육부 고용부 기재부 산업부 중기부 과기부	국방위 기재부 교육부	**법무부 기재부 고용부 농림부 산업부 중기부 과기부 여가부 교육부 해수부**	고용부 여가부 중기부 기재부 교육부 복지부 과기부 통계청

자료: 대통령직속 저출산고령사회위원회 홈페이지

Tier) 비자 신설, 유학생의 졸업 후 구직·취업 연계 강화 등을 위해 2024년 '신(新) 출입국·이민정책 추진방안'을 제시하였다. 동 보도자료에서 인력구조 변화에 대한 선제적 대응을 위해 민간 수요 반영을 위한 비자 제안제 또한 도입을 예고하였다. 이는 생산성을 일정 수준 확보하고 있거나 보증할 수 있는 인력을 산업으로 유입하기 위한 인센티브 차원으로 해석할 수 있다. 2025년에는 지역 특성을 반영한 지역 기반 이민정책 수립을 목적으로 '광역형 비자 시범사업'

을 진행하고 있다. 해당 사업은 광역지자체가 유학생(D-2)이나 특정 활동(E-7-1~3) 비자를 대상으로 학력을 제외한 비자 기본 요건을 지역 특성을 반영하여 직접 설계하여 운영하는 사업이다. 과거 외국인 정책이 주목받지 못하던 시기에 단기 체류 외국인 노동력 위주의 정책에서 벗어나, 필요한 분야에 외국인력을 유치하고 정착을 지원하는 방향으로 이민정책의 기조가 변화하고 있다는 방증이다.

외국인의 취업 및 고용 허가

외국인력의 유치를 논할 때 가장 중요한 논점은 내국인 대체성이다. 수용국 노동시장에서 외국인력이 도입됨으로써 해당 산업에서 내국인을 구축하는지, 혹은 저임금 외국인 근로자의 유입이 내국인의 임금을 낮추는 효과가 있는지와 같은 우려이다. 학계에서는 외국인의 내국인 대체 효과가 국가나 기간, 분석의 형태에 따라 다양한 결과로 나타난다. 조지 보르하스(George J. Borjas, 1994)는 저숙련 외국인 근로자의 유입이 자국 노동시장 내 저숙련 내국인 근로자와의 경쟁을 심화시켜 소득을 감소시키지만, 이를 활용하는 자본가나 고용주의 소득을 증가시켜 긍정적 파급효과를 통해 경제 전체의 생산성을 향상시킬 수 있다고 했다. 이와 반대로 Orefice(2010)는 이민자가 유입됨에 따라 감소하는 경제성장을 고숙련 이민자가 상쇄할 수 있지만, 그 크기가 전체 부정적 영향을 상쇄하지 못한다는 결과를 제시하였다. Islam and Khan(2015)는 미국에서의 단기 이민이 평균 임금을 감소시키지는 않지만, 장기적으로 자국의 경제성장이 이민자의 유입을 유발하여 수용국의 평균 임금을 낮춘다고 주장하였다.

국내에서도 이러한 외국인 도입으로 인한 노동시장에서의 효과를 식별하려는 노력이 있었다. 한국은 저숙련 외국인 근로자 유입이 전체 이민자 유입에 비해 대단히 크기 때문에 저숙련 외국인 근로자와 내국인의 대체성을 살펴보고, 고숙련 이민자의 유입으로 인해 우리 사회 또는 노동시장에서 발생할 수 있는 여러 현상에 관하여 설명하고 적절한 정책 대안을 제시할 필요가 있을 것이다. 이종관(2020), 김도원 외(2024) 등의 연구에서 이와 관련한 시사점을 확인할 수 있다. 이종관(2020)은, 국내 패널자료를 이용한 외국인의 유입이 노동시장에 미치는 영향을 실증분석하였다. 분석 결과, 이민자 유입이 내국인 일자리에 미치는 영향은 통계적으로 유의하지 않았으나 건설업, 저숙련 기능직 등 일부 분야에서는 외국인 유입에 따른 내국인 일자리 감소 효과가 관찰되었다. 김도원 외(2024)는 지역 단위 패널 분석을 통해 외국인의 증가가 노동시장에서 고용과 임금에 다소 부정적 영향이 있음을 관찰하였다. 한편, 중장기적 관점에서 고숙련 외국인의 노동시장 유입은 경제성장에 긍정적 영향을 가져올 수 있으므로 외국인 근로자와 내국인 근로자가 상호 보완적 관계를 형성할 때 경제적 파급효과가 극대화될 수 있을 것으로 보고되었다(이종관, 2020).

각국에서는 외국인의 노동시장 진입을 허가하기 이전에 자국의 '노동부족'을 선제적으로 평가한다. 국내에서도 내국인의 일자리를 침해하지 않는 선에서 외국인의 취업을 허용하려는 기조를 유지하고 있다. 따라서 노동부족 여부는 외국인 고용에서 중요한 논의점이다. 기존의 외국인 고용의 허용은 전체 취업비자 발급 규모를 결정할 때 기업의 요구가 의사결정에서 주요 요인이 되었다. 특히 지방의 중소규모 업체에서 지속적으로 인력난을 호소하고 있으며, 외국인력의 도입 규모가 정책적 판단에 따라 결정되는 것처럼 보이는 지점이 존재한다. 객관적으로 노동부족을 식별하고 판단하는 명확한 근거가 필요한 시점이라고 할 수 있다. 이와 관련하여 노동부족과 외국인 취업에 관련한 가장 최근 연구로는 최서리 외(2024)의 연구를 살펴볼 수 있다. 해당 연구에서 논의한 외국인력 도입에 대한 쟁점으로 눈여겨볼 만한 점은 이해관계자의 견해차다. 2023년 노동계에서는 외국인력 도입의 확대를 노동시장 파괴라고 비판한 바 있으나, 상술한 바와 같이 외국인력 도입의 확대는 사업주의 수요에 기반하여 허용 규모가 결정되어왔다. 이에 감사원(2024)은 객관성과 합리성을 갖추지 못한 고용허가제 도입 규모 산정 방식에 개선이 필요함을 지적하였다.

최서리 외(2024)는 국내 산업과 직종의 중분류 수준에서 노동부족 여부를 식별하기 위해 개별 지표를 추출, 노동부족 지수를 산출하였다. 구체적인 노동부족 식별을 위한 개별 지표는 다음 표와 같다. 자세히 살펴보면 사업주 입장에서의 공석률(미충원률)뿐만 아니라 임금과 근로시간, 실업률 같은 전통적인 노동시장 지표를 포함하

노동부족 식별을 위한 개별 지표

구분	국문	정의	출처
1	임금(시급)	특정 직종(산업)의 중위임금(시급)	통계청, 「지역별고용조사」
2	근로시간	특정 직종(산업)의 근로시간	
3	신규채용률	특정 직종(산업)의 전체 종사자 중 신규 채용자 비율	고용노동부, 「직종별사업체노동력조사」
4	종사자 수	특정 직종(산업)에 종사하는 사람 수	통계청, 「지역별고용조사」
5	실업률	특정 직종(산업)에 과거 종사한 적이 있는(직전 직장에서의 직종(산업)) 실업자(구직자) 비율	-
6	잠재적 노동자 수	특정 직종(산업)에 과거 종사한 적이 있는(직전 직장에서의 직종(산업)) 현재 구직활동을 하지 않는 생산연령인구 수	통계청, 「경제활동인구조사」
7	공석률	특정 직종(산업)의 정원 대비 공석(구인) 수	고용노동부, 「직종별사업체노동력조사」
8	구인 어려움	사업체(고용주)가 특정 직종(산업)의 근로자를 구인하기까지의 기간	
9	이직률	직전 직종(산업)의 전체 종사자 수 대비 다른 직종(산업)으로 이직한 사람 수 비율	
10	퇴직률	직전 직종(산업)의 전체 종사자 수 대비 퇴직자 수 비율	
11	고령자 비율	특정 직종(산업)에 전체 종사자 중 만 60세 이상 종사자 비율	통계청, 「지역별고용조사」
12	청년 비율	특정 직종(산업)에 전체 종사자 중 만 15세 이상, 34세 이하 종사자 비율	

주: 최서리 외(2024) 자료 재가공

였으며, 고령자·청년 비율 또한 감안하여 인구구조 또한 반영할 수 있도록 설계하였다.

다음 표는 이들 개별 지표를 활용해 최종적으로 식별한 국내의

노동부족 위험 산업·직종군

구분	산업(직종) 코드	산업(직종)명
산업	19	코크스, 연탄 및 석유정제품 제조업
	37	하수, 폐수 및 분뇨 처리업
	60	방송업
	62	컴퓨터 프로그래밍, 시스템 통합 및 관리업
직종	11	공공 기관 및 기업 고위직
	21	과학 전문가 및 관련직
	26	법률 및 행정 전문직
	43	운송 및 여가 서비스직
	62	임업 숙련직
	79	기타 기능 관련직
	89	목재·인쇄 및 기타 기계 조작직
	91	건설 및 광업 관련 단순 노무직

주: 최서리 외(2024) 자료 재가공

노동부족 위험 산업·직종이다. 해당 연구에서 확인한 노동부족 위험 산업은 코크스, 연탄 및 석유정제품 제조업(C19)과 하수, 폐수 및 분뇨 처리업(D37), 방송업(J60), 컴퓨터 프로그래밍, 시스템 통합 및 관리업(J62)으로 나타났다. 노동부족 위험 직군은 기타 기능 관련직, 건설 및 광업 관련 단순 노무직, 공공기관 및 기업 고위직, 임업 숙련직, 목재·인쇄 및 기타 기계 조작직, 운송 및 여가 서비스직, 과학 전문가 및 관련직, 법률 및 행정 전문직 등이다. 다만, 최서리 외(2024)는 상대적으로 종사자 규모가 작은 산업과 직종에서의 지표 변화를 고려하여 노동부족의 위험을 판단해야 한다고 언급하였다.

다문화가정 지원과 정착

외국인력 유입의 증가와 함께 한국 사회는 다문화가정과 이주민의 안정적인 정착을 위한 정책을 전개하고 있다. 2008년 「다문화가족지원법」의 제정은 결혼이민자와 자녀로 구성된 다문화가족을 국민의 일부로 인정하고 다문화가족지원센터 설립·운영을 위한 토대가 되었다. 2023년 말 기준, 전국적으로 200여 개의 가족센터에서 결혼이민자를 대상으로 한국어 교육과 방문교육, 통번역 서비스, 자녀양육, 자녀 언어발달 지원, 가족 상담 등의 프로그램을 제공하고 있다. 다문화가족지원센터는 초기 정착 단계 외국인 배우자가 언어와 문화적 장벽을 극복하고 적응할 수 있도록 도우며, 사회참여와 교육 수준 향상을 이루고 있다. 정부차원에서는 2023년 발표한 '제4차 다문화가족 정책 기본계획(2023~2027)'을 통해 다문화 배경 아동의 교육격차 해소와 결혼이민자의 경제활동 지원, 가족통합서비스 강화 등을 중점 과제로 포함하였다. 모영민(2024)에 따르면, 2023년 국내 다문화 가구는 약 41.5만 가구이며 가족 구성원은 119만 명에 이르며, 다문화가정 자녀도 18만 명 이상으로 우리 사회에 적지 않은 비중을 차지하고 있다. 결혼이민자 외에도 중도입국청소년, 난민, 무국적자와 같은 정책에서 소외된 다양한 이주배경 외국인에 대한 관심도 중요할 것이다.

법무부는 장기체류 외국인을 위해 사회통합프로그램을 제공하며 한국어와 문화, 기초 시민교육 과정을 이수하도록 하고 일정 점수 이상을 수료하면 영주권 취득 시 혜택을 주어 장기적 정착을 유도하고 있다. 이러한 프로그램은 이민자가 우리말과 우리 문화를 빨리 익히도록 함에 따라 원활한 의사소통으로 지역사회에 쉽게 융화될 수 있도록 한다. 지방자치단체에서도 자체적으로 외국인주민 지원 조례를 마련하거나 외국인주민 통합지원센터를 운영하며 행정지원과 직업훈련 등을 제공하고 있다. 이처럼 중앙정부와 지자체는 이주민의 정착 단계별 지원체계를 갖추기 위해 기반을 조성하고 있다.

다양성 사회에서
정부의 역할과 과제

_____ 저출산·고령화로 인해 예상보다 빠르게 우리 사회가 다문화의 길목으로 접어들며 외국인의 유치-정주-통합으로 이어질 수 있는 체계적인 이민정책 수립이 필요한 시점이다. 이러한 제반 사항들을 바탕으로 정부가 직면해야 할 주요 과제를 제시하면 다음과 같다.

지나치게 방대한 부처 구성으로 인해 높은 협력 비용 발생

과거 외국인력 정책은 법무부, 고용노동부, 여성가족부, 지자체

등 여러 부처가 각자 분절·중복하여 추진되어왔다. 이로 인해 정책 기획·집행 단계마다 예산·조직·회의 등이 중복발생하며 간접비용이 크게 증가하였다. 과거 외국인정책위원회는 부처별로 분산·중복 추진되던 정책의 비효율성을 극복할 필요가 있음을 지적했고, 2019년 보도에서도 분산된 외국인 정책을 리셋을 위한 통합 관리를 촉구하며 총괄 기구를 신설하여 행정비용 절감을 강조한 바 있다.[40] 앞에서 살펴본 저출산·고령사회위원회 산하 인구정책기획단은 이러한 배경 하에서 설립된 것이다. 하지만 2024년 말부터 이어진 여러 국내 제반 상황에 의해 가시적인 성과를 보이기 어려운 상황이어서 현 법무부 출입국외국인정책본부의 외국인정책 역할 강화 또는 외국인 정책을 주관할 수 있는 중앙 전담 기구 설치가 필요하다.

지자체의 외국인 담당 인력 부족

인구감소·산업위기지역에 외국인 우수인재를 유치하기 위해 도입한 지역특화형 비자(F-2-R) 사업은 내국인 고용인원 제한(50% 상한)과 한국어 능력 기준 상향 등의 요건 강화로 많은 지자체가 외국인력 모집에 실패하는 결과를 낳았다.[41,42] 특히 규모가 작은 지자체는 전담 인력 배치조차 어려워 쿼터 미달 사례가 다수 보고되었으

---

40 서울경제, "'외국인정책 이대로 좋은가' 외국인 정보·예산 통합관리 필요…처·청급 컨트롤타워 서둘러야", 2019.3.24.
41 농민신문, "문턱 높아진 지역특화형 비자사업 '움찔'", 2024.10.7.
42 전라일보, "'내국인과의 형평성' 업체별 인원제한…지역특화형 비자 사업 모집 제동걸리나", 2024.8.23.

며, 이에 따라 사업의 현장 실행력이 크게 저하되고 있는 실정이다. 광역형 비자 시범사업 역시 마찬가지다. 지역 기반 이민정책의 시작으로 현장 지자체의 담당 부서에서는 새로운 과제에 맞닥뜨리고 있으나 제대로 된 외국인 전담부서가 존재하지 않은 지자체에서는 단기간 집중되는 여러 외국인 정책 사업을 따라가기도 어려운 실정이다.

이민행정 데이터 파편화 및 기반 체계 미비

파편화되어 있는 이민(외국인) 관련 데이터를 체계적으로 관리할 수 있는 기반을 마련해야 한다. 현재 이민행정 데이터는 법무부, 고용노동부와 같은 중앙부처, 외국인 담당 지자체, 일부 연구기관에서 각각 관리하고 있어 외국인의 유치, 정주, 통합으로 이어지는 단계별 데이터베이스가 부재한 실정이다. 또한 법률상의 한계로 실시간 체류 현황 파악 및 인적 정보 수집에 애로사항이 있어 정책 효과 분석이 이루어지기 어려운 환경이다. 최서리·이창원(2022)은 기관 간 연계가 전무한 이민행정 체계를 지적하며 데이터 기반 행정체계와 전담 기구 설치가 필요하다고 지적하였고, 권채리(2020)는 분절된 법·제도가 통합 운영을 저해한다고 분석하였다. 증거 기반 이민정책 수립을 위해서 파편화된 이민데이터 수집과 관리를 위한 전담 기구의 설립이 절실한 상황이다.

미래 세대에 포용적 다문화 사회를 위한 수용성 대책

현재 정부는 결혼이민자 지원센터 운영과 사회통합프로그램을 통해 이민자의 유치 및 정착지원에 주력하고 있으나, 이들이 성장해 교육·노동시장 등에 진출할 다음 세대가 선주민과 마찰 없이 조화롭게 사회에 통합될 수 있도록 문화·언어 지원, 소속감 형성, 편견 해소 등의 갈등 관리 방안은 아직 충분히 갖추지 않은 상태이다. 우리나라가 저출산·고령화와 이민자 유입으로 다문화 사회로의 변화를 직면하고 있는 상황에서 다문화 가정의 증가는 다음 세대에서 그들의 자녀가 사회에 진출했을 때 발생할 문제들을 내포하고 있다. 현재 정부의 정책 기조는 이민자를 유치하고 정주시키는 데 있지만 다음 세대가 몰고 올 이주민과 선주민 간의 사회적 갈등을 제대로 안고 가기에 버거운 실정이다. 차별금지법 제정 등 제도적 장치를 마련하여 상호 존중 문화를 제도화함으로써 다음 세대의 사회통합 기반과 내국인의 수용성 제고를 위한 노력을 선제적으로 제시해야 할 것이다.

'누구도 낙오되지 않는 (NOW)' 사회를 향해

전통적으로 '인구정책'이라 하면 정부가 인구에 영향을 미치기 위해서 추진하는 정책을 의미한다. 출생률이라든지 사망률을 조정함으로써 연령대별로 인구가 몇 명이 되도록 영향을 미칠 수 있는 정책이라고 생각할 수 있다. 하지만 이러한 방식의 인구정책은 다소 오래된 접근이며, 정부가 의도적으로 정책을 추진해 인구에 영향을 미친다는 개념 또한 현재에는 효과적으로 작동하기 어려운, 다소 구시대적인 정의라고 볼 수 있다.

그런데 1970년대부터 시작하여 과거에는 이러한 정책이 굉장히 많았다. 과거의 인구정책은 인구의 증가, 가구의 크기, 그리고 인구의 포화 정도, 경제성장의 달성과 밀접한 관계가 있었다. 경제성장을 달성하고 또 1인당 국민소득을 높이기 위해서는 인구를 통제할 수밖에 없었기 때문이다. 그래서 인구정책이라는 것은 경제성장을 위한 하나의 도구로 시작되었다.

과거 대한민국을 비롯한 여러 국가들의 인구정책을 보면, 한때는 분명 효과가 있었다. 당시 인구정책의 주요 목표는 인구를 통제하고 출산율을 낮추는 것이었으며, 성비의 균형을 맞추는 데에 중점을 두었다. 그러나 오늘날의 인구정책은 급격한 인구감소를 막는 데 초점이 맞춰져 있지만, 그 효과는 점점 미미해지고 있다. 매년 다양한 인구정책이 새롭게 도입되고 있음에도 불구하고, 출산율은 오히려 계속 하락하고 있기 때문이다.

오늘날 출산율이라는 것은 다른 시각에서 보면 여러 정책이나 사회적인 문화가 결집돼서 나타나는 결과물이라고 할 수 있다. 그런데 오늘날의 인구정책은 이러한 점을 간과하고 있기 때문에 실질적으로 큰 효과를 내지 못하고 있는 상황이다.

출산지표로만 말할 수 없는
인구정책

전 세계의 언론 보도에서도 대한민국이 인구정책에 엄청난 돈을 투자하고 있는데 별로 효과가 없었다는 사실은 많이 언급되고 있다. 그만큼 투자가 낭비되고 있다고 생각될 수 있고, 또 이러한 사실은 현재 우리나라가 당면한 가장 시급한 과제가 되고 있다. 사람들에게 돈을 준다고 하더라도 자녀를 몇 명 낳을지, 언제 자녀를 낳을지에 대해서 별로 영향을 미치지 못하는 것으로 보여진다.

그래서 다소 가혹한 평가일 수는 있지만, 현재 한국의 상황을 합계출산율 기준으로 판단한다면, 인구정책은 분명히 실패했다고 볼 수밖에 없다. 그러나 동시에, 이러한 방식의 판단이 과연 타당한 것인지, 혹은 잘못된 접근일 수 있다는 점에도 유의할 필요가 있다.

출산율을 높이기 위한 정책이 특정 코호트(cohort, 특정 행동양식을 공유하는 집단)의 출산율이나 출생 자녀 수 증가에만 초점을 맞추고 있다면, 그 효과가 제한적이었다는 점은 분명하다. 그러나 모든 정책의 성과를 인구통계학적 변화에만 근거해 평가하고, 원하는 방식의 결과가 나오지 않았다고 해서 단정적으로 "실패했다"고 판단하는 것이 과연 타당한지에 대해서는 의문을 제기할 필요가 있다. 즉, 한국의 인구정책이 실패했다는 평가 이면에는 다른 여러 측면에서의 성과나 긍정적인 변화들이 간과되고 있다는 것이다.

예를 들어서 육아 제도가 확대되었고, 친가족 정책이 도입되었고, 가족 모임 장려를 위한 인프라 구축으로서 고속열차를 확대하는 정책을 추진한다고 하자. 그런데 고속열차가 출산율을 높이지 못했기 때문에 실패했다고 할 수는 없다는 것이다. 고속열차는 우리 국민들의 삶의 질을 개선하는 큰 역할을 하고 긍정적인 효과를 가져왔다. 고속열차의 정책 자체가 실패했다고 하는 것은 너무 가혹한 평가로 정책의 초점을 지나치게 출산지표에 맞추면 정책적 결과와 평가가 모두 왜곡될 수 있다. 적어도 향후 출산율을 높일 수 있는 제도적 기

N포 세대

취업난과 경제적 어려움 등으로 포기한 것이 있는지 여부

75.7% (포기한 것 있다)　　**24.3%** (없다)

포기한 것 (복수 선택)

취미 등 여가활동	57.7%
결혼	46.7%
연애	46.5
꿈과 희망	43.2%
내 집 마련	43.0%
인간관계	39.8%
자기계발	38.3%
건강관리	35.4%
외모관리	35.4%
출산	31.3%

자료: 사람인, 2030세대 성인남녀 955명 대상 설문조사

반 마련에는 고속열차가 긍정적인 역할을 했다고 볼 수 있기 때문이다.

어쩌면 출산율 그 자체보다 더 우려해야 할 것은, 오늘날 젊은 세대가 처한 현실일지도 모른다. 여기서 말하는 젊은 세대란 20대와 30대를 포함한 넓은 연령층을 의미하는데, 이들은 과거에도 '사랑, 결혼, 출산'을 포기한 3포 세대라는 이름으로 불려왔다. 그런데 이제는 그조차도 넘어서 인생의 거의 모든 기회를 포기해야 한다는 의미

에서 'N포 세대'라는 말까지 등장했다. 많은 젊은이들은 이번 생에서는 도달할 수 없는 것이 너무 많다고 느끼며, 그래서 인생의 여러 가능성을 포기하게 된다고 말한다. 만약 이들이 우리의 미래라고 믿는다면, 과연 이들이 느끼는 두려움과 불안, 실패 외에 다른 미래는 가능하지 않는 것일까? 이러한 우려가 지금 우리가 진지하게 고민해 봐야 하는 문제이다.

유엔,
"인구의 삶의 질이 중요하다"

　　　　　　　　인구정책이라는 것은 일반적으로 국가가 합의된 정책으로 특정 프로그램을 의도적으로 구축하거나 수정하는 것이다. 관련하여 정부가 펼치는 정책에는 국가 차원에서 유엔이 정리한 목표도 담겨있다. 실제로 국제인구개발회의(ICPD)에서 지속가능개발을 달성하기 위한 몇몇의 원칙들이 정부정책에도 언급되어 있다. 유엔은 잘 설계된 정부정책은 1994년 국제인구개발회의의 행동계획을 이행하고 지속가능한 발전목표(SDGs)를 달성하는 데 매우 중요하다고 언급하였다.

　1994년 국제인구개발회의에서 전 세계 많은 정부들이 함께 모여서 "숫자가 중요한 것이 아니다. 인구의 삶의 질이 중요하다. 삶의 질과 웰빙을 높이는 데, 그리고 양성평등을 높이는 데 초점을 맞춰야 된다"라고 한목소리를 냈다. 그래서 국제인구개발회의 다섯 번째 원칙에는 인구와 관련된 정책과 목표는 사회, 문화, 경제, 정책과 밀접한 관련이 있으며 삶의 질 향상에 초점을 맞춰야 한다고 언급되어 있다.

또한 국제인구개발회의의 두 번째 원칙에는 가장 중요한 문구가 있는데, 이는 "모든 국가들은 각 개인들에게 충분한 자신의 잠재력을 실현할 수 있는 기회를 주어야 한다"라는 것이다. 그래서 아무도 사회에서 낭비되지 않도록 해야 한다(No One is Wasted, NOW)는 것이다.

우리나라는 지난 수십 년 동안 놀라운 성과를 달성하였다. 이제는 우리나라가 달성한 발전을 어떻게 다음 세대까지 잘 물려줄 수 있을지가 관건이다. 이제는 부정적인 것에 초점을 맞추는 게 아니라 우리나라가 달성한 눈부신 산업의 발전 등에 초점을 맞출 필요가 있다. 특히 한국의 문화와 예술은 눈부신 성장을 해왔다. 그리고 이 모든 것들 뒤에는 매우 높은 수준의 인적 자본이 뒷받침 되어왔다. 그런데 그 가운데 일부는 잠재력을 충분히 발휘하지 못했다는 것도 사실이다. 좋은 대학을 졸업한, 유능한 사람들의 생산력이 100% 다 실현되고 있지 않다는 것이다. 한편으로 생각하면 이들이 자신의 역량을 충분히 발휘한다면 대한민국의 향후 경제적 잠재력은 굉장히 높다고 평가할 수 있다.

예컨대 우리 사회에서 성별의 차별을 극복한다면, 고령인구의 참여를 높인다면, 모든 인구의 이용가능한 잠재력을 실질적으로 잘 실현할 수 있다면, 결과적으로 개인의 능력이 낭비되지 않고 지속가능한 발전을 이뤄나갈 수 있다. 이러한 사회에서는 결혼이나 출산이 자연스러운 결과로 발현될 것이다. 당연히 출산율도 상승할 것이다. 물론 현실에서는 여러 가지 규제들, 노동시장의 경직성, 불필요한 사회적 규범 등에 의해 잠재적 역량이 저하되고 있다. 따라서 향후 주요한 과제는 이러한 문제들을 해결하는 데 중점을 두어야 한다.

낮은 출산율은
잘못된 시스템의 결과물

               기업의 사례를 통해서도 여건 개선이 출산율의 제고를 가져온 결과를 살펴볼 수 있다. 기업 차원에서 저출산을 극복한 사례로 흔히 언급되는 일본의 이토추상사의 경우도 이에 해당한다. 이토추상사는 2020년 〈포춘〉 글로벌 500대 기업 목록에서 72위를 차지할 정도로 규모가 큰 회사이다. 이토추상사는 2010년대부터 불필요한 회의·자료의 과감한 폐지, 아침형 근무제 도입, 삶과 일의 양립 지원, 아침형 유연근무제(플렉스타임제)로의 전환 등을 추진하였다. 이러한 개혁을 추진한 결과 노동생산성이 급증하였다. 2022년 노동생산성은 2010년 대비 5.2배나 상승하였다. 2021년에는 사내 합계출생률이 1.97로 전국 합계출생률 1.3을 크게 상회하였다.

  여기서 주지해야 할 사실은, 이토추상사가 추진한 전략은 일하는 방식을 개혁하고 여성 사원의 출산 이후 근무환경을 조성하는 것 등이었지 출산율 자체를 높이는 것이 목적이 아니었다. 이 전략들은 생산성을 높이기 위해서, 그리고 직원의 유지율을 높이기 위해서, 여성의 퇴사율을 줄이기 위해서 도입된 것으로, 결과적으로 출산율도 높아졌다는 것이다.

이러한 사례는 우리에게 중요한 시사점을 제시해준다. 출산율 자체가 해결해야 될 문제가 아니라는 것이다. 낮은 출산율은 잘못된 시스템의 결과물이다. 잘못된 제도 때문에 발생하는 것이고, 직원들이나 사회 구성원들이 잠재력을 발휘할 수 없는 시스템의 결과물이라는 것이다. 그러므로 이러한 잘못된 시스템을 해결하는 데 중점을 둘 필요가 있으며, 이를 통해 출산율 혹은 저출산 문제는 자연스럽게 해결될 수 있다.

다시 N포 세대의 이야기로 돌아가보자. 3포 세대가 포기하는 것 중 하나가 출산이었는데, 앞서 살펴본 조사 결과에서는 N포 세대가 포기하는 많은 것들 가운데 출산이 가장 낮은 순위로 나타났다. 요컨대 자신의 잠재력을 발휘하지 못하고 원하는 삶을 이루지 못하기 때문에 출산까지 포기하게 된다는 것이다.

세계적으로 저출산·고령화 현상이 지속되고 있는 가운데 한국의 경우에는 그 속도가 매우 빠르고 부정적인 영향도 커지고 있다. 하지만 인구정책을 출산율 지표 자체에 초점을 맞추면 향후에도 실패할 가능성이 크며 잘못된 의사결정을 내릴 수 있다. 출산율 저하의 원인은 실패한 경제·사회 제도 시스템의 산물인 만큼, 개인이 잠재력을 최대한 발휘하고 누구도 사회에서 낙오되지 않는 시스템을 구축하는 데 정책적 역량을 집중할 필요가 있다. 이는 궁극적으로 개인의 삶의 질을 높이는 것이며, 출산율 제고는 이러한 시스템이 정착된 이후 자연스럽게 뒤따르는 결과가 될 것이다.

NOW 사회 구축을 위한 기본 요소

한 사람도 낙오되지 않는 NOW(No One is Wasted) 사회를 조성하기 위한 기본적인 틀은 무엇일까? NOW 사회를 구축하기 위해서 필요한 4가지 사회상을 제시하면 다음과 같다. 첫째, 개인의 역량만이 기준이 되는 사회이다. 연령, 성별, 출신지가 아니라 개인의 능력과 잠재력을 기준으로 사람을 채용하고 대우하는 사회가 마련되어야 한다. 이를 위해서는 개인의 역량과 경험에 대한 체계적인 데이터 구축과 이를 활용할 수 있는 지원제도가 필수적이다. 둘째, 사람에게 맞는 사회이다. 인적 자본, 건강, 체력, 선호 등 개인 근로자의 조건에 맞춰 근무시간, 강도, 방식이 조정되는 유연한 일터가 정착된 사회를 의미한다. 셋째, 기회를 제공하는 사회이다. 교육, 훈련, 구직 활동에 있어 개인에게 실질적인 기회를 제공하고 차별받지 않도록 하여 일자리와 인재 간의 효과적 매칭을 제고할 수 있는 사회를 의미한다. 마지막으로 넷째, 사람을 보호하는 사회이다. 고위험, 고이동성 노동시장에 걸맞게 실업급여 등 사회안전망이 강화된 사회를 의미한다. 시장에서 실패해도 낙오되지 않고 다시 시장에 진입하여 재기할 수 있는 시스템을 마련할 필요가 있다.

NOW, 삶의 질 중심 정책에 대한 인식조사(%)

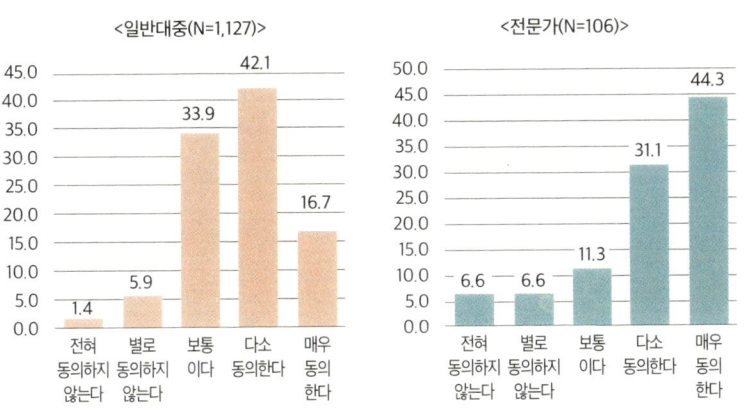

| 설문 문항 | 저출산 문제를 해결하기 위해서 출산율 중심 정책에서 삶의 질 중심 정책 (NOW : 개인의 잠재력을 최대한 발휘하고, 삶의 질을 보장하는 정책, No One is Wasted)으로 패러다임의 전환이 필요하다는 의견에 대해 얼마나 동의하십니까?

자료: 한국경제연구원(2025), 「저출산·고령화에 대한 두 개의 렌즈, 전문가와 대중의 인식조사」

실제로 NOW 사회 구축을 통한 저출산 극복의 정책 패러다임 전환에 대해서는 대부분의 일반대중 및 전문가 등도 긍정적으로 평가하고 있다. 지금까지 막대한 예산을 투입했음에도 불구하고 출산율의 가시적인 반등을 가져오지 못했다는 점을 고려하면, 저출산 극복을 위해서는 사회 시스템의 실패를 바로잡고 출산율의 자연스러운 회복을 모색하는 정책이 바람직하다는 평가로 해석될 수 있다.

일반대중 및 전문가 인식조사 결과에 따르면, 저출산 문제를 해결하기 위해서 출산율 중심 정책에서 삶의 질 중심 정책(NOW : 개인의 잠재력을 최대한 발휘하고, 삶의 질을 보장하는 정책을 통해 아이를 낳고 싶고, 아이를 낳을 수 있는 사회를 구축하는 정책, No One is Wasted)으로의 패러다임 전환이 필요하다는 의견에 동의한다고 응답한 비중이 그렇지 않다고 응답한 비중보다 훨씬 높았다.

일반대중의 경우 동의한다고 응답한 비중은 58.8%에 달한 반면 동의하지 않는다고 응답한 비중은 7.3%에 불과했다. 전문가(학계, 연구소, 정부부처 관계자 등)의 경우 동의한다고 응답한 비중은 일반대중보다 훨씬 높은 75.4%에 이르렀다. 특히 전문가의 경우 매우 동의한다는 응답이 44.3%에 달해 가장 높은 수치를 기록하였다.

NOW 사회 구축을 위한 정책과제

한편 NOW 사회의 성공적 추진을 위해서 가장 필요한 정책 3가지로는 노동시장 진입장벽 완화(청년, 여성 등 취약계층 일자리 매칭 서비스, 양질의 일자리 창출 지원 등), 사회안전망 강화(국민기초생활보장제도 사각지대 해소, 취약계층 주거지원 확대 등), 인적 개발 및 직업훈련 시스템 구축(학력 단절 청소년을 위한 맞춤형 교육, 직업훈련 기회 확대 등)으로 나타났다.

전문가에게 NOW의 성공적 추진을 위하여 가장 중요한 정책과제는 무엇인지를 질문한 결과, 응답자의 33.0%가 노동시장 진입장벽 완화를 꼽았으며, 그다음으로 20.8%가 사회안전망 강화, 그리고 14.2%가 인적 개발 및 직업훈련 시스템 구축을 꼽았다. 그다음 의견

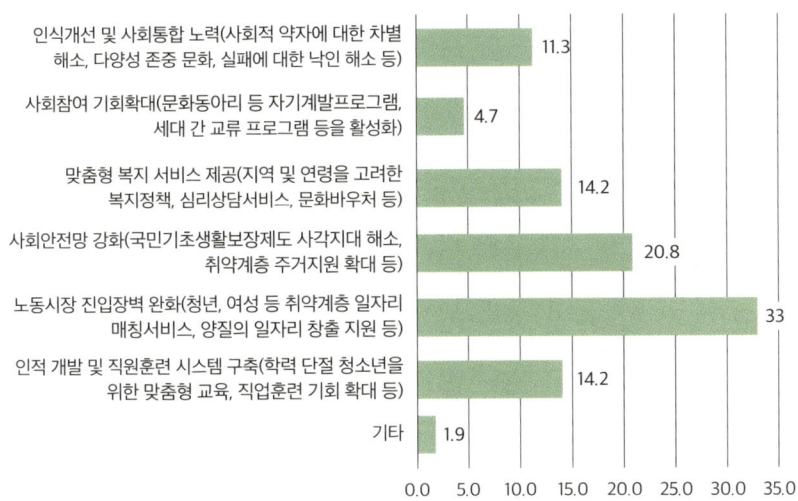

자료: 한국경제연구원(2025), 「저출산·고령화에 대한 두 개의 렌즈, 전문가와 대중의 인식조사」

으로는 맞춤형 복지 서비스 제공(지역 및 연령을 고려한 복지정책, 심리상담 서비스, 문화 바우처 등), 인식개선 및 사회통합 노력(사회적 약자에 대한 차별 해소, 다양성 존중 문화, 실패에 대한 낙인 해소 등), 사회참여 기회 확대(문화동아리 등 자기계발 프로그램, 세대 간 교류 프로그램 등 활성화)의 순이었다.

한편, NOW 사회를 조성하기 위한 기업과 정부의 역할도 중요하다. 개인의 잠재력을 최대한 발휘하고 삶의 질을 높이기 위해서는 정부의 정책도 필수적일 뿐만 아니라 개인이 일자리를 찾고 삶을 영위하는 데 있어서 기업과의 관계도 떼려야 뗄 수 없기 때문이다.

기업의 역할

먼저 NOW 사회를 구축하기 위한 기업의 역할로는 일자리 창출보다 유연한 고용 및 근로의 필요성이 더 중요한 것으로 조사되었다. 일반대중과 전문가에게 NOW 사회 구축을 위한 기업의 역할에 대해 설문조사를 시행한 결과, 두 그룹 모두 유연한 고용 및 근무환경 조성에 대한 응답이 가장 높았다. 최근의 경제사회 트렌드인 워라밸, 일과 가정의 양립 등 삶의 질에 대한 관심이 높아지면서 기업의 역할에서 유연한 고용 및 근무환경에 대한 필요성이 높아지고 있다.

일반대중의 경우 응답자의 43.8%가 유연한 고용 및 근무환경 조성을 꼽았으며, 26.7%가 일자리 창출을 꼽았다. 한편 기업이 취약계층 등 다양한 인재를 활용할 필요가 있다고 응답한 비중도 11.2%였으며, 평생 교육 및 직업훈련을 지원해야 한다고 응답한 비중도 10.8%로 나타났다.

전문가의 경우에는 전체 응답자의 41.5%가 유연한 고용 및 근무환경 조성을 꼽았으며, 32.1%가 일자리 창출을 꼽았다. 그다음으로는 혁신을 통한 신기술 개발이라고 응답한 비중이 9.4%, 취약계층 등 다양한 인재를 활용할 필요가 있다고 응답한 비중은 8.5%로 나타났다. 다만 전문가의 경우는 유연한 고용 및 근무환경 조성과 일자리 창출 간의 응답 차이가 일반대중의 경우만큼 크지는 않았으

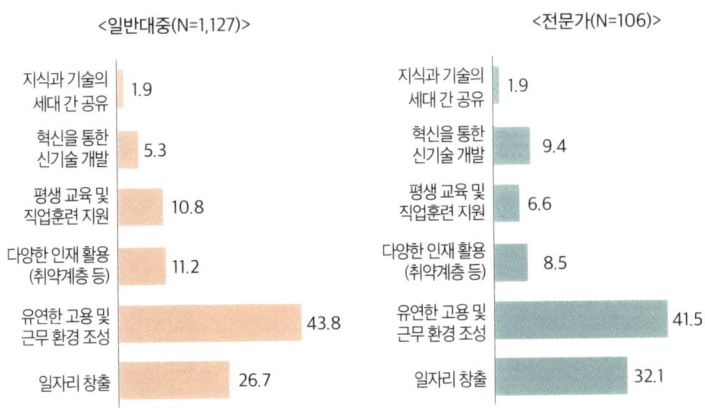

자료: 한국경제연구원(2025), 「저출산·고령화에 대한 두 개의 렌즈, 전문가와 대중의 인식조사」

며, 그다음으로는 혁신을 통한 신기술 개발이라고 응답하여 전문가의 입장에서는 기업 본연의 임무인 일자리 창출, 혁신을 통한 신기술 개발 등에 대해서 상대적으로 더 많은 중요성을 두고 있는 것으로 나타났다.

정부의 역할

NOW 사회를 구축하기 위한 정부의 역할로는 법·제도적 기반 마련, 맞춤형 고용정책 마련, 사회안전망 및 복지 강화 등이 중요한 과제로 조사되었다. 일반대중과 전문가 그룹 모두에서 법·제도적

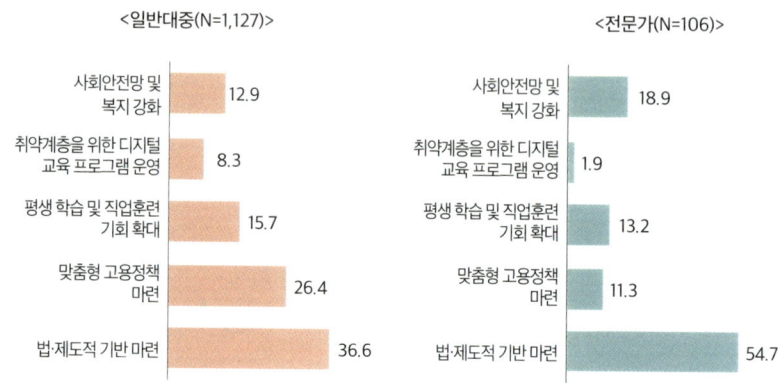

자료: 한국경제연구원(2025), 「저출산·고령화에 대한 두 개의 렌즈, 전문가와 대중의 인식조사」

기반 마련에 대한 응답이 가장 높았으며 그 외에서는 두 그룹 사이에서의 의견이 다르게 조사되었다.

일반대중의 경우 응답자의 36.6%가 법·제도적 기반 마련을 꼽았으며, 그다음으로는 26.4%가 맞춤형 고용정책 마련을 꼽았다. 그리고 평생 학습 및 직업훈련 기회 확대라고 응답한 비중이 15.7%였으며, 사회안전망 및 복지 강화라고 응답한 비중은 12.9%로 나타났다. 일반대중의 경우 법·제도적 기반 마련 외에는 고용 관련 정책에 대한 요구사항이 높은 것으로 해석된다.

전문가의 경우에서도 제1순위는 법·제도적 기반 마련으로 조사되었다. 전체 응답자 가운데 과반수가 넘는 54.7%가 이를 꼽았다. 하지만 그다음으로는, 일반대중의 응답과는 달리 사회안전망 및 복지 강화였으며, 이를 꼽은 응답자의 비중은 18.9%였다. 그리고 평생학습 및 직업훈련 기회 확대라고 응답한 비중이 13.2%였으며, 맞춤형 고용정책 마련이라고 응답한 비중은 11.3%로 나타났다. 전문가 집단의 경우 정부가 해야 할 일에 대한 구분이 명확해서 법·제도 정비, 사회안전망 및 복지 강화에 대한 역할 주문이 상대적으로 많았던 것으로 보인다.

저출산 정책의
패러다임 전환이 필요하다

결론적으로, 앞으로의 저출산 정책은 기존의 출산지표 중심 접근에서 벗어나 NOW 사회 구축을 위한 패키지형 정책으로의 패러다임 전환이 필요하다. 이는 개인이 자신의 잠재력을 최대한 발휘하고, 삶의 질을 높이며, 아이를 낳고 싶고 또 낳을 수 있는 사회를 만들어가는 방향이어야 한다. 이를 실현하기 위해서는 기존의 실패한 시스템을 복원하고 개선해나가는 것이 선결과제이며, 노동규제의 완화, 교육 시스템의 개편, 사회안전망의 강화, 그리고 맞춤형 지원제도의 정착이 필수적이다.

NOW 사회는 어느 한 사람이나 단체의 노력만으로는 완성될 수 없다. 개인, 기업, 정부가 각자의 위치에서 책임을 다하며 함께 힘을 모을 때 비로소 실현 가능한 목표다. 이와 같은 공동의 노력이 지속될 때, 저출산 문제 역시 새로운 해법을 찾을 수 있다.

―― 참고문헌 ――

1장 저출산·고령화가 우리 삶을 바꾸고 있다

1. 사라지는 아이들, 늙어가는 대한민국

유진성, "고령화 시대 가구특성 분석과 노인빈곤율 완화를 위한 시사점", 한국경제연구원, 2019.
_____, "우리나라 인구구조 변화와 노동시장의 문제점"(차기정부 정책과제 기획과제), 한국경제연구원, 2021.
유진성·임동원·유민희, "저출산·고령화에 대한 두 개의 렌즈, 전문가와 대중의 인식조사 – 설문조사를 중심으로", 한국경제연구원, 2025.
인구보건복지협회, "인구보건복지협회 60년사", 인구보건복지협회, 2021.
KOSIS, https://kosis.kr/
OECD, https://data-explorer.oecd.org/

2. 전 세계 저출산 열차, 한국은 어디쯤?

유진성, "출산 관련 지표의 국제비교와 가족정책 지출의 효과성 분석: OECD 국가를 중심으로", 한국경제연구원, 2024a.
_____, "고령층의 경제사회적 특징 변화와 시사점", 한국경제연구원, 2024b.
황인도 외, "초저출산 및 초고령사회 : 극단적 인구구조의 원인, 영향, 대책", 중장기 심층연구, 한국은행, 2023.
OECD, https://data-explorer.oecd.org/

3. 2060년, 우리나라의 경제시계는 거꾸로 간다
유진성·임동원·유민희, "저출산·고령화에 대한 두 개의 렌즈, 전문가와 대중의 인식조사 – 설문조사를 중심으로", 한국경제연구원, 2025.
유진성, "인구구조 변화가 GDP에 미치는 영향 추정 및 시사점", 한국경제연구원, 2023.
이철희, "인구변화로 인한 노동수급 불균형 전망과 대응 방안 연구", 한국경제연구원, 2024.
정재현, "청년고용정책 사각지대 추정 및 시사점 – 청년 NEET를 이용한 사각지대 추정", 청년정책 포럼, 한국고용정보원, 2021.
조경엽·강동관, "이민확대의 필요성과 경제적 효과", 한국경제연구원, 2014.
조경엽·유진성, "저출산·고령화 시대 노동공급 확대의 경제적 효과 분석", 한국경제연구원, 2024.

4. 인구가 줄어도 성장을 멈추지 않는 방법은?
조경엽·유진성, "저출산·고령화 시대 노동공급 확대의 경제적 효과 분석", 한국경제연구원, 2024a.
_____, "노동생산성 제고를 통한 저출산 대응 방안 – 저성장 극복을 중심으로", 한국경제연구원, 2024b.
OECD, "OECD Compendium of Productivity Indicators 2023", OECD, 2023.
OECD, "OECD Compendium of Productivity Indicators 2024", OECD, 2024.
OECD, https://data-explorer.oecd.org/

5. 인구위기가 가져올 청구서에 대비하라
유진성, "우리나라 인구구조 변화와 노동시장의 문제점"(차기정부 정책과제 기획과제), 한국경제연구원, 2021.
유진성·임동원·유민희, "저출산·고령화에 대한 두 개의 렌즈, 전문가와 대중의 인식조사 – 설문조사를 중심으로", 한국경제연구원, 2025.
이철희, "인구변화로 인한 노동수급 불균형 전망과 대응 방안 연구", 한국경제연구원, 2024.
조경엽·유진성, "저출산·고령화 시대 노동공급 확대의 경제적 효과 분석", 한국경제연구원, 2024a.
_____, "노동생산성 제고를 통한 저출산 대응 방안 – 저성장 극복을 중심으로", 한국경제연구원, 2024b.
Gietel-Basten, Stuart, "Rethinking Korean Population Policy", The Impacts and Challenges of Low Birth Rates and Aging Populations, International Seminar, The Federation of Korean Industries (Korea Economic Research Institute), 2024.
KOSIS, https://kosis.kr/
OECD, https://data-explorer.oecd.org/

| 2장 축소경제에서 우리는 어떻게 살아갈까? |

1. 전통 가족의 붕괴, 새로운 가족의 출현
여성가족부, "제4차 건강가정기본계획", 2021.
여성가족부, "2023년 가족실태조사 분석 연구", 2023.12.
통계청, "2023년 출생 통계", 2024.8.
통계청, "2024년 사회조사 결과", 2024.11.
통계청, "인구총조사", 2024.
유진성·임동원·유민희, "저출산·고령화에 대한 두 개의 렌즈, 전문가와 대중의 인식조사 – 설문조사를 중심으로", 한국경제연구원, 2025.

2. 고비용이라서 결혼은 사양합니다
이선민·김신희, "고비용 혼례문화 개선을 위한 '작은 결혼식' 국민인식 및 실태", 한국여성정책연구원, KWDI Brief 36, 2015.11.
통계청, 2023년 인구주택총조사 결과 보도자료, 2024.7.29.
_____, "2024년 사회조사 결과", 2024.11.
_____, 2024년 혼인·이혼 통계, 2025.3.20.
하나금융연구소, "대한민국 금융소비자 보고서 2025", 2025.1.
한국경제연구원, "저출산·고령화 설문조사(일반국민)", 2025.4.

3. 육아도 커리어다. 여성이 일할 수 있는 사회
김민섭, "일-가정 양립을 위한 근로환경", KDI 정책보고서, 2023.
유인경·이정민, "결혼과 출산이 여성의 노동시장 성과와 생활만족도에 미치는 영향", Korean Journal of Labor Economics, 43(4), 2020.
유진성·임동원·유민희, "저출산·고령화에 대한 두 개의 렌즈, 전문가와 대중의 인식조사 – 설문조사를 중심으로", 한국경제연구원, 2025.
_____, "인구변화로 인한 노동수급 불균형 전망과 대응 방안 연구", 한국경제연구원, 2024.
_____, "일할 사람이 사라진다: 새로 쓰는 대한민국 인구와 노동의 미래", 위즈덤하우스, 2024.
_____, "장래 인구변화가 노동투입 규모에 미치는 영향", 노동경제논집 제45권, 제2호, 2022.
임연규, "2023년 여성의 노동 및 임금 현황", 한국여성정책연구원, 2024.
한국경제인협회, "여성 고용지표 국제비교 및 시사점", 2025.

4. 고령화의 그늘, 고령 근로로 더 길어질 일자리
김현석, "정년연장에 따른 비용 추정 및 시사점", 한국경제인협회, 2024.
배성우·손지아·박순미, "빈곤노인가구의 특성과 빈곤탈피에 영향을 미치는 요인", 노인복지연구, 제42권, 2008.
유진성, "고령화 시대 가구특성 분석과 노인빈곤율 완화를 위한 시사점", 한국경제연구원, 2019.
_____, "고령층의 경제사회적 특징 변화와 시사점", 한국경제연구원, 2024.
KOSIS, https://kosis.kr/
OECD, https://data-explorer.oecd.org/

5. 평생 직장에서 평생 직업으로, 이제는 유연직장

고용노동부, "전국민 고용보험 로드맵", 2023.
김성희, "유연근무제 도입과 일·삶의 균형", 산업노동정책연구 제34호, 2022.
김유선, "플랫폼 노동과 노동법의 사각지대", 노동사회연구 제24권, 2022.
박기형, "고령화사회에서 중장년층의 노동시장 재진입 전략", 중장년정책포럼 제6권, 2023.
장하성 외, "노동시장 유연안정성(Flexicurity)의 정책과제", 고려대학교 출판부, 2021.
이철희, "인구변화로 인한 노동수급 불균형 전망과 대응 방안 연구", 한국경제연구원, 2024.
통계청. (n.d.), 국가통계포털(KOSIS), https://kosis.kr/index/index.do
한국노동연구원, "플랫폼 노동자의 실태와 정책 대응 방안", 한국노동연구원, 2023.
한국직업능력연구원, "평생 직업 역량 개발을 위한 성인학습 정책고찰", 한국직업능력연구원, 2023.
International Labour Organization(ILO), "World Employment and Social Outlook: The role of digital labor platforms in transforming the world of work", 2021.
OECD, "Employment Outlook 2023: Adapting to the Future of Work", 2023.
European Commission, "Platform Work in the EU: Evidence, Issues and Policy Options", 2022.
Eurofound, "Telework and ICT-based Mobile Work: Flexible Working in the Digital Age", 2020.

3장 경제적 기회는 어디서 찾을 수 있을까?

1. 고성장이 외면했던 실속 있는 틈새시장을 찾아라

서정주, "1인 미디어로 시작하는 Meconomy의 진화", KB경영연구소, 2018.
이철희, "인구변화로 인한 노동수급 불균형 전망과 대응 방안 연구", 한국경제연구원, 2024.
정지윤, "향후 30년간 확대될 액티브 시니어의 소비파워", LG경영연구원, 2023.
통계청, "2024 통계로 보는 1인 가구", 통계청, 2024.

삼정KPMG 경제연구원, "저출생·고령화 인구 대변혁 시대, 기업은 무엇을 준비해야 하는가", 2024.
KSA 한국표준협회, "강력한 소비 주체 베이비붐 세대, 액티브 시니어 시장을 잡아라", 2024.

2. 실버가 파워다. 고령층의 소비를 겨냥하라

방송희, "고령가구 소득 다각화를 위한 실버금융의 확대", 주택금융리서치 제36호, 주택금융연구원, 2024.
자본시장연구원, "고령화와 가계 자산 및 소비(Ⅱ): 고령가구의 소비와 자산 적정성", 2025.
정지윤, "향후 30년간 확대될 액티브 시니어의 소비파워, LG경영연구원, 2023.
조선아, "독일 50+ 오피니언 연구소 소개 및 연구 결과 발표", 해외 50+ 소식, 서울시 50플러스포털, 2018.
통계청, "2023 장래인구추계", 2023.
황선경, "5060 시니어의 The Next 라이프", 하나 Konwledge+ 제30호, 하나금융연구소, 2024.
AARP, "The Longevity Economy Outlook", 2020.
European Commission, "The Silver Economy", 2018.
Pew Research Center, "Internet/Broadband Fact Sheet", 2023.
Picard, Nicolas, Eric Labbe and Hugo Lauricella, "The consumption by the 'silver population', CPR AM Megatrends Report", 2024.
United Nations, "World Population Prospects 2024, United Nations Department of Economic and Social Affairs", 2024.

3. 아이 수가 줄어도 교육시장은 팽창한다

맥킨지 코리아, "맥킨지 코리아 2023 리포트: Korea's Next S-Curve," 맥킨지 코리아, 2023.
문화체육관광부·한국콘텐츠진흥원, "2024 캐릭터산업백서", 한국콘텐츠진흥원, 2024.
양정호, "지방교육재정교부금의 문제점과 개선방안," KERI Brief 제22-05호, 2022.
양정호, "지역 인재육성과 경제활성화를 위한 지방대학 발전방안", 한국경제연구원, 2023.
육아정책연구소, "영유아 가구 양육비용 및 육아서비스 이용 실태 조사: KICCE 소비실태조사 2024", 육아정책연구소, 2024.
전국경제인연합회, "OECD 국가와 한국의 인적자원 경쟁력 현황과 시사점," Global Insight 제83호, 2022.
통계청·교육부, "초·중·고 사교육비 조사 결과", 통계청, 각 연도
한경미디어그룹 특별취재팀·강영연·이혜인·김영리, "대치동 이야기", 한국경제신문, 2025.
한국은행, "입시경쟁 과열로 인한 사회문제와 대응 방안", 한국은행, 2024.
D.-H. Lee·S.-G. Kwak·J.-W. Kim·D.-J. Park·J.-H. Yang and M.-H. Lee, "Education in South Korea: Reflections on a Seventy-year Journey", Palgrave Macmillan, 2023.
OECD, "Education at a Glance 2024", OECD, 2024.

4. 소수의 고객을 영원한 고객으로 만들어라

McDonald's Corporation, Annual Report 2021.

https://corporate.mcdonalds.com/content/dam/sites/corp/nfl/pdf/MCD%202021%20Annual%20Report.pdf

Qualtrics, "Customer retention vs. acquisition: What's the real cost?", 2022.

https://www.qualtrics.com/experience-management/customer/customer-acquisition/

Wang, S., "The impact of scarcity marketing models on consumer behavior in the luxury industry-The case of Hermes. Highlights in Business", Economics and Management, 19, 374-379, 2023.

https://doi.org/10.54097/hbem.v19i.11937

Wharton Online, "Why customer lifetime value matters", University of Pennsylvania, 2020.

https://online.wharton.upenn.edu/blog/why-customer-lifetime-value-matters

5. 저출산·고령화 시대, 기업들은 가족친화경영 삼매경

심명규·조수진, "저출산·고령화 시대 기업의 역할 제고를 위한 정책과제", 한국경제연구원, 2025.

안수지, "지표를 통해 살펴본 일·가정 양립 현황과 미래 과제", Futures Brief, 24-09호, 국회미래연구원, 2024.

한국경제인협회, 저출산과 지역소멸 극복을 위한 기업의 역할: 한·일 경험과 비교, 2024.

유진성·임동원·유민희, "저출산·고령화에 대한 두 개의 렌즈, 전문가와 대중의 인식조사-설문조사를 중심으로", 한국경제연구원, 2025.

Brenoe, Anne Ardila, Serena Canaan, Nikolaj A. Harmon, and Heather N. Royer, "Is parental leave costly for firms and coworkers?", Jounral of Labor Economics, 42(4), 2024.

최양수, [위기탈출 저출산②-롯데그룹] 국가 통계 대비 2배 이상 높은 롯데 출생률의 비밀, 뉴스워치, 2024.

https://www.newswatch.kr/news/articleView.html?idxno=67958

_____, [위기탈출 저출산⑤-LG그룹] 계열사별로 상황에 맞게 다양한 제도 시행, 뉴스워치, 2024.

https://www.newswatch.kr/news/articleView.html?idxno=68170

_____, [위기탈출 저출산⑥-SK그룹] 최태원 회장의 저출산 문제 해결 의지가 시행 제도에 반영, 뉴스워치, 2024.

https://www.newswatch.kr/news/articleView.html?idxno=68194

6. 인구감소, 해외 기업들은 어떻게 대응하고 있을까?

강구상, "미국의 저출산 대응 사례 및 시사점", KERI Insight, 한국경제연구원, 2024.
곽은혜·김민희, "육아휴직 사용에 관한 연구", 한국노동연구원, 2023.
김규판, "일본정부의 저출산 대책과 기업 측의 대응", KERI Insight, 한국경제연구원, 2024.
김규판·이형근·김승현·이정은, "아베노믹스 성장전략의 이행 성과와 과제", 연구보고서 16-10, 대외경제정책연구원, 2016.
김태근, "미국정부의 확장적 사회정책 : 아동수당 확대를 중심으로", 국제사회보장리뷰, 17, 59-66, 2021.
손기태·김민희, "저출산의 국제비교 – 노동시장을 중심으로", 대외경제정책연구원, 2009.
이병하·이나경·김보람, "주요국 해외 인력유입의 사례 및 사회·경제적 효과", 국회예산정책처 용역보고서, 2023.
이삼식·최효진·배다영, "저출산 대책 관련 국제동향분석 : 미국·영국편", 한국보건사회연구원, 2012.
임동진, "저출산 고령화 시대 미국, 캐나다, 호주의 이민정책 비교 연구 : 이민인구와 최근 경향을 중심으로", 2020.
조동희, "유럽의 저출산 관련 현황, 대응 및 시사점", KERI Insight, 한국경제연구원, 2024.
Bloom, David E., Michael Kuhn and Klaus Prettner, "Fertility in High-Income Countries: Trends, Patterns, Determinants, and Consequences", IZA Discussion Papers 16500, Institute of Labor Economics(IZA), 2023.
Jin, Y.·Zhu, Q, "Paid Family Leave, Inventor Mobility, and Firm Innovation. Inventor Mobility, and Firm Innovation", 2021.
OECD Labour Force Statistics, OECD iLibrary, 2024.
　　https://www.oecd-ilibrary.org/employment/oecd-labour-force-statistics_23083387
OECD Stat, "Family Database", 2024.
　　https://stats.oecd.org/Index.aspx?DataSetCode=FAMILY#

4장 정부와 기업이 함께 설계하는 미래

1. 인구비상사태, 저출산·고령화의 파고를 넘어

성원·정종우, "OECD 국가별 패널 자료를 통한 우리나라 저출산 원인 및 정책 효과 분석", BOK 이슈노트, 한국은행, 2023.
우치다 다쓰루 외, "인구감소 사회는 위험하다는 착각", 위즈덤하우스, 2020.

조선일보, "'한국 사람들 진짜 똑똑해'…저출산도 괜찮다는 진화학자, 왜", https://www.chosun. com/national/national_general/2023/12/20/YM7CY4LYDJFF3NRITJERY3JGVY/, 2023, 2025년 5월 5일 추출

통계청 KOSIS, "우리나라 출생아 수와 합계 출산율의 변화", https://kosis.kr/edu/visualStats/ detail.do?menuId=M_05&ixId=16, 2025년 5월 5일 추출

황인도 외, "초저출산 및 초고령사회: 극단적 인구구조의 원인, 영향, 대책," 경제전망 핵심이슈·심층연구, 한국은행, 2024, https://www.bok.or.kr/portal/bbs/B0000347/view.do?nttId= 10080997&menuNo=201106, 2025년 5월 5일 추출.

Doepke, Hannusch and Kindermann, "The Economics of Fertility: A New Era", Handbook of Family Economics, 2022.

2. 수축사회일수록 도시로 몰려든다

감사원, "인구구조변화 대응실태IV(교육·일자리 분야) 감사보고서", 감사원, 2022.
고영선, "대학 구조개혁에 관한 연구", 한국개발연구원, 2023.
교육부, "학령인구 감소 및 미래사회 변화에 대응한 대학의 체계적 관리 및 혁신 지원 전략", 2021.
맥킨지 코리아, "맥킨지 코리아 2023 리포트 : Korea's Next S-Curve", 맥킨지 코리아, 2023.
민보경, "청년은 어느 지역에 살고, 어디로 이동하는가?", 국가미래전략 Insight 제58호, 2022.
백승주·금종예·민윤경·손윤희·이승호·임종헌·임후남·강충서·서재영, "대졸자 이행 실태 분석을 통한 고등교육 성과 제고 방안", 한국교육개발원, 2022.
서영인·김미란·최상덕·문보은, "대학의 지역경제 파급효과 제고를 위한 정부의 고등교육 투자 방안", 한국교육개발원, 2021.
양정호, "지방교육재정교부금의 문제점과 개선방안", KERI Brief 제22-05호, 2022.
_____, "지역 인재육성과 경제활성화를 위한 지방대학 발전방안", 한국경제연구원, 2023.
오정근, "지역 혁신기업 육성을 위한 지역 벤처금융 활성화 방안", 한국경제연구원, 2023.
이상직·민보경·이채정·김동규·김미선·노법래·백광렬·사사노미사에·조해인·조소연, "전환기 청년의 미래", 국회미래연구원, 2022.
이상호, "지방소멸 2024 : 광역대도시로 확산하는 소멸위험", 한국고용정보원, 2024.
이상호·이나경, "지방소멸위험 지역의 최근 현황과 특징 원시 자료", 한국고용정보원, 2023.
이상호·서룡·박선미·황규성·김필, "지방소멸 위기 극복을 위한 지역 일자리 사례와 모델", 한국고용정보원, 2021.
통계청, "2024년 국내인구이동통계 결과 보도자료", 2025.
한국사립대학총장협의회, "한국의 대학 총장 : 2020·2021년 대학 총장 통계", 2021.
한요셉 편, "청년층의 지역 간 이동에 관한 연구 : 대학 진학을 중심으로", 한국개발연구원, 2021.
행정안전부, "'인구감소지역' 89곳 지정, 지방 살리기 본격 나선다 발표 보도자료", 2021.
ACE, "The American College President, American Council on Education", 2023.

Kim, D. H. and Y. Choi, "The Irony of the Unchecked Growth of Higher Education in South Korea: Crystallization of Class Cleavages and Intensifying Status Competition", Development and Society, Vol.44, No.3, pp.435-463, 2015.

Lee, D.H., S.G. Kwak, J.W. Kim, D.J. Park, J.H. Yang, and M.H. Lee, "Education in South Korea : Reflections on a Seventy-year Journey", Palgrave Macmillan, 2022.

OECD, "Education at a Glance 2024", 2024.

3. 인구위기 극복, 기업의 역할과 정부의 지원이 중요하다

배준호, "'출향'을 통한 일본의 고용조정 동향과 시사점", 산업관계연구, 2009.

심명규·조수진, "저출산·고령화 시대 기업의 역할 제고를 위한 정책과제", 한국경제연구원, 2025.

이철희, "인구변화로 인한 노동수급 불균형 전망과 대응 방안 연구", 한국경제연구원, 2024.

유진성·임동원·유민희, "저출산·고령화에 대한 두 개의 렌즈, 전문가와 대중의 인식조사 - 설문조사를 중심으로", 한국경제연구원, 2025.

한요셉, "60세 정년 의무화의 영향 : 청년 고용에 미치는 영향을 중심으로", KDI 정책연구시리즈, 2019.

Lee, J., Shim, M., and Yang, H.-S., "The young, the middle, and the old: Aging spillovers in cities", Unpublished manuscript, Yonsei University, 2024.

Shim, M. and Yang, H.-S., "Interindustry wage differentials, technology adoption, and job polarization", Journal of Economic Behavior & Organization, 146, 2018.

4. 다양성의 사회는 이제 대세다!

감사원, "감사보고서 : 외국인 인력도입 및 체류관리 실태", 감사원, 2024.

권채리, "이민행정의 거버넌스 구축을 위한 법제 개선방안 연구", 한국법제연구원, 2020.

김도원·민수진·장주영·김화연·김형진·김혜진, "이민과 경제(Ⅰ): 국내 거주 외국인의 경제활동과 국내 경제에 미치는 영향에 관한 종합적 분석", 이민정책연구원 기초연구보고서 2024-03, 이민정책연구원, 2024.

모영민, "통계로 살펴본 다문화 교육의 주요 현황과 과제", 교육통계서비스 2024.6. 이슈통계, 한국교육개발연구원, 2024.

이종관, "외국인 및 이민자 유입이 노동시장에 미치는 영향", KDI 정책연구시리즈 2020-05, 한국개발연구원, 2020.

최서리·이창원, "이민자 선발과 정착지원을 위한 이민행정데이터 구축 및 활용방안 연구", 이민정책연구원 기초연구보고서 2022-06, 이민정책연구원, 2022.

최서리·이철희·이창원·엄상민·이종관·엄진영·김형진·박성일·김도원·변재욱, "'취업비자 발급규모 사전 공표제' 도입을 위한 실태조사·계량분석 연구", 법무부 출입국·외국인정책본부, 2024.

Borjas, G. J., "The Economic benefits from immigration", Journal of Economic Perspectives. 9(2) 3-22, 1995.

Orefice, "On the effects of Immigration on host countries", University of Milan, 2010.

Islam, F. and S. Khan, "The long run impact of immigration on labor market in an advanced economy", International Journal of Social Economics. 42(4) 356-367, 2015.

5. '누구도 낙오되지 않는(NOW)' 사회를 향해

김규판, "일본정부의 저출산 대책과 기업측의 대응", 한국경제연구원, 2024.

유진성 · 임동원 · 유민희, "저출산 · 고령화에 대한 두 개의 렌즈, 전문가와 대중의 인식조사 – 설문조사를 중심으로", 한국경제연구원, 2025.

이철희, "인구변화로 인한 노동수급 불균형 전망과 대응 방안 연구", 한국경제연구원, 2024.

Gietel-Basten, Stuart, "Rethinking Korean Population Policy", The Impacts and Challenges of Low Birth Rates and Aging Populations, International Seminar, The Federation of Korean Industries (Korea Economic Research Institute), 2024.

Lee, Chulhee, "Region-and Industry-Level Labor Market Imbalance Caused by Population Change", The Impacts and Challenges of Low Birth Rates and Aging Populations, International Seminar, The Federation of Korean Industries (Korea Economic Research Institute), 2024.

지금, 우리가 준비해야 할 미래

1판 1쇄 인쇄 2025년 7월 3일
1판 1쇄 발행 2025년 7월 9일

지은이 한국경제연구원 외

발행인 양원석
편집 출판기획실 영업마케팅 윤송, 김지현, 최현윤, 백승원, 유민경

펴낸 곳 ㈜알에이치코리아
주소 서울시 금천구 가산디지털2로 53, 20층 (가산동, 한라시그마밸리)
편집문의 02-6443-8842 도서문의 02-6443-8800
홈페이지 http://rhk.co.kr
등록 2004년 1월 15일 제2-3726호

ISBN 978-89-255-7340-3 03320

※ 이 책은 ㈜알에이치코리아가 저작권자와의 계약에 따라 발행한 것이므로
  본사의 서면 허락 없이는 어떠한 형태나 수단으로도 이 책의 내용을 이용하지 못합니다.
※ 잘못된 책은 구입하신 서점에서 바꾸어 드립니다.
※ 책값은 뒤표지에 있습니다.